顾问: 纪志宏　谢多

中国资产证券化市场
CHINA ASSET SECURITIZATION MARKET
DEVELOPMENT REPORT 2017
发展报告
2017

冯光华　等编著

中国金融出版社

责任编辑：王雪珂　赵晨子

责任校对：刘　明

责任印制：程　颖

图书在版编目（CIP）数据

中国资产证券化市场发展报告 2017（Zhongguo Zichan Zhengquanhua
Shichang Fazhan Baogao 2017）/冯光华等编著. —北京：中国金融出版社，
2017. 4

ISBN 978 – 7 – 5049 – 8976 – 5

Ⅰ. ①中…　Ⅱ. ①冯…　Ⅲ. ①资产证券化—研究报告—中国—2017
Ⅳ. ①F832.51

中国版本图书馆CIP数据核字（2017）第070213号

出版

发行　　中国金融出版社

社址　北京市丰台区益泽路2号

市场开发部　　（010）63266347，63805472，63439533（传真）

网 上 书 店　http://www.chinafph.com

　　　　　　　（010）63286832，63365686（传真）

读者服务部　　（010）66070833，62568380

邮编　100071

经销　新华书店

印刷　北京市松源印刷有限公司

尺寸　169毫米×239毫米

印张　23

字数　318千

版次　2017年4月第1版

印次　2017年4月第1次印刷

定价　58.00元

ISBN 978 – 7 – 5049 – 8976 – 5

如出现印装错误本社负责调换　联系电话（010）63263947

编 委 会

顾　　　问：纪志宏　　谢　多

主　　　编：冯光华

副　主　编：任东旭

编委会成员（按姓氏笔画排序）：

于建忠　　马贱阳　　华敬东　　汤　峻

李少俊　　邹　澜　　赵　娜　　赵　俊

扈企平　　樊立新

编 写 组

编写组成员（按姓氏笔画排序）：

于 潇　　王令哲　　王夏妮　　李 文

李 欣　　李 品　　李木子　　汪潇逸

张子春　　张思洋　　张恩杰　　郑 青

柯春欣　　郭 南　　唐璐云

序　一

　　自2005年国务院批准人民银行牵头开展信贷资产证券化试点以来，我国资产证券化市场实现了跨越式发展，特别是近年来，市场规模大幅提升、监管机制不断完善、产品设计日趋成熟，市场参与主体对资产证券化产品的认可度持续提高，市场总体保持持续健康发展。2016年，我国共发行资产证券化产品超九千亿元人民币，同比增长近50%，其中信贷资产证券化产品发行金额总计3 908.53亿元，资产证券化产品余额占债券市场余额的比重不断上升，同比增长26.67%。

　　近年来，人民银行始终坚持"市场化、标准化、透明化"的发展方向，不断优化监管思路、完善监管政策，推动一次注册、自主分期发行，构建"信息披露指引＋信息披露后续评价"的信息披露制度体系，完善市场化约束机制，持续推动信贷资产证券化市场功能优化和体量扩大。伴随着一系列政策的落地实施，2016年我国资产证券化市场呈现运行稳健、创新频出的良好发展态势。一是基础资产类型进一步多元，标准化程度显著提升。个人汽车贷款、个人住房贷款等标准化程度高的零售类贷款证券化产品的发行量显著增加，企业资产证券化的基础资产类型也进一步扩展。二是投资品种不断丰富。证券端涵盖了不同支付结构、不同利率结构、不同投资风险及不同期限的证券，为市场上不同风险偏好的投资者提供了丰富的证券化产品选择。三是投资主体外延扩展。非银行类金融机构及非法人机构的持有金额占比首次超过银行类金融机构，QFII、

RQFII等境外投资者的参与度显著提升,多元化投资群体的成长为我国资产证券化市场的发展做出了巨大成就。随着我国经济发展进入提质增效转型的新常态,信贷资产证券化市场在盘活存量资产、加快经济转型升级、支持实体经济发展等方面的推动作用进一步显现。

同时,在总结我国前期不良资产证券化经验的基础上,2016年初经国务院批复同意,人民银行在审慎稳妥的前提下,选择少数符合条件的金融机构探索开展不良资产证券化试点。中国银行间市场交易商协会发布《不良贷款资产支持证券信息披露指引(试行)》,对不良贷款资产证券化在基础资产、参与机构、交易结构、估值定价等方面的信息披露提出了明确要求。截至2016年年末,共发行14单不良资产证券化产品,发行规模156亿元,涉及不良资产本金461亿元,基础资产涵盖公司类不良、个人消费不良、个人经营性不良、个人住房不良等类型。试点期间,不良资产证券化拓宽不良资产投资者范围、提升价格发现功能等作用逐步显现,市场接受和认可度不断提高,商业银行自营、信托计划、证券公司、资产管理公司等均积极参与了不良资产支持证券的投资。

2017年,政府工作报告明确提出"促进企业盘活存量资产,推进资产证券化"。随着制度建设的日趋完善,市场对于资产证券化产品的需求有望进一步增长、释放。但与此同时,在债券市场刚性兑付有序打破的背景下,随着基础资产类型的不断丰富,加之证券化产品的结构设计本身具有复杂性,对投资人风险识别、风险承担和风险管理能力要求较高,可能会出现一些风险事件。未来应当继续坚持市场化改革方向,按照真实出售、破产隔离,统一标准、信息共享,加强监管、防范风险,以及不搞"再证券化"等原则,完善市场运行机制,充分发挥信息披露、信用评级等市场化约束作用,提高产品标准化、规范化、透明化程度,加强投资者培育,做好风险防控。

此次，中债资信发布《中国资产证券化市场发展报告2017》（中国资产证券化白皮书），从市场运行、业务经验、产品案例等不同维度进行了总结梳理，与各方共享研究成果，有助于为市场体制机制建设、业务实践开展推进发挥参谋助手作用。希望本书对于资产证券化市场的发展有所裨益，也希望在市场各方的共同努力下，我国资产证券化市场持续平稳健康发展。

纪志宏

中国人民银行金融市场司司长

2017年4月

序 二

2016年是"十三五"规划的开局之年，在经济新常态下，党中央、国务院提出供给侧结构性改革的新战略，并从我国经济发展的阶段性特征出发，形成了"三去一降一补"这一具有重大指导性、前瞻性、针对性的经济工作部署。为服务供给侧结构性改革大局，贯彻落实"三去一降一补"重点任务，银行间债券市场在发展过程中，始终支持新经济发展、支持传统产业升级，推动债务融资工具创新、提升企业债券融资效率、促进市场规范发展、建立健全风险防范和处置机制，发展壮大投资者队伍，不断激发债券市场的内生活力。2016年，债券市场发行各类债券规模达36.1万亿元，较上年增长54.2%。其中，银行间债券市场发行债券32.2万亿元，同比增长53.8%。银行间市场各类参与主体共计14 127家，较上年末增加4 491家。银行间债券市场切实发挥了提高直接融资比重、降低社会融资成本、助力实体经济发展的作用。

近年来，资产证券化作为直接融资的一种创新模式，在我国的发展引人瞩目，已成为我国债券市场上一种有别于负债端融资工具、具有代表性的融资工具。资产证券化产品余额对债券市场余额的占比不断上升，截至2016年底，该占比已经接近2%，同比增长超过25%。证券化快速发展得益于其独特的功用和价值：一是盘活存量，提高资金使用效率。证券化可以将停留在低效部门和企业的资金腾挪出来，投向具备经济合理性的高效部门和企业，使信贷政策和产业政策相互协调配合；二是去杠杆，降低融资成本。资产证券化是资产端融资工具，即是主体通过出售资产获得融资，因此不会增加主体负债，与发行一般债券或者贷款融资相比，较低主体级别的企业只要拥有优质资产就有可能以较低的融资成本获得融资；三是重新分配和分散信用风险。作为一种结构化产品，资产证券化利用对现金流的重新设计和证券分层实现了对资产信用风险的重组。通过不同风险偏好的投资人投资不同层级的资产证券化产品，实现了风险的分散和重新分配，在此过程中债券市场的风险识别功能也得以实现。发挥资产证券化的特殊功用，与我国当前去库存、去杠杆、降成本的经济发展思路相契合，对于支持我国经济结构调整、提高金融服务实体经济效率、适应经济新常态具有重要意义。

经过几年的蓄力，2016年，资产证券化在我国迎来了发展黄金时期，政策制度更加积极、投资人保护机制更加完善、市场发展更加深入、产品创新更加活跃。国务院下发《关于深入推进新型城镇化建设的若干意见》、《关于积极稳妥降低企业杠杆率的意见》等多个重要文件，部署加快资产证券化市场发展工作；人民银行积极响应，联合其他部委发布《关于金融支持工业稳增长调结构增效益的若干意见》、《关于金融支持养老服务业加快发展的指导意见》、《关于加大对新消费领域金融支持的指导意见》等一系列指导意见，进一步明确了资产证券化市场发展的方向；交易商协会作为银行间债券市场自律组织，于2016年推出了《不良贷款资产支持证券信息披露指引（试行）》及其配套的表格体系、《微小企业贷款资产支持证券信息披露指引（试行）》及其配套的表格体系、《信贷资产支持证券信息披露工作评价规程（试行）》，修订了《非金融企业资产支持票据指引》并出台配套表格体系。自上而下的制度引导和规则完善大大促进了投资者保护机制的提升、市场的深化发展和产品的创新落地：协会推出的几个信息披露指引及评价规程明确了参与机构职责、细化信息披露要求，加强投资者保护力度，为证券化市场规范发展夯实基础。在此基础上，证券化市场发展进入快车道，产品发行量不断攀升，发起机构群体持续壮大，市场发行已经步入常态化阶段，信贷资产证券化和企业资产证券化作为证券化业务的两大支撑点，不断有突破性发展。2016年全年，我国共发行资产证券化产品超过9 000亿元，同比增长约50%；资产证券化市场存量超过万亿元，同比增长超过60%。2016年信贷资产证券化市场最大的亮点之一是不良资产证券化重启试点的成功落地，交易商协会推出的《不良贷款资产支持证券信息披露指引（试行）》为落地提供了可适用的具体规则。不良资产证券化的开展，对于盘活存量、优化信贷资源配置、改善银行经营状况、培育债券市场风险识别与分担机制具有深远意义。企业资产证券化方面，交易商协会推动了ABN产品改革，信托型ABN创新产品的落地和ABN基础资产类型的丰富，实现了资产真实出售和出表，拓宽了企业可用于融资的资产范围，积极助力企业降成本、去杠杆，为资产支持票据这一重要的非金融企业债务融资工具在今后的跨越式发展奠定了坚实基础。

资产证券化今后的发展具有巨大的潜力。李克强总理在2017年政府工作报告中提出，要"积极稳妥去杠杆，把降低企业杠杆率作为重中之重。促进企业盘活存量资产，推进资产证券化"，资产证券化作为实现"三去一降一补"的重要金融工具，将发挥重大作用。此外，政府工作报告还提到对不良资产、债券违约等累积风险要高度警惕。目前信贷和债券市场信用风险逐渐暴露，建立风险转移和分担机制的重要性进一步凸显，资产证券化可以为市场提供基础资产分散、风险层次分明的固定收益产品，并且是处置不良资产的重要渠道，将在信用风险管理方面具有很大发展空间。但是应该认识到，资产证券化迅速发展的同时也面临着挑战。客观来看，尽管资产证券化近年来已经获得了长足发展，但是目前市场规模与份额仍然较为有限，二级市场流动性尚未很好建立，各项制度规则制定和基础市场设施建设尚需完善。这些问题都制约着资产证券化优势和功能的发挥。下一步，应该继续本着坚持"防风险"和"促发展"相协调的理念，及时总结资产证券化在我国本土化发展的经验，积极推进风险识别、价值识别等各项配套机制建设，推动资产证券化市场不断深化发展。为了记录资产证券化本土化发展的足迹，中债资信推出《中国资产证券化市场发展报告2017》（中国资产证券化白皮书），对2016年我国资产证券化市场运行情况进行了全面梳理，总结证券化实践中的产品与技术创新、评述证券化市场的风险关注、展望资产证券化的发展趋势，内容在贴近市场的同时具有较强专业性，为证券化市场的各类参与者提供了有益参考，将有助于提升社会对资产证券化的认知。展望2017，是实施"十三五"规划的重要一年，是供给侧结构性改革的深化之年，希望在监管部门、自律组织、参与主体等各方的共同努力下，资产证券化作为债券市场深化发展的重要"助推器"，更加蓬勃地发展，为稳增长、促改革、调结构、惠民生、防风险作出更积极的贡献。

谢 多

中国银行间市场交易商协会执行副会长、秘书长

2017年4月

目录CONTENTS

第一篇

市场运行情况

一、中国资产证券化政策梳理

2016年，我国资产证券化市场获得了蓬勃发展。作为监管发力、政策导向促进市场快速发展的关键时期，多个文件明确支持或提及资产证券化，表达了监管层对于大力发展资产证券化的明确态度。伴随一系列政策的落地实施，在国家监管部门、自律组织、市场各方的共同努力下，资产证券化市场发行渐入常态，存量规模放量增长，流动性明显提升，基础资产类型更加丰富，市场参与主体更加多样，产品结构设计更加完善，市场前景可期。

（一）国家层面

进一步明确资产证券化在服务工业增效升级、培育发展新消费重点领域等方面的市场发展方向，积极发挥资产证券化在"去产能、去库存、去杠杆、降成本、补短板"等方面的作用，提高金融服务实体经济效率。

1.政策概述

2016年，国内经济发展逐渐步入"增速调整、需求切换、动力转换"的新常态，经济基本面长期趋好，但短期仍处于结构性调整的关键时期，经济发展仍然面临下行压力。认识、适应经济发展新常态，是当前和今后一个时期我国经济发展的大逻辑。在这个大逻辑下，资产证券化作为拓展金融体系"宽度"的创新手段，不仅正逐渐成为债券市场深化发展的重要"助推器"，更充实了"用好增量、盘活存量"的市场"工具箱"。为贯彻落实党中央、国务院关于"稳增长、调结构、促改革、惠民生、防风险"的政策精神，积极发挥资产证券化在"去产能、去库存、去杠杆、降成本、补短板"五大任务中的积极作用，提高金融服务实体经济效率，国务院、中国人民银行、中国银监会、中国保监会等先后出台了《国务院关于深入推进新型城镇化建设的若干意见》、《关于金融支持工业稳增长调结构增效益的若干意见》、《关于规范银行业金融机构信贷资产收益权转让业务的通知》（银监办〔2016〕82号）和《关于修改〈保险资金运用管理暂行办法〉的决定（征求意见稿）》等相关指导意见，进一步明确了资产证券化在推进城市基础设施建设、服务工业增效升级、培育发展新消费重点领域、支持养老服务业发展等方面的市场发展方向，可以说，我国资产证券化的黄金发展期已经到来。

2. 政策评价

《国务院关于深入推进新型城镇化建设的若干意见》提出支持城市政府推行基础设施和租赁房资产证券化，《关于金融支持养老服务业加快发展的指导意见》支持未来现金流稳定的养老服务项目探索发行项目收益票据、资产支持证券等产品，《关于2016年深化经济体制改革重点工作的意见》明确表示支持开展基础设施资产证券化试点，《关于加大对新消费领域金融支持的指导意见》鼓励大力发展个人汽车、消费、信用卡等零售类贷款信贷资产证券化，《关于加快培育和发展住房租赁市场的若干意见》鼓励加速物业租金资产支持证券业务发展，《关于修改〈保险资金运用管理暂行办法〉的决定（征求意见稿）》明确提出保险资金可以投资资产证券化产品。这些政策的提出，一方面有利于充分发挥资产证券化在盘活存量、调整信贷结构、促进信贷政策和产业政策协调配合等方面的作用，加大对基础设施建设、养老服务产业、消费、保障性安居工程等领域的信贷支持力度，通过资产证券化产品市场发行常态化发展推进重点行业改革发展，更好配合供给侧改革任务落实；另一方面，伴随资产证券化产品基础资产类型多样化发展，有利于丰富金融市场投资产品种类，满足投资者合理配置金融资产需求，加强市场机制作用，实现风险共同识别。《关于金融支持工业稳增长调结构增效益的若干意见》提出审慎稳妥地探索开展不良资产证券化试点并加快推进应收账款证券化等企业资产证券化业务发展，该政策一方面有利于银行等金融机构通过将风险加权回报较低的资产进行证券化转让，使高风险资产出表，置换成较高回报率的资产，盘活存量资产、提高资本充足率；另一方面有利于金融机构释放资本，转变过度依赖规模扩张的经营模式，提高资金使用效率，提高中间业务收入，推进金融服务业发展。《关于积极稳妥降低企业杠杆率的意见》明确提出要有序开展企业资产证券化，表明通过资产证券化产品的结构化设计、内外部增信等手段，实现综合融资成本低于企业发债成本，助力实体经济企业有效解决融资难、融资贵的发展瓶颈问题。

在国务院、人民银行、银监会、证监会以及保监会出台的一系列政策红利的带动下，2016年我国资产证券化市场实现了跨越式增长，一方面不良资产证券化的重启如约而至，对公类不良资产证券化（以下简称对公NPAS）方面，截至2016年12月20日，首批确定的工行、农行、中行、建行、交行和招行六家试点银行均成功发行一单对公NPAS，入池不良资产本息余额共计269.99亿元，证券发行总规模73.67亿元；零售类不良资产证券化（以下简称个贷类NPAS）方面，信用卡NPAS、小微类NPAS以及个人住房抵押NPAS由于入池资产较为分散、地方经济和司法环境为资产回收提供有力支撑等特点，产品发行量在2016年均有所突破，整体来看，不良资产证券化的创新性和灵活性有利于及时消化与盘活信贷不良资产，使金融机构能够卸下重担，继续发挥服务实体经济的作用。另一方面，信贷支持证券产品不再呈现公司信贷类资产支持证券（CLO）"一枝独大"的现象，个人住房抵押贷款支持证券（RMBS）、个人汽车抵押贷款支持证券（Auto-ABS）、消费性贷款支持证券、租赁资产支持证券等产品发行量在2016年均明显增加，各类产品发行逐渐呈现均衡化，表明信贷资产证券化产品市场运行渐趋常态化。

表1　2016年国家层面资产证券化相关政策梳理

时间	政策文件	主要内容
2016年2月6日	《国务院关于深入推进新型城镇化建设的若干意见》	支持城市政府推行基础设施和租赁房资产证券化，提高城市基础设施项目直接融资比重
2016年2月14日	《关于金融支持工业稳增长调结构增效益的若干意见》	提出进一步推进信贷资产证券化，加快推进住房和汽车贷款资产证券化。在审慎稳妥的前提下，选择少数符合条件的金融机构探索开展不良资产证券化试点。加快推进应收账款证券化等企业资产证券化业务发展，盘活工业企业存量资产

续表

时间	政策文件	主要内容
2016年3月8日	《关于修改〈保险资金运用管理暂行办法〉的决定（征求意见稿）》	拓宽了保险资金的投资领域，证券化产品或可纳入投资范围
2016年3月21日	《关于金融支持养老服务业加快发展的指导意见》	鼓励运作比较成熟、未来现金流稳定的养老服务项目，可以项目资产的未来现金流、收益权等为基础，探索发行项目收益票据、资产支持证券等产品。支持符合条件的金融机构通过发行金融债、信贷资产支持证券等方式，募集资金重点用于支持小微养老服务企业发展
2016年3月25日	国务院批转国家发展改革委《关于2016年深化经济体制改革重点工作的意见》	支持开展基础设施资产证券化试点
2016年3月30日	《关于加大对新消费领域金融支持的指导意见》	大力发展个人汽车、消费、信用卡等零售类贷款信贷资产证券化，盘活信贷存量，扩大消费信贷规模，提升消费信贷供给能力
2016年6月3日	《关于加快培育和发展住房租赁市场的若干意见》	鼓励住房租赁企业通过发债、资产支持证券和房地产信托投资基金融资；加速物业租金资产支持证券业务发展
2016年10月10日	《关于积极稳妥降低企业杠杆率的意见》	明确提出要有序开展企业资产证券化以盘活企业存量资产、降低企业融资杠杆；按照"真实出售、破产隔离"原则，积极开展以企业应收账款、租赁债权等财产权利和基础设施、商业物业等不动产财产或财产权益为基础资产的资产证券化业务；通过落实并完善资产证券化的相关税收政策，营造良好的市场与政策环境

资料来源：中债资信根据相关资料整理。

（二）市场层面

　　规范不良贷款、微小企业贷款、应收账款收益权以及资产支持票据等基础资产证券化信息披露行为，有效防范道德风险，拓宽基础资产类型，促进结构化融资市场健康发展。

1. 信贷资产证券化

（1）政策概述

2016年我国银行间资产证券化市场发行规模持续增长，发起机构类型不断扩展、产品结构设计不断创新、投资者结构多元化趋势明显、二级市场流动性有所改善，但客观来说，我国信贷资产证券化市场仍处于发展的初期阶段，面对基础资产千差万别、交易结构复杂、参与主体众多、运作程序专业性强、持续周期长、风险评估难度大的产品特性，坚持信息透明原则、规范信息披露行为，符合资产证券化的产品特点，有利于提升资产证券化产品的标准化、规范化水平和透明度，保护投资者利益，引导投资者自行决策并培育其成熟的投资理念，为金融创新产品培养合格的机构投资者队伍，促进资产证券化市场健康发展。有鉴于此，银行间市场交易商协会在2016年先后发布了用于规范不良贷款证券化、微小企业贷款证券化等基础资产证券化信息披露行为的指引文件，以及信贷资产支持证券信息披露工作评价规程，有效防范资产证券化过程中的道德风险，推进市场约束机制逐步形成，维护投资人利益。

（2）政策评价

2016年4月，银行间市场交易商协会发布《不良贷款资产支持证券信息披露指引（试行）》及其配套的表格体系，明确了不良贷款资产支持证券的详细信息披露标准，确立了不良贷款资产支持证券的发行规范，增强了市场的透明度，为进一步推动不良资产证券化业务的高效、有序发展奠定了基础。2016年10月，银行间市场交易商协会发布《微小企业贷款资产支持证券信息披露指引（试行）》及其配套的表格体系，规范了微小企业贷款资产支持证券信息披露行为，有利于维护投资者合法权益，丰富银行间资产证券化的基础资产种类，更好地发挥金融支持实体经济的作用。2016年11月，银行间市场交易商协会发布《信贷资产支持证券信息披露工作评价规程（试行）》，适用于银行间市场交易商协会组织市场成员对市场信息披露质量进行评价，有利于进一步完善信贷资产支持证券信息披露

"事中事后"监管机制,维护投资者合法权益,促进信贷资产证券化市场健康有序发展。

2. 企业资产证券化

(1)政策概述

2016年,随着供给侧结构性改革的深入推进,资产证券化市场获得较多政策关注和推动,在此背景下企业资产证券化产品提速明显,在市场规模持续增长的同时,产品基础资产类型继续呈多元化趋势,对关系国计民生和政府重点发展的PPP项目以及绿色产业等领域的资产证券化给予大力支持,市场流动性进一步提升。企业资产支持专项计划快速发展的同时,市场信用风险也开始部分显露,面对基础资产单一、风险略显集中、现金流易受经济环境波动影响的企业资产证券化产品,证监会、证券交易所等审慎把控基础资产的源头风险,加强全流程风险识别管理,提高信息披露标准化程度,以降低交易所市场证券交易过程中的信息不对称,促进企业资产证券化市场取得长足发展。

(2)政策评价

2016年10月,上海证券交易所公布《资产证券化业务指南(第10次修订)》,通过优化企业类资产支持证券在上海证券交易所申请挂牌转让的业务流程,有利于提高企业类资产支持证券在交易所市场的发行效率和透明度,提高管理人尽职调查和核查能力,加强现金流账户控制,提高信息披露水平,促进企业资产支持专项计划高速、规范发展。2016年12月,发改委和证监会联合印发《关于推进传统基础设施领域政府和社会资本合作(PPP)项目资产证券化相关工作的通知》,推动符合条件的传统基础设施领域PPP项目在上交所、深交所开展资产证券化融资,有利于盘活PPP项目存量资产,提高PPP项目资产流动性,更好地吸收社会资本参与PPP项目建设,增加社会资本退出渠道,有效解决PPP项目融资难、落地难的问题,提高资金使用效率,利用资产证券化产品更好地支持传统基础设施项目建设。

3. 资产支持票据

（1）政策概述

2016年12月，银行间市场交易商协会发布《非金融企业资产支持票据指引（修订稿）》（以下简称《指引（修订）》）及其配套的表格体系，用于夯实非金融企业资产证券化产品制度基础，推动企业盘活存量资产，丰富债券品种，提升银行间债券市场普惠性，更好配合供给侧改革任务的落实。

（2）政策评价

由银行间市场交易商协会发布的《指引（修订）》立足于"资产支持"的产品特性，重点对ABN的资产类型、交易结构、风险隔离、信息披露、参与各方权利义务、投资人保护机制等进行了规范。首先，《指引（修订）》引入SPV后，有助于实现资产证券化过程中的"真实出售"和"破产隔离"，使融资人达到表外融资的目的，充分体现"资产支持"的特点，此前发展相对缓慢的ABN有望迎来新的增长空间；其次，《指引（修订）》明确基础资产可以是企业应收账款、租赁债权、信托收益权等财产权利，也可以是基础设施、商业物业等不动产财产或相关财产权利等，此外针对已用于抵质押融资，可通过合理安排解除权利限制的优质资产，仍然可以作为资产支持票据的基础资产，有利于改变目前ABN基础资产以建设应收款和公用事业收费收入为主的现状，拓宽ABN产品基础资产范围，满足发行主体多样化融资需求；最后，《指引（修订）》明确ABN发行方式包括公开发行和定向发行，完善的发行规则有助于盘活非金融企业存量资产，助力降低实体经济企业成本和杠杆率，丰富资产证券化类型，进一步推动结构化融资市场的发展。

表2　2016年市场层面资产证券化相关政策梳理

分类	时间	政策文件	主要内容
信贷资产证券化	2016年4月19日	《不良贷款资产支持证券信息披露指引（试行）》及其配套的表格体系	提出了不良贷款资产支持证券的详细信息披露标准，为不良贷款资产支持证券确立了规范。在保护投资人的合法权益基础上，增强了市场的透明度，为进一步推动不良贷款资产证券化业务的高效、有序发展奠定了基础
	2016年10月14日	《微小企业贷款资产支持证券信息披露指引（试行）》及其配套的表格体系	通过明确基础资产定义及入池标准、新增发起机构历史静态池抽样贷款逐笔信息、新增发起机构针对性贷款政策和监管指标披露要求三条制度安排，提高微小企业贷款资产支持证券信息披露的透明度和有效性，有利于丰富银行间资产证券化的基础资产种类
	2016年11月14日	《信贷资产支持证券信息披露工作评价规程（试行）》	适用于银行间市场交易商协会组织市场成员对信贷资产支持证券受托机构、发起机构、承销机构、信用评级机构、会计师事务所、律师事务所等信息披露义务人的市场信息披露质量进行评价，有利于进一步完善信贷资产支持证券信息披露"事中事后"监管机制，维护投资者合法权益，促进信贷资产证券化市场健康有序发展，更好地发挥金融支持实体经济作用
企业资产证券化	2016年10月28日	《资产证券化业务指南（第10次修订）》	通过完善挂牌转让确认流程，增加特殊情形处理，明确多期、分期、同类项目申报要求，增加发行前备案程序，调整申请材料清单要求，添加附件模板，增加管理人和律师尽职调查内容要求，优化登记与挂牌流程，调整存续期信息披露条款，优化企业类资产支持证券在上海证券交易所申请挂牌的业务流程，推动资产支持专项计划规范化发展
	2016年12月26日	《关于推进传统基础设施领域政府和社会资本合作（PPP）项目资产证券化相关工作的通知》	部委层面首次正式启动PPP项目资产证券化，明确已建成并正常运营2年以上、具持续经营能力的传统基础设施领域PPP项目可进行证券化融资，同时证监会为PPP资产证券化开"绿色通道"

续表

分类	时间	政策文件	主要内容
资产支持票据	2016年12月12日	《非金融企业资产支持票据指引（修订稿）》及其配套的表格体系	本次修订立足于"资产支持"的产品特性，重点对资产支持票据的资产类型、交易结构、风险隔离、信息披露、参与各方权利义务、投资人保护机制等进行了规范，以夯实非金融企业资产证券化产品制度基础，推动企业盘活存量资产，丰富债券品种，提升银行间债券市场普惠性，更好地配合供给侧改革任务的落实

资料来源：中债资信根据相关资料整理。

（三）地方层面

四川、河北等地出台相关政策鼓励资产证券化融资，资产证券化市场规模有望扩大，二级市场流动性或有改善。

2016年2月，四川省出台《四川省鼓励直接融资财政奖补资金管理办法》，明确对2015年10月1日后实施资产证券化的原始权益人，按其融资规模的0.5%给予一次性激励补助；对专项计划管理人，按其资产证券化实现融资规模的0.05%给予一次性补助。2016年4月，河北省财政厅印发《河北省资产证券化奖励资金管理办法》，对于成功发行资产证券化产品的地方法人金融机构、企业，按不超过发行金额1‰的比例予以奖励。对于成功发行的承销机构，按照奖励年度累计发行金额排名，对前五名的机构，单笔最大发行金额对应的企业此笔资产证券化产品获得奖励金额的50%给予奖励。地方政府为贯彻落实中央盘活存量、用好增量，大力发展资产证券化等直接融资市场，伴随资产证券化发行主体日趋多元化，入池资产整体质量可能略有下滑，但从长期来看，有利于推进资产证券化市场规模稳步扩大，有效缓解证券化产品二级市场流动性不足的问题。

表3　2016年地方层面资产证券化相关政策梳理

时间	政策文件	主要内容
2016年2月19日	《四川省鼓励直接融资财政奖补资金管理办法》	明确对2015年10月1日后实施资产证券化的原始权益人，省级财政按其融资规模的0.5%给予一次性激励补助，单户补助最高不超过500万元。对资产证券化的专项计划管理人，省级财政按其资产证券化实现融资规模的0.05%给予一次性补助，单户补助最高不超过50万元
2016年4月28日	《河北省资产证券化奖励资金管理办法》	对于成功发行资产证券化产品的地方法人金融机构、企业，按不超过发行金额1‰的比例予以奖励。对于成功发行资产证券化产品的承销机构，按照奖励年度累计发行金额排名，对前五名的机构，按照在奖励年度内，单笔最大发行金额对应的企业此笔资产证券化产品获得奖励金额的50%给予奖励

资料来源：中债资信根据相关资料整理。

二、资产证券化市场发行及运行情况

（一）信贷资产支持证券发行及运行情况

随着2012年信贷资产证券化的重启，国务院、中国人民银行和银监会相继表态大力支持发展信贷资产证券化业务。在5 000亿ABS试点规模的支持下，2015年4月，人民银行推出了注册制，鼓励一次注册多次发行。2015年交易商协会先后发布了《个人汽车贷款资产支持证券信息披露指引（试行）》、《个人住房抵押贷款资产支持证券信息披露指引（试行）》、《棚户区改造项目贷款资产支持证券信息披露指引（试行）》、《个人消费贷款资产支持证券信息披露指引（试行）》及配套表格体系，2016年4月至10月，交易商协会发布《不良贷款资产支持证券信息披露指引（试行）》、《微小企业贷款资产支持证券信息披露指引（试行）》及配套表格体系。这一系列相关政策将极大地提升发行管理效率、激活参与机构能动性和创造性，为资产证券化业务打开广阔的发展空间。在此基础上，2016年，我国信贷资产证券化迈出新的尝试步伐，并在产品结构上产生良性改变。

发行规模持续攀升，我国证券化市场2012年重启试点以来取得了突破性的发展。2016年信贷资产证券化产品发行项目总额达到3 908.53亿元。在经济形势并不乐观的情形下，尤其是在2016年第一季度之后，大量市场资金处于持续寻找优质资产的背景下，信贷资产证券化产品一度受到追捧。

产品结构日趋合理，随着人民银行"注册制"的推出，交易商协会各类产品的信息披露指引落地，以个人住房抵押贷款、个人汽车抵押贷款、个人消费类贷款、棚户区改造贷款为基础资产的证券化产品陆续成为市场的后起之秀，CLO产品的占比从2015年的76.75%下降到2016年的36.78%。未来随着可预期的利率市场化的到来，信贷资产证券化在基础资产种类上还将继续扩充，尤其在公积金贷款证券化的支持下，各种类的证券化产品的占比也将更趋于平衡。可以预见到，具有高分散性的个人类贷款的证券化产品，将为信贷资产证券化市场注入新的活力。

1. 产品发行概况

2016年，共发行108单信贷资产支持证券，总金额3 908.53亿元。其中CLO发行42单，金额占比36.78%，依旧占据主导地位。

资料来源：中债资信根据公开资料整理。

图1　2016年各月信贷资产支持证券发行数量及金额

表4　　2015年及2016年各类型资产支持证券发行情况对比

类型	2016年		2015年	
	数量（单）	金额（亿元）	数量（单）	金额（亿元）
CLO	42	1 437.48	75	3 113.08
Auto Loan ABS	20	587.19	12	424.01
RMBS	15	1 049.43	8	259.8
消费贷款支持证券	8	200.32	4	113.24
融资租赁资产支持证券	4	130.87	5	76.56
公积金贷款支持证券	5	347.14	2	69.63
不良贷款支持证券	14	156.10	——	——
总计	108	3 908.53	106	4 056.33

资料来源：中债资信根据公开资料整理。

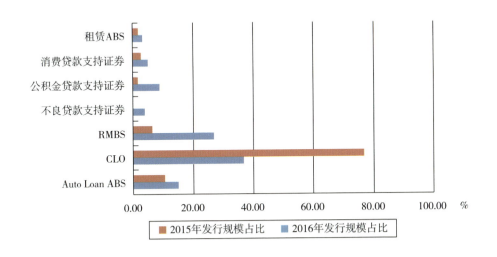

资料来源：中债资信根据公开资料整理。

图2　2015年及2016年各类型资产支持证券发行规模占比

2016年，CLO发行42单，金额占比36.78%，依旧占据主导地位，但较2015年（76.75%）有显著下降。由于注册制改革以及信息披露表格体系发布等相关配套政策的大力支持，除CLO外的其他同质化产品在发行金额上，分别有不同程度的增长，其中不良贷款资产支持证券为新增产品类型，2016年共发行156.10亿元，占比3.99%。

2. 存续产品运行情况

根据《2016年中债资信信贷资产证券化跟踪评级系列分析报告》，截至2016年4月30日存续的106单资产证券化产品，跟踪评级期间，其基础资产信用表现良好、证券信用表现情况良好、证券风险暴露大幅下降。

（1）基础资产信用表现良好

基础资产信用质量方面，受评证券的基础资产信用级别基本稳定，部分项目随着优先级证券的过手偿付，信用增级量的增长在一定程度上支持了证券的级别上调。基础资产加权平均利率方面，我国近两年来处于降息通道，且入池资产中浮动利率资产占比较高，整体来看，基础资产加权平均利率有一定幅度的下降。资产池逾期及违约方面，跟踪期间内，CLO及Lease ABS产品中除"浦发2015年工程机械贷款资产证券化信托资产支持证券"基础资产池出现了逾期与违约情况外，其余产品基础资产均未出现逾期或违约情况；Auto ABS、RMBS及消费贷ABS产品基础资产有少量逾期或违约发生，但由于入池资产笔数较多，资产相对分散，对整体风险影响不大。基础资产池提前还款方面，Lease ABS和消费贷ABS产品的提前还款率较高，其他产品类型提前还款率较低。

表5　CLO与Lease ABS基础资产加权平均信用等级变化统计

加权平均级别变化情况	项目数量	CLO	lease ABS
级别上升4个子级	2	2	0
级别上升3个子级	1	1	0
级别上升2个子级	7	6	1
级别上升1个子级	16	14	2

续表

加权平均级别变化情况	项目数量	CLO	lease ABS
级别保持不变	35	33	2
级别降低1个子级	16	16	0
级别降低3个子级	1	1	0
级别降低6个子级	1	1	0
级别降低8个子级	1	1	0
合计	80	75	5

资料来源：中债资信根据公开资料整理。

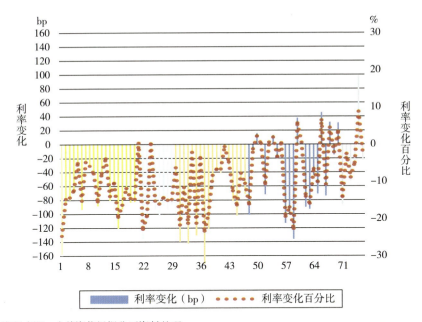

资料来源：中债资信根据公开资料整理。

图3　CLO产品基础资产加权平均利率变化①

---

　　① 不同颜色的数据柱分别代表（从左至右）：政策性银行，国有大型商业银行，股份制商业银行，城商银行，农商银行与资产管理公司。横坐标轴编号对应各项目编号，详见附件二。

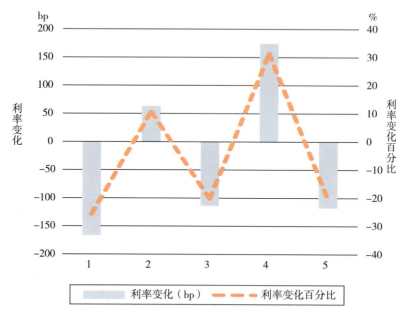

资料来源：中债资信根据公开资料整理。

图4　Lease ABS产品基础资产加权平均利率变化

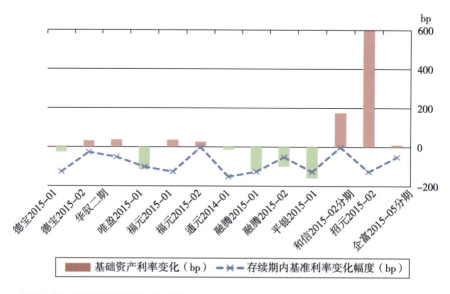

资料来源：中债资信根据公开资料整理。

图5　Auto ABS产品基础资产加权平均利率变化

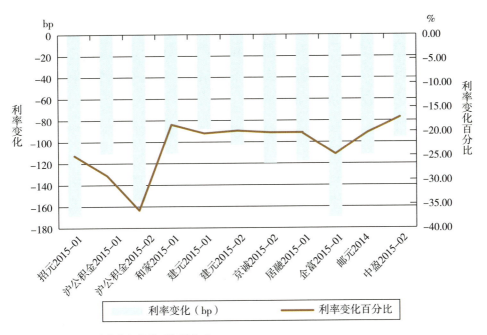

资料来源：中债资信根据公开资料整理。

图6　RMBS产品基础资产加权平均利率变化

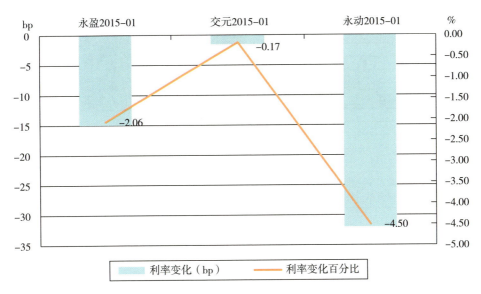

资料来源：中债资信根据公开资料整理。

图7　消费贷ABS产品基础资产加权平均利率变化

基础资产加权平均利率方面，RMBS入池资产中浮动利率资产占比较高，其基础资产加权平均利率的下降幅度大于其他产品类型，本次跟踪的消费贷ABS中永盈及永动为持续购买交易结构，新购买资产的利率较低导致了基础资产加权平均利率的下行。

在跟踪期内，入池贷款的本金不断回收，随着资产池贷款余额不断减少，资产池集中度表现也在不断变化。一般而言，由于贷款的结清，资产池集中度会处于不断上升的过程中。图8显示了跟踪评级时点CLO及Lease ABS资产池集中度相对于首次评级时的变化程度，可以看出借款人集中度上升百分比一般情况下高于地区集中度变化，地区集中度变化一般则高于行业集中度变化。其中前五户借款人集中度最高上升62.10%，行业集中度最高上升55.69%，地区集中度最高上升59.69%。

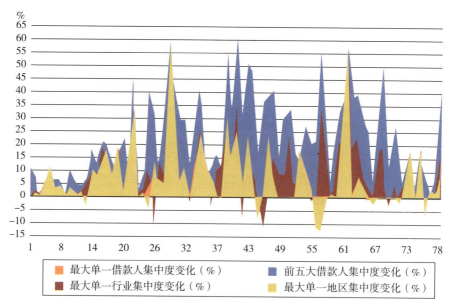

资料来源：中债资信根据公开资料整理。

图8 跟踪评级资产支持证券基础资产集中度变化①

---

① 横坐标轴编号对应各项目编号，详见附件二。

在本跟踪期间内，所涵盖的CLO及Lease ABS产品中，只有"浦发2015年工程机械贷款资产证券化信托资产支持证券"基础资产池出现了逾期与违约情况：截至2016年5月31日，入池384笔贷款中，拖欠84笔，涉及4 739.07万元，历史累积违约2笔，涉及金额85.70万元；其他CLO及Lease ABS产品的基础资产均未出现逾期或违约情况。作为国内首单以工程机械贷款为基础资产的信贷资产证券化项目，基础资产为浦发银行向811名个人发放的902笔工程机械贷款。贷款客户为通过各类工程机械设备参与相关工程或道路等基建设施建设的个体工商户，其购买的工程机械设备生产厂商分别为"中联重科股份有限公司"和"徐工集团工程机械股份有限公司"。该资产证券化项目入池资产第一还款来源为借款人的经营收入，由于目前国内宏观经济波动，借款人经营收入不稳定，导致该项目历史累积逾期567笔，涉及金额55 146.20万元。但是本项目设置了较强的担保措施，有效降低了工程机械贷款发生违约的概率。首先，每笔入池资产均设有保证金，浦发银行有权在三个工作日内使用保证金冲抵逾期本息。另外，若借款人违约状态持续达90天，浦发银行有权要求中联重科和徐工集团一次性垫付到期应付未付款项或履行回购义务。上述担保措施在很大程度上保障了贷款本息的正常偿付，绝大多数逾期贷款在90天内得到了有效偿付。

另外，"爽元2015年第一期信贷资产支持证券"在优先档证券存续期间基础资产出现了两笔贷款违约，但贵阳银行最终全额回收，并于2015年5月26日将优先档本息均兑付完毕，因而未能进入本次跟踪。

Auto Loan ABS、RMBS、消费贷ABS的入池资产笔数较多，出现少量逾期和违约均属于正常现象。同样，由于同质化产品基础资产分散度很高，个别资产的逾期不会引发整体的违约风险。总体上看，被跟踪的同质化产品的基础资产的逾期率处于很低水平，基础资产的信用质量较高。

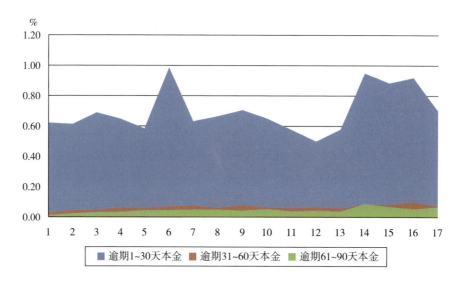

资料来源：中债资信根据公开资料整理。

图9　Auto Loan ABS基础资产加权平均逾期率统计

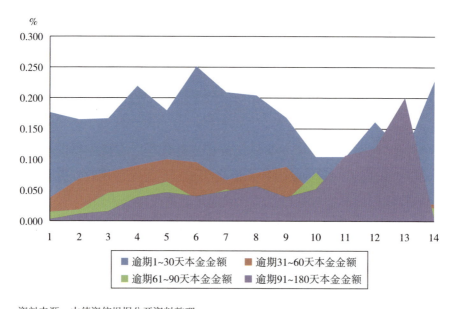

资料来源：中债资信根据公开资料整理。

图10　RMBS基础资产加权平均逾期率统计

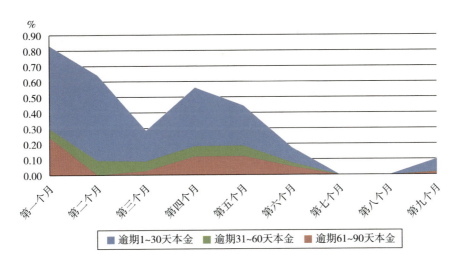

资料来源：中债资信根据公开资料整理。

图11　消费贷ABS基础资产加权平均逾期率统计[①]

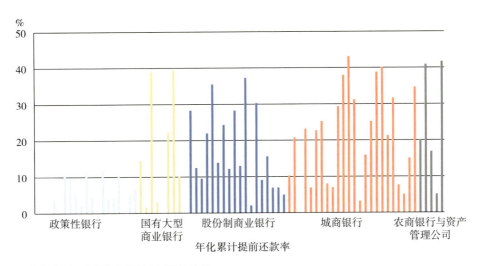

资料来源：中债资信根据公开资料整理。

图12　CLO基础资产提前还款率统计[②]

---

① 永盈2015-01与永动2015-01为按季度出具受托报告，交元2015-01为按月度出具受托报告，因此第七个月与第八个月没有逾期率数据。

②不同颜色的数据柱分别代表（从左至右）：政策性银行，国有大型商业银行，股份制商业银行，城商银行，农商银行与资产管理公司。横坐标轴编号对应各项目编号，详见附件二。

　　2016年跟踪的Auto Loan ABS产品的平均年化提前还款率为3.68%，而2015年跟踪的车贷证券化产品，平均年化提前还款率为4.33%，2016年的提前还款水平整体有所下降。

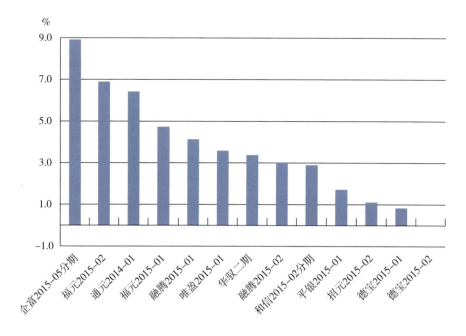

资料来源：中债资信根据公开资料整理。

图13　Auto Loan ABS的基础资产年化提前还款率统计

　　本次跟踪所涉及的11单个人住房抵押贷款资产支持证券中，年化累计还款率最高的是邮元2014-01，年化累计提前还款率为21.98%，其余产品的年化累计提前还款率均集中在15%左右。

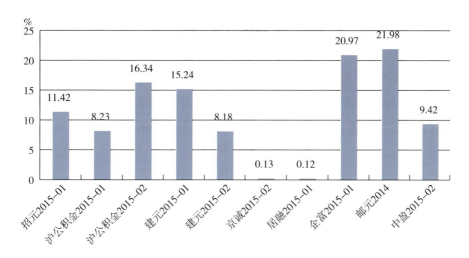

资料来源：中债资信根据公开资料整理。

图14　RMBS的基础资产年化提前还款率统计

在本次跟踪的3单个人消费贷款资产支持证券产品中，永动的基础资产为随借随还的白领通贷款，自身提前还款率就较高，加上持续购买结构使得提前还款率会明显高于静态结构，因此永动提前还款率较高，但考虑到日购买的交易结构且可购买基础资产较充裕，较高的提前还款率对资产支持证券产品没有负面影响。

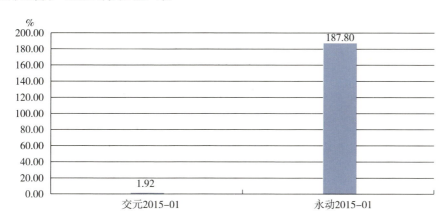

资料来源：中债资信根据公开资料整理。

图15　个人消费贷款资产支持证券提前还款率统计

（2）证券信用表现情况良好

跟踪评级共涉及2015年发行的106单资产证券化产品，涵盖了CLO、Auto Loan ABS、Lease ABS和RMBS四种类型。从证券的信用表现情况来看，全部证券未发生级别调降现象，各类型证券均出现了级别调升现象，尤其是优先B档证券级别上升显著，证券信用表现情况良好。

表6 CLO证券信用级别迁移表

CLO		跟踪评级各证券信用等级								# Tranches	Wgtd Notch Δ
		AAA	AA+	AA	AA-	A+	A	A-	WR		
首次评级各证券信用等级	AAA	60.45%	0.75%	0.00%	0.00%	0.00%	0.00%	0.00%	38.81%	134	(0.01)
	AA+	57.89%	42.11%	0.00%	0.00%	0.00%	0.00%	0.00%	0.00%	19	1.2
	AA	28.57%	71.43%	0.00%	0.00%	0.00%	0.00%	0.00%	0.00%	7	1.6
	AA-	12.50%	75.00%	0.00%	12.50%	0.00%	0.00%	0.00%	0.00%	8	2.0
	A+	36.00%	32.00%	4.00%	4.00%	24.00%	0.00%	0.00%	0.00%	25	2.9
	A	40.00%	60.00%	0.00%	0.00%	0.00%	0.00%	0.00%	0.00%	5	4.8
	A-	25.00%	25.00%	0.00%	0.00%	25.00%	0.00%	25.00%	0.00%	4	3.5
	# Tranches	107	32	1	2	7	0	1	52	202	

资料来源：中债资信根据公开资料整理。

表7 Lease ABS证券信用级别迁移表

Lease ABS		跟踪评级各证券信用等级								# Tranches	Wgtd Notch Δ
		AAA	AA+	AA	AA-	A+	A	A-	WR		
首次评级各证券信用等级	AAA	40.00%	0.00%	0.00%	0.00%	0.00%	0.00%	0.00%	60.00%	5	0.00
	AA+	60.00%	0.00%	0.00%	0.00%	0.00%	0.00%	0.00%	40.00%	5	1.20
	AA	0.00%	0.00%	0.00%	0.00%	0.00%	0.00%	0.00%	0.00%	0	0.00
	AA-	0.00%	0.00%	0.00%	0.00%	0.00%	0.00%	0.00%	0.00%	0	0.00
	A+	0.00%	100.00%	0.00%	0.00%	0.00%	0.00%	0.00%	0.00%	1	3.00

续表

Lease ABS		跟踪评级各证券信用等级									
首次评级各证券信用等级	A	0.00%	0.00%	0.00%	0.00%	0.00%	0.00%	0.00%	0.00%	0	0.00
	A-	0.00%	0.00%	0.00%	0.00%	0.00%	0.00%	0.00%	0.00%	0	0.00
	BBB+	0.00%	0.00%	100.00%	0.00%	0.00%	0.00%	0.00%	0.00%	1	5.00
	BBB	0.00%	0.00%	0.00%	0.00%	0.00%	0.00%	0.00%	0.00%	0	0.00
	# Tranches	5	1	1	0	0	0	0	5	12	—

资料来源：中债资信根据公开资料整理。

表8 Auto Loan ABS证券信用级别迁移表

16年级别迁徙		跟踪评级各证券信用等级									
		AAA	AA+	AA	AA-	A+	A	A-	WR	# Tranches	Wgtd Notch Δ
首次评级各证券信用等级	AAA	80.00%	0.00%	0.00%	0.00%	0.00%	0.00%	20.00%	20	0	0.00
	AA+	75.00%	25.00%	0.00%	0.00%	0.00%	0.00%	0.00%	4	1.5	1.20
	AA	33.33%	33.33%	33.33%	0.00%	0.00%	0.00%	0.00%	3	1.3	1.00
	AA-	0.00%	0.00%	0.00%	0.00%	0.00%	0.00%	0.00%	0	0	0.00
	A+	0.00%	0.00%	0.00%	0.00%	0.00%	0.00%	0.00%	0	0	3.00
	A	0.00%	0.00%	0.00%	0.00%	0.00%	100.00%	0.00%	1	0	0.00
	# Tranches	20	2	1	0	0	1	4	28	—	0.00

资料来源：中债资信根据公开资料整理。

表9 RMBS证券信用级别迁移表

		跟踪评级各证券信用等级										
		AAA	AA+	AA	AA-	A+	A	A-	BBB+	BBB	WR	# Tranches	Wgtd Notch Δ
首次评级各证券信用等级	AAA	78.3%	0.0%	0.0%	0.0%	0.0%	0.0%	0.0%	0.0%	0.0%	21.7%	23	0.0
	AA+	0.0%	0.0%	0.0%	0.0%	0.0%	0.0%	0.0%	0.0%	0.0%	0.0%	0	0.0
	AA	0.0%	0.0%	0.0%	0.0%	0.0%	0.0%	0.0%	0.0%	0.0%	0.0%	0	0.0
	AA-	16.7%	16.7%	16.7%	50.0%	0.0%	0.0%	0.0%	0.0%	0.0%	0.0%	6	1.2

		跟踪评级各证券信用等级											
首次评级各证券信用等级	A+	100.0%	0.0%	0.0%	0.0%	0.0%	0.0%	0.0%	0.0%	0.0%	0.0%	1	5.0
	A	0.0%	0.0%	0.0%	0.0%	0.0%	0.0%	0.0%	0.0%	0.0%	0.0%	0	0.0
	A-	0.0%	0.0%	0.0%	0.0%	0.0%	0.0%	0.0%	0.0%	0.0%	0.0%	0	0.0
	BBB+	0.0%	0.0%	0.0%	0.0%	0.0%	0.0%	0.0%	0.0%	0.0%	0.0%	0	0.0
	BBB	0.0%	0.0%	0.0%	0.0%	0.0%	0.0%	0.0%	0.0%	0.0%	0.0%	0	0.0
	# Tranches	20	1	1	3	0	0	0	0	0	5	30	—

资料来源：中债资信根据公开资料整理。

表10　消费贷ABS证券信用级别迁移表

		跟踪评级各证券信用等级											
		AAA	AA+	AA	AA-	A+	A	A-	BBB+	BBB	WR	# Tranches	Wgtd Notch Δ
首次评级各证券信用等级	AAA	66.7%	0.0%	0.0%	0.0%	0.0%	0.0%	0.0%	0.0%	0.0%	33.3%	3	0.0
	AA+	0.0%	0.0%	0.0%	0.0%	0.0%	0.0%	0.0%	0.0%	0.0%	0.0%	0	0.0
	AA	100.0%	0.0%	0.0%	0.0%	0.0%	0.0%	0.0%	0.0%	0.0%	0.0%	1	3.0
	AA-	0.0%	0.0%	0.0%	0.0%	0.0%	0.0%	0.0%	0.0%	0.0%	0.0%	0	0.0
	A+	0.0%	0.0%	0.0%	0.0%	100.0%	0.0%	0.0%	0.0%	0.0%	0.0%	0	0.0
	A	0.0%	0.0%	0.0%	0.0%	50.0%	50.0%	0.0%	0.0%	0.0%	0.0%	2	0.0
	A-	0.0%	0.0%	0.0%	0.0%	0.0%	0.0%	0.0%	0.0%	0.0%	0.0%	0	0.0
	BBB+	0.0%	0.0%	0.0%	0.0%	0.0%	0.0%	0.0%	0.0%	0.0%	0.0%	0	0.0
	BBB	0.0%	0.0%	0.0%	0.0%	0.0%	0.0%	0.0%	0.0%	0.0%	0.0%	0	0.0
	# Tranches	3	0	0	0	1	1	0	0	0	1	6	—

资料来源：中债资信根据公开资料整理。

（3）证券风险暴露大幅下降

跟踪期内，各产品均积累了一定的超额利差，优先档证券的信用增级量普遍升高，得到了良好的信用支持。证券账龄及剩余期限方面，随着账龄延长，剩余期限减少，资产支持证券的风险暴露期限大幅缩短。证券提前兑付方面，已兑付完毕的证券实际兑付日期和发行时预计到期日基本一致，对资产池现金流的预测大致与实际情况相符，证券提前还款风险较小。

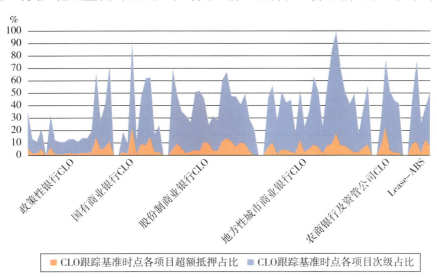

资料来源：中债资信根据公开资料整理。

图16　CLO跟踪基准时点各项目次级与超额抵押占比[①]

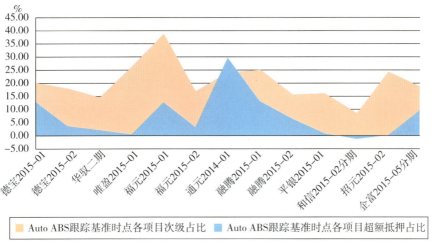

资料来源：中债资信根据公开资料整理。

图17　Auto ABS跟踪基准时点各项目次级与超额抵押占比

---

①图16及图17均按照CLO、Auto ABS、租赁ABS以及RMBS的顺序展现各项目的信用增级情况，CLO项目按照发起机构的类型和级别序列，由高到低排列，详细编号见附件二。

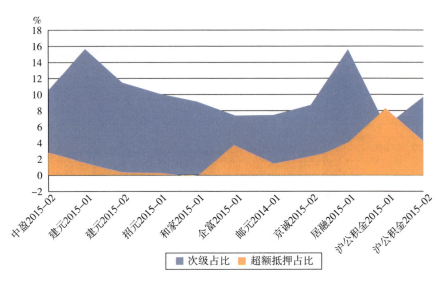

资料来源：中债资信根据公开资料整理。

图18　RMBS跟踪基准时点各项目次级与超额抵押占比情况

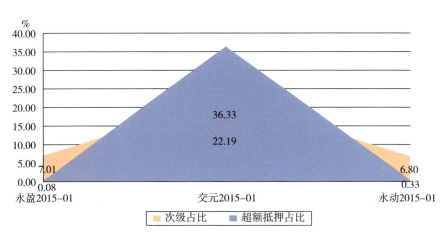

资料来源：中债资信根据公开资料整理。

图19　消费贷ABS跟踪基准时点各项目次级与超额抵押占比

在资产信用质量这一因素之外，信用增级措施是各证券能够获得相应信用等级的主要原因，资产证券化产品的信用增级措施包括：优先级/次级结构、初始超额抵押和超额利差。跟踪评级证券级别迁移矩阵的对比分析显示，绝大部分优先档证券出现级别调升的情况，这主要是由于随着优先级证券的过手偿付，证券信用增级量的增长对证券的级别提升起到了很大作用，因此，有必要对各证券的信用增级量的变化进行统计，并分析各信用增级措施在其中发挥的作用。

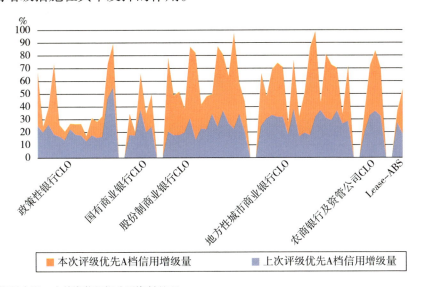

资料来源：中债资信根据公开资料整理。

图20　CLO & Lease优先A档证券信用增级量变化情况

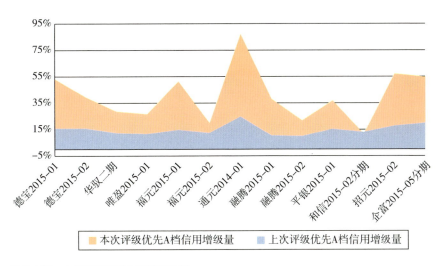

资料来源：中债资信根据公开资料整理。

图21　Auto ABS优先A档证券信用增级量变化情况

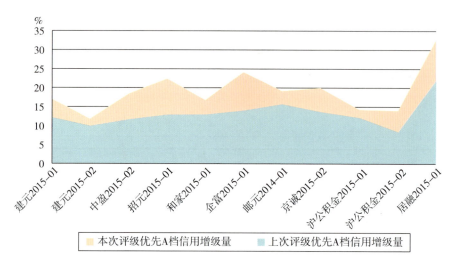

资料来源：中债资信根据公开资料整理。

图22　RMBS优先A档证券信用增级量变化情况①

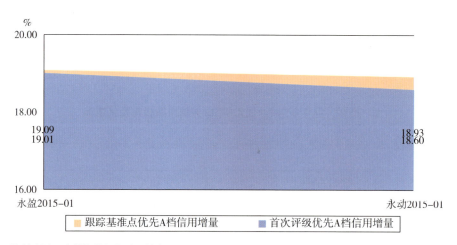

资料来源：中债资信根据公开资料整理。

图23　消费贷ABS优先A档信用增级量变化情况②

————————————————

①招元2015年第一期个人住房抵押贷款资产支持证券优先A-1档证券，和家2015年第一期个人住房抵押贷款资产支持证券优先A-1档证券，京诚2015年第二期个人住房抵押贷款资产支持证券优先A-1档证券，居融2015年第一期个人住房抵押贷款资产支持证券优先A-1档证券，中盈2015年第二期个人住房抵押贷款资产支持证券的优先A-1档证券均在跟踪基准日前兑付完毕，此处统计无意义，该图表中未体现。

②由于交元2015-01的15交元1A已经兑付，因此不在图23中表示。

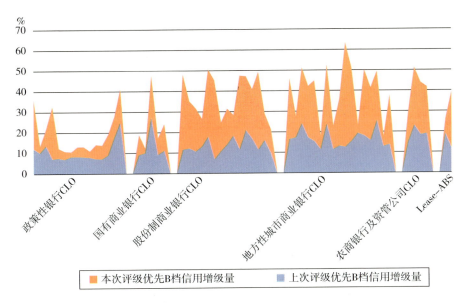

资料来源：中债资信根据公开资料整理。

图24 CLO & Lease优先B档证券信用增级量变化情况[1]

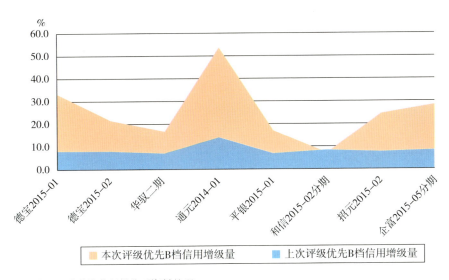

资料来源：中债资信根据公开资料整理。

图25 Auto ABS优先B档证券信用增级量变化情况[2]

①其余4单未设置优先B档证券。
②其余4单未设置优先B档证券。

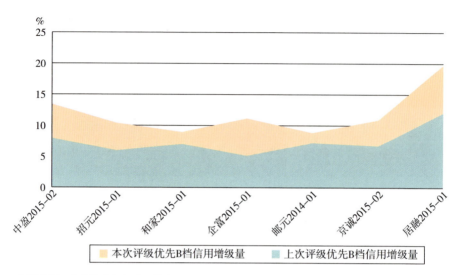

资料来源：中债资信根据公开资料整理。

图26 RMBS优先B档证券信用增级量变化情况①

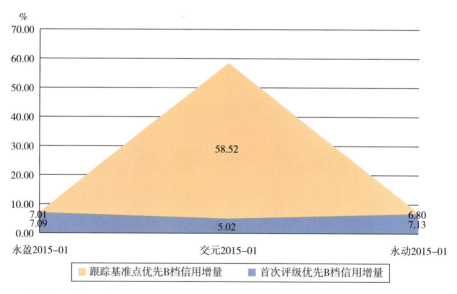

资料来源：中债资信根据公开资料整理。

图27 消费贷优先B档证券信用增级量变化情况

①其余4单未设置优先B档证券。

（二）资产支持专项计划发行及运行情况

1. 产品发行概况

2014年11月19日，中国证券监督管理委员会（以下简称证监会）正式发布了《证券公司及基金管理公司子公司资产证券化业务管理规定》及配套工作指引（以下简称《规定与指引》）。该管理规定与指引的发布，标志着资产支持专项计划（以下简称专项计划）由事前行政审批发行转为中国证券投资基金业协会（以下简称基金业协会）事后备案和基础资产负面清单管理，极大地提升了专项计划的发行效率。2016年8月，深圳证券交易所为推动资产证券化业务开展，根据该《规定与指引》及相关规定，结合市场共性问题与政策动向，制定了资产证券化业务问答，全面解答了资产证券化业务实际操作过程中可能面临的问题，具有很强的指导性意义。同年10月28日，上海证券交易所完成了对《上海证券交易所资产证券化业务指南》的修订，也为交易所市场证券化产品的规范发展起到积极引导作用。

得益于各项规则、规定的不断补充完善，专项计划产品在2014年和2015年迎来了快速的发展；2016年，市场发展的良好势头得以延续，无论是从发行规模还是发行数量来看都较2015年更上一层楼。截至2016年末，资产支持专项计划产品的发行量与发行规模分别为385单和4 630.26亿元，分别是2015年发行数量与发行规模的1.93倍与2.38倍。

表11　资产支持专项计划发行规模与发行数量

发行年份	发行数量	发行规模（亿元）
2005	2	100.80
2006	7	164.21
2011	1	12.79
2012	2	31.80
2013	8	73.98

续表

发行年份	发行数量	发行规模（亿元）
2014	27	400.83
2015	199	1 946.02
2016	385	4 630.26
总计	631	7 360.69

资料来源：中债资信根据公开资料整理。

在经历了2015年发行数量、规模的爆发式增长以及基础资产种类的百花齐放后，2016年资产支持专项计划产品在基础资产种类方面较2015年更进一步丰富。虽然从大类看，基础资产仍分为债权类与收益权类两类，但大类中包含的细分类型仍然涌现出了许多新面孔。基础资产种类由2015年的24种增加到了2016年的28种。在收益权类方面，2016年新增了票据收益权、林权收益权、环保处理基金收益权、地下通信空间收益权等；在债权类方面，2016年主要增加了保理融资债权、保单质押贷款、企业债权和委托贷款等。

按大类基础资产来看，以债权类基础资产发行的资产支持专项计划产品，无论是发行总规模还是发行数量均明显比收益权类高。截至2016年末，债权类基础资产发行数量和发行规模占比分别为78.18%和80.78%。

在发行利率方面，资产支持专项计划产品2016年发行利率变动范围为2.31%至12.00%，发行利率多集中在3.40%至4.80%区间。相较于2015年集中于5.00%至7.00%的区间，2016年的发行利率有一定程度的降低。截至2016年末，优先A级资产支持证券最高发行利率为8.50%，最低为2.31%，加权平均（以证券发行金额为权重）为4.25%；优先B级资产支持证券最高发行利率为12.00%，最低为3.60%，加权平均为5.06%，高于优先A级资产支持证券达109BP。

表12　优先A级与优先B级证券发行利率情况

证券类型	最高利率（%）	加权平均利率（%）	最低利率（%）
优先A级	8.50	4.40	2.31
优先B级	12.00	5.49	3.60

资料来源：中债资信根据公开资料整理。

2016年上半年，受债券供给增加、市场流动性整体较为充裕、美联储加息预期放缓、英国脱欧公投等国内外因素叠加影响，债券市场收益率表现为区间震荡，因此资产支持专项计划产品的发行利率也基本平稳；进入第三季度后，由于经济数据表现不及预期、社会融资规模和信贷投放量降低、债券市场增速放缓等诸多原因，债券市场收益率开始下行；12月，发行利率出现一定程度的跃升，主要是由于：①年底市场流动性趋紧，推升资金成本；②美国债券收益率上升，因此在资本外流的压力下，人民币贬值预期不断升温，促使国内利率水平相应抬高；③由于国债收益率长期处于相对偏低的水平，理财资金对债市的配置需求下降，因此利率也具备上行的空间和动力。

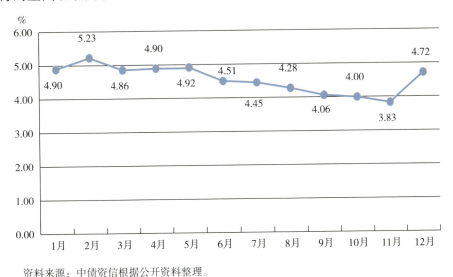

资料来源：中债资信根据公开资料整理。

图28　2016年资产支持专项计划优先A级平均发行率情况

2. 存续产品运行情况

中债资信通过公开渠道搜集了截至2016年末，优先级/次级档证券仍未到期资产支持专项计划的管理人报告/资产管理报告，并对基础资产与证券的表现进行了分析。以下分析了通过公开资料可查的56单专项计划。

在中债资信观察的56单存续期产品中，其初始的发行规模为436.05亿元，其中优先A级、优先B级以及次级证券的规模占比分别为88.54%、4.03%和7.43%；截至各证券的管理报告发布日，证券未偿本金余额为300.15亿元，由于所有证券均采用了优先级/次级的内部增信措施，同时优先A级证券的本金与利息优先于劣后证券获得偿付，因此，优先A级证券的本息得到了很好的保障。从优先A级证券的偿付速度来看，债权类中小额贷款证券的偿付速度最快，已偿付的比例达到了60.81%，主要原因是小额贷款多以按月偿还本金与利息为主，因此证券的还本付息方式为了与基础资产端现金流匹配，通常也采用按月还本付息。

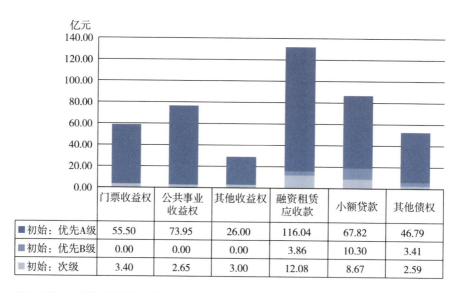

	门票收益权	公共事业收益权	其他收益权	融资租赁应收款	小额贷款	其他债权
■ 初始：优先A级	55.50	73.95	26.00	116.04	67.82	46.79
■ 初始：优先B级	0.00	0.00	0.00	3.86	10.30	3.41
▨ 初始：次级	3.40	2.65	3.00	12.08	8.67	2.59

资料来源：中债资信根据公开资料整理。

图29　存续期证券初始发行规模情况

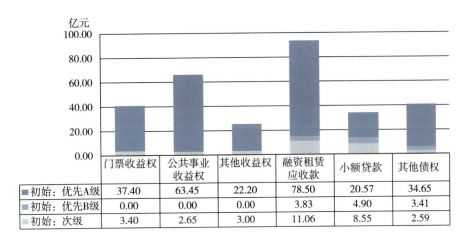

亿元	门票收益权	公共事业收益权	其他收益权	融资租赁应收款	小额贷款	其他债权
■ 初始：优先A级	37.40	63.45	22.20	78.50	20.57	34.65
■ 初始：优先B级	0.00	0.00	0.00	3.83	4.90	3.41
□ 初始：次级	3.40	2.65	3.00	11.06	8.55	2.59

资料来源：中债资信根据公开资料整理。

图30　存续期证券未偿规模情况

从存续证券的基础资产类型来看，虽然只包括债权类以及收益权类两大类，但大类中的细分基础资产种类十分丰富。其中，债权类资产主要包括融资租赁、小额贷款等，收益权类资产主要包括水、电、热费等公共事业收益权、门票收益权等。债权类资产在存续期证券中占据着最重要的地位，共有38单产品，总规模达271.55亿元，占比达62.27%。收益权类存续期证券有18单，总规模164.50亿元，占比37.73%。这与初始发行证券基础资产类型集中于债权类基础资产的特点保持一致。

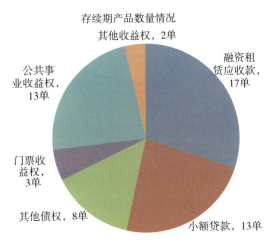

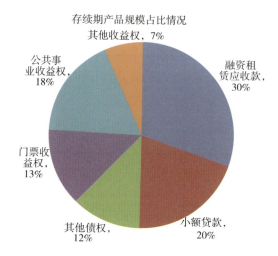

资料来源：中债资信根据公开资料整理。

图31　存续期产品数量和规模占比情况

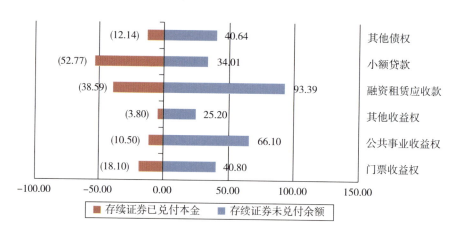

资料来源：中债资信根据公开资料整理。

图32　存续期证券未偿规模情况

　　处于存续期的56单证券中，未发生提前兑付情况。在证券风险事件方面，大成西黄河大桥通行费收益权专项资产管理计划发生违约，成为首单违约的ABS产品；渤钢租赁ABS评级下调并且随后产品停牌；永利热电电力收费权资产支持专项计划评级下调。另外，在逾期方面，共有13单证券发生了基础资产逾期的情况，逾期产品全部集中在债权类基础资产中，其中12单基础资产为小额贷款类基础资产，1单为融资租赁款。虽然小额贷款基础资产出现逾期的情况很多，但由于小额贷款入池资产较多，资产相对分散，并且逾期率较低，因此，目前的逾期情况不会对证券的信用水平产生很大影响。除小额贷款类产品外，融资租赁类的产品也有一单出现了基础资产逾期的情况，该专项计划基础资产逾期率曾达到2.04%，随后在2016年第三季度转为正常，因此对证券的信用水平影响不大。

综上所述，从样本情况来看，处于存续期的资产支持专项计划少量出现了违约、评级下调的风险事件；基础资产出现了少量逾期，但由于逾期规模较小，且基础资产较为分散，资产支持证券违约风险较低。

表13　各基础资产类别证券逾期情况

基础资产类型	存续数量	逾期数量
融资租赁应收款	17	1
小额贷款	13	12
其他债权	8	0
公共事业收费收益权	13	0
门票收益权	3	0
其他收益权	2	0
总计	56	13

资料来源：中债资信根据公开资料整理。

（三）资产支持票据发行情况

截至2016年底，共发行资产支持票据32单，发行各档票据107只，累计发行规模395.77亿元。2016年共计12家企业注册发行资产支持票据，注册规模达到216.32亿元，发行规模为166.57亿元。

表14　资产支持票据发行数量与发行规模

发行年份	发行数量（单）	发行数量（只）	发行规模（亿元）
2012	6	14	57.00
2013	5	18	48.00
2014	10	28	89.20
2015	3	9	35.00
2016	8	38	166.57

资料来源：中债资信根据公开资料整理。

2016年12月，为进一步适应市场发展、更好地服务实体企业需求，交易商协会组织市场成员起草并发布了《非金融企业资产支持票据指引（修订稿）》以及《非金融企业资产支持票据公开发行注册文件表格体系》，以夯实企业资产证券化产品制度基础，更好地配合供给侧改革任务的落实。本次修订主要特点有：

其一，包容性。在交易结构中引入特定目的载体（SPV），SPV既可以是特定目的信托，也可以是特定目的公司或其他特定目的载体，从而实现了"破产隔离"和"真实出售"，更好地契合资产证券化核心理念。同时保留了"特定目的账户+应收账款质押"的既有操作模式，以满足企业多样化的结构化融资需求。

其二，规范性。明确了各参与机构的权利与义务，同时立足资产信用的特性，有针对性地强化风险防范和投资人保护机制，以规范业务操作流程，更好地保障投资者合法权益，营造良好市场运行环境。

其三，操作性。配套制定了《注册文件表格体系》，对注册要件、基础资产、交易结构、参与主体情况以及现金流归集与管理机制等做出针对性信息披露要求，力争使指引修订更具可操作性，进一步提高注册效率与质量。

其四，前瞻性。进一步丰富了合格基础资产类型，为其他类型主体通过资产支持票据融资、其他机构设立SPV、创新交易结构、基础资产以及优化注册发行机制等方面预留空间。

（四）资产支持计划发行情况

2015年8月，保监会为推动资产支持计划在2016年的发展与进一步规范业务操作，根据试点经验起草并发布了《资产支持计划业务管理暂行办法》，规范了四个方面的内容：一是按照资产证券化原理，以基础资产本身现金流作为偿付支持，构建了资产支持计划业务运作框架；二是立足于服务保险资金配置需要，建立相互制衡的运作机制，强调稳健、安全和资产负债匹配原则；三是坚持"放开前端、管住后端"的监管思路，在业务资质管理、发行机制等方面体现市场化原则，建立基础资产负面清单管理机制，提高业务运作效率；四是重视风险管控，按照"卖者尽责、买者自负"的原则，强化信息披露和风险提示，强调市场主体的风险管理责任。该办法的发布，一方面有利于扩大保险资产管理产品创新空间，满足保险资金配置需求，促进保险资金直接对接存量资产，进一步支持实体经济发展；另一方面，在当前国内资产证券化业务取得较快发展的背景下，也有利于进一步推动资产证券化的业务创新，丰富其产品形式，加快市场发展。

2016年6月12日，上海保险交易所（以下简称保交所）挂牌成立，是在国务院批准下主要为国内保险公司参股、发起设立的国内首家保险交易所，定位于为保险资管产品提供发行、转让的平台。其成立为庞大的保险资管产品的成立、交易及发展都带来积极的影响。并于同年11月10日，首单在保交所发行的资产支持计划产品问世。

截至2016年末，保险资产管理机构通过资产支持计划的形式，共发起设立了32单资产支持计划，总规模达到1 222亿元。2016年有6家金融机构共计设立7只资产支持计划，发行规模共计367亿元，加权平均期限为5.19年。

三、资产证券化基础资产及交易结构特征分析

（一）基础资产特征分析

1. 信贷资产支持证券基础资产主要特点

（1）CLO产品

对CLO产品而言，入池资产整体信用水平较好，有一定的账龄，且剩余期限较短，资产笔数和贷款利率适中。

具体来看，在基础资产信用质量方面，CLO产品在基础资产加权平均信用等级和借款人加权平均信用等级上跨度较大，借款人加权平均信用等级从B+/B级别一直到AA-/A+级别，入池贷款加权平均信用等级从BB/BB-级别一直到AA/AA-级别，但多数产品的基础资产加权平均信用等级在A-级附近，借款人加权平均信用等级在BBB+级附近，整体信用水平较好。在资产池集中度方面，不同CLO产品中入池资产笔数与入池借款人户数跨度较大，从11户、17笔贷款到1 847户、1 850笔贷款。但是平均来看，入池借款人的平均户数以及平均贷款笔数主要集中在20~50笔，比较适中，主要是发起机构出于降低集中度，分散风险的考虑，对资产池有所调整。在入池资产利率方面，CLO产品加权平均贷款利率在4%~6%，较2015年基础资产加权平均贷款利率下降明显，整体利率分布左移，加权平均贷款利率为5.19%，贷款利率水平下降明显。在基础资产账龄方面，多数CLO产品的加权平均账龄在0~1年，具有良好的历史信用表现。在基础资产的剩余期限方面，多数CLO产品的加权平均剩余期限在1~2年，账龄相对较短，已发行产品的加权平均剩余期限在0.46~2.15年，加权平均剩余期限的平均值为1.34年，剩余期限较短，能有效降低基础资产信用风险的暴露时间。

表15　CLO基础资产概览

基础资产特征	最大值	最小值	平均值
基础资产户数（户）	1 847	11	42.04
基础资产笔数（笔）	1 850	17	59.82

续表

基础资产特征	最大值	最小值	平均值
加权平均贷款利率(%)	10.87	4.23	5.19
借款人加权平均级别	AA-/A+	B+/B	—
基础资产加权平均级别	AA/AA-	BB/BB-	—
加权平均账龄（年）	5.78	0.10	1.42
加权平均剩余期限（年）	2.43	0.46	1.34

资料来源：中债资信根据公开资料整理。

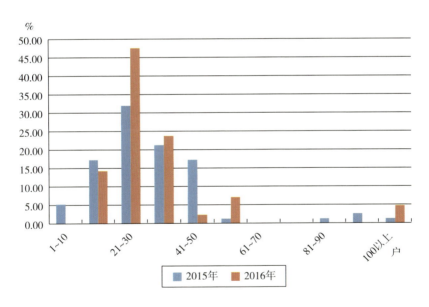

资料来源：中债资信根据公开资料整理。

图33 借款人户数分布

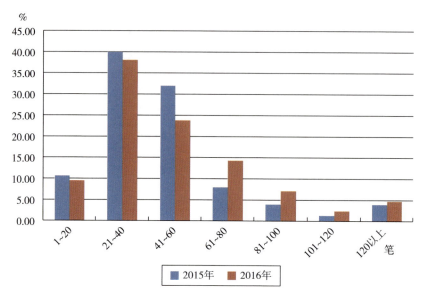

资料来源：中债资信根据公开资料整理。

图34 贷款笔数分布

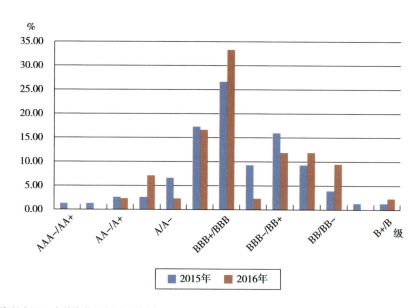

资料来源：中债资信根据公开资料整理。

图35 借款人加权平均级别分布

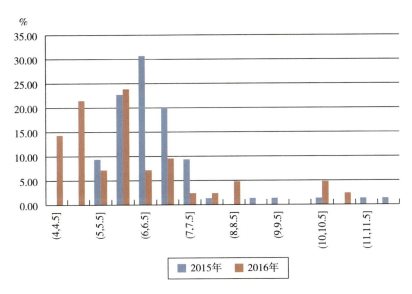

资料来源：中债资信根据公开资料整理。

图36　贷款加权平均利率分布

与2015年相比，2016年所发行CLO产品在借款人户数和笔数的分布上有右移也就是更加分散的趋势，主要集中在20~50，加权平均贷款笔数自2015年的46.65笔上升到2016年的59.82笔，集中度风险有所缓解。在加权平均级别分布方面，略有右移，低级别的资产略有上升，即基础资产的信用质量略有下降。在加权平均利率分布方面，分布左移，部分是因为入池资产有一定比例的贷款为浮动利率贷款，受2015年央行五次降息的影响，贷款利率有所下降。

（2）Auto ABS产品

对Auto ABS产品而言，其产品基础资产笔数较多，且有一定的账龄，剩余期限较短，加权平均利率一般较高。

在基础资产笔数方面，Auto ABS产品的基础资产均为个人贷款，笔数较多，跨度范围较大，从14 774笔到109 664笔不等，分散度较高，能够有效分散基础资产的信用风险。在基础资产利率方面，Auto ABS产品的加权平均利率相对于以企业贷款为主的CLO产品而言处于较高水平，加权平均贷款利率的均值为7.37%，但相较于2015年加权平均利率8.57%仍有显著下降，主要是受降息影响及贴息贷款入池影响。在基础资产账龄方面，Auto ABS的账龄多数在0.5~1年，有一定的账龄，还款记录良好。在基础资产剩余期限方面，多数Auto ABS产品的加权平均剩余期限在2~2.5年之间，剩余期限较短，能有效降低基础资产违约风险的暴露时间。

表16　Auto ABS产品基础资产概览

基础资产特征	最大值	最小值	平均值
基础资产笔数（笔）	109 664	14 774	50 814.19
加权平均贷款利率(%)	14.29	3.34	7.37
加权平均账龄（年）	1.18	0.23	0.79
加权平均剩余期限（年）	2.50	1.52	1.99

资料来源：中债资信根据公开资料整理。

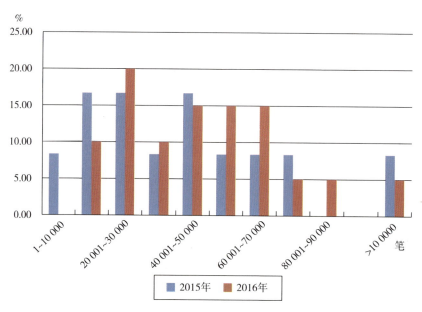

图37　108单产品基础资产笔数分布

资料来源：中债资信根据公开资料整理。

图38 108单产品贷款加权平均利率分布

与2015年相比，2016年Auto ABS基础资产笔数分布更广更平均。而利率分布更靠近低利率区域，整体利率有所下降。

（3）RMBS产品

2016年发行的RMBS产品数量较2015年大幅增多，其基础资产笔数较多，集中风险较低，基础资产有一定的账龄，能够增加借款人违约成本，但剩余期限很长，风险暴露周期较长，加权平均贷款利率一般，容易产生负利差风险。

在基础资产笔数方面，RMBS产品的基础资产均为个人贷款，笔数较多，跨度范围较大，从1 284笔到50 816笔不等，基础资产平均笔数在26 445.12笔左右，分散度较高，能够有效分散基础资产的信用风险。在基础资产利率方面，RMBS产品的加权平均利率一般，加权平均贷款利率的均值为4.38%。在基础资产账龄方面，RMBS产品的账龄多数在3~6年，有一定的账龄，还款记录良好。在基础资产剩余期限方面，多数RMBS产品的加权平均剩余期限较长，平均为11.57年，风险暴露期限较长。

表17　RMBS产品基础资产概览

基础资产特征	最大值	最小值	平均值
基础资产笔数（笔）	50 816	1 284	26 445.12
加权平均贷款利率(%)	5.70	4.02	4.38
加权平均账龄（年）	6.07	0.85	4.34
加权平均剩余期限（年）	19.64	7.68	11.57

资料来源：中债资信根据公开资料整理。

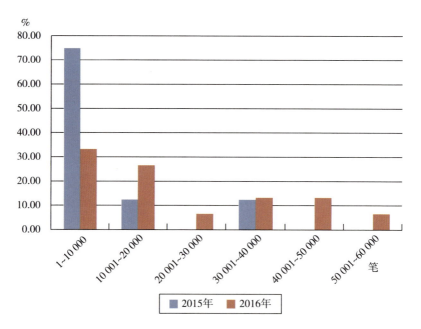

资料来源：中债资信根据公开资料整理。

图39　RMBS产品基础资产笔数分布

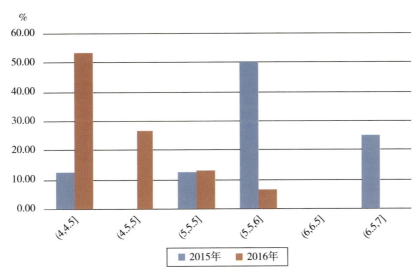

资料来源：中债资信根据公开资料整理。

图40　RMBS产品贷款加权平均利率分布

与2015年相比，2016年所发行RMBS产品在借款人户数和笔数的分布上有右移也就是更加分散的趋势，加权平均贷款笔数自2015年的9 602笔上升到2016年的26 445.12笔。在加权平均利率分布方面，分布左移，利率高于6%的资产显著减少，这也是因为个人住房贷款多为浮动利率，受利率下行影响，基础整体利率下降。

（4）消费贷ABS产品

2016年发行8单消费贷ABS产品，较2015年大幅增多，对于消费贷ABS产品而言，其产品基础资产笔数较多，且有一定的账龄，剩余期限较短，加权平均利率一般较高。

在基础资产笔数方面，消费贷ABS产品的基础资产均为个人贷款，笔数较多，跨度范围较大，从3 526笔到944 528笔不等，差异较大，总体来说分散度较高，能够有效地分散基础资产的信用风险。在基础资产利率方面，消费贷ABS产品的加权平均利率相对于以企业贷款为主的CLO产品而言处于较高水平，加权平均贷款利率的均值为10.75%。在基础资产账龄方面，消费贷ABS的账龄多数在0.5~1年，有一定的账龄，还款记录良好。在基础资产剩余期限方面，消费贷 ABS产品的加权平均剩余期限较短，能有效降低基础资产违约风险的暴露时间。

表18　消费贷ABS产品基础资产概览

基础资产特征	最大值	最小值	平均值
基础资产笔数（笔）	944 528	3 526	455 746.82
加权平均贷款利率(%)	21.11	6.07	10.75
加权平均账龄（年）	6.32	0.13	0.62
加权平均剩余期限（年）	3.61	0.63	1.31

资料来源：中债资信根据公开资料整理。

资料来源：中债资信根据公开资料整理。

图41　8单产品基础资产笔数分布

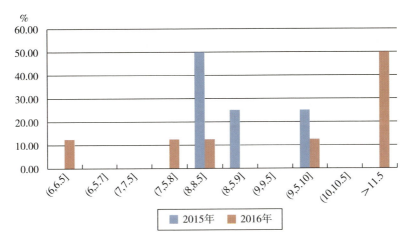

资料来源：中债资信根据公开资料整理。

图42　8单产品贷款加权平均利率分布

（5）公积金贷款支持证券

2016年发行5单公积金贷款支持证券产品，较2015年大幅增多，对于公积金贷款支持证券而言，入池贷款笔数多、期限长、利率相对较低、抵押物质量好等特点，但同时也有其自身的特点，下面就2016年发行的5单公积金RMBS作一个简要的总结。

从基础资产看，2016年公积金RMBS的基础资产类型更加丰富，2015年发放的2015沪公积金1号是纯抵押贷款入池，2015沪公积金2号是纯担保贷款入池，2016年发放的武汉公积金入池贷款类型包括纯公积金贷款、组合贷款（只入池公积金部分）和商转公三种，沪公积金2016-2RMBS的入池贷款全为组合贷款中的纯公积金部分，且均由担保公司进行担保。

从剩余期限和账龄看，5单公积金RMBS的加权平均账龄从1.98年到4.27年，加权平均剩余期限从5.18年到16.24年，账龄与普通RMBS产品相似，但剩余期限跨度相对较大，剩余期限越长未来风险的不确定性也越大。

从入池贷款加权平均利率看，沪公积金2016-1RMBS和沪公积金2016-2RMBS加权平均贷款利率与其余3单产品差异较大，主要因为公积金贷款的调息日为每年1月1日，受2015年央行5次降息的影响，初始起算日在2016年1月1日后的产品入池贷款加权平均利率低于初始起算日在2016年1月1日前的产品，但各档证券实际获得的利息流入支撑差异不大。

从发行利率看，5单产品优先档的发行利率在3%~4%，杭州公积金期限最短，发行利率最低，沪公积金2016-02期限最长，匹配的发行利率为3.78%，跟同期限的RMBS相比，处于相对较低的水平，总体而言，证券发行端匹配的市场利率较低，除了市场资金面较宽松外，也说明了市场对公积金产品的认可及接受程度较高。

表19　公积金贷款支持证券产品基础资产概览

基础资产特征	杭州公积金	湖州公积金	武汉公积金	沪公积金 2016-01	沪公积金 2016-02
未偿本金余额（亿元）	10.00	5.53	20.41	153.44	167.53
优先档发行额（亿元）	优先A1：6.00 优先A2：3.30	4.88	17.60	137.50	152.00
次级档发行额（亿元）	0.70	0.26	2.81	10.92	11.17
发行总额（亿元）	10.00	5.14	20.41	148.42	163.17
超额抵押（亿元）	—	0.39	—	5.02	4.36
发行利率（%）	A1，3.12 A2，3.60	3.80	3.95	3.65	3.78
优先档期限（年）	优先A1：2.70 优先A2：5.53	7.45	16.16	12.66	16.33
加权平均贷款利率（%）	4.22	4.10	4.17	3.26	3.28
贷款笔数（笔）	7 290	4 040	8 225	50 761	61 117
加权平均贷款账龄（年）	4.27	3.50	1.98	3.07	3.66
加权平均贷款剩余期限（年）	5.18	7.40	14.84	11.47	16.24

资料来源：中债资信根据公开资料整理。

（6）不良贷款证券化产品

截至2016年12月31日，银行间市场已成功发行14单不良资产支持证券，共计发行金额156.10亿元，累计处置银行信贷不良资产510.22亿元；基础资产类别涵盖对公不良贷款、信用卡不良贷款、住房不良贷款及小微不良贷款。已发行的14单产品中对公和个贷不良各为7单，其中，对公类不良资产支持证券，发行金额79.82亿元，累计处置银行对公类信贷不良资产301.53亿元，占总不良资产证券化处置金额的59.10%；个贷类不良资产支持证券，发行金额76.28亿元，累计处置银行个贷类信贷不良资产208.69亿元，占总不良资产证券化处置金额的40.90%。在试点发行阶段，不良资产证券化的创新性和灵活性已经有了充分的展现，与常规的处置手段相比，其具有以下几个优势：①显著优化财务数据，降低经营成本；②处置手段和资源更加丰富；③投资者受众更广；④超额服务费的机制，为发起机构保留剩余价值分配的权利，激励发起机构的尽职意愿。

表20　已发行不良资产证券化产品总结

项目名称	年限	贷款类别	贷款笔数（笔）	担保方式（%）	入池本息（亿元）	回收率（%）	发行规模（亿元）	优先级/入池本金（%）	次级发行价格	超额抵押比率
2016和萃1	0.7	信用卡	60 007	信用100	20.98	15.90	2.33	8.96	100	9.00
2016中誉1	2.8	对公	72	保证9.34；保证和抵押90.66	12.54	33.89	3.01	18.73	101	4.17
2016和萃2	2.5	小微	1 193	抵押81.07；保证和抵押18.93	11.55	51.34	4.7	31.17	100	2.46
2016农盈1	3.0	对公	1 199	抵押77.92；保证77.43	107.27	37.41	30.64	19.22	108	3.50
2016工元1	1.5	对公	549	抵押73.06；保证87.72	45.21	27.99	10.77	14.68	100	4.20

续表

项目名称	年限	贷款类别	贷款笔数（笔）	担保方式（%）	入池本息（亿元）	回收率（%）	发行规模（亿元）	优先级/入池本金（%）	次级发行价格	超额抵押比率
2016建鑫1	2.0	对公	245	抵押96.35；保证96.60	24.46	34.91	7.02	18.97	110	3.48
2016建鑫2	3.5	个人住房	7 980	抵押100	29.93	80.94	15.6	40.09	111	1.92
2016和萃3	2.3	对公	253	抵押73.77；保证94.23	23.62	33.16	6.43	16.93	107	3.67
2016交诚1	2.8	对公	1 331	抵押95.07；保证95.04	56.89	33.79	15.8	20.21	104.5	3.60
2016工元2	1.0	信用卡	15 2598	信用100	31.29	13.03	3.51	8.34	100	8.92
2016工元3	2.5	个住房、个人消费个人经营	9 512	抵押76.94；保证和抵押23.06	75.30	66.89	40.80	40.64	100	1.85
2016中誉2	2.2	小微	304	抵押90.89；保证97.47	31.54	26.75	6.15	13.27	100	5.13
2016建鑫3	0.5	信用卡	122 157	信用100	28.10	23.20	4.74	12.95	109	5.92
2016和萃4	2.6	对公	1 440	抵押99.37，抵押和保证0.38，抵押和质押0.24	11.54	48.32	4.6	30.33	100	2.51

资料来源：中债资信根据公开资料整理。

从发行结果来看，与正常类贷款证券化产品发行金额一般为入池资产未偿本息余额不同的是，不良贷款证券化产品的发行总额小于资产池未偿本息总额，小于资产池预期回收金额，因为不良贷款证券化产品尚在试点阶段，产品的发行方和投资方处于探索期：14单产品除16农盈1和2016工元3外，其他均规模不大；14单产品优先档发行利率在3%~4.5%，平均水平高于同期其他可比产品。

次级类贷款占比高，资产的风险级数较低。

根据监管机构的要求，不良资产证券化所有入池资产截至评估基准日均为不良类贷款，也就是商业银行贷款五级分类中的次级、可疑以及损失类贷款。综合14单产品情况来看，次级类贷款的未偿本息余额在总入池贷款中的占比为46.97%，占比较高，而损失类贷款的未偿本息余额占比仅为12.61%，占比较低。从贷款五级分类的分布可以看出，此番重启后首批试点的首单，银行挑选了质量相对较好的不良资产入池。可见银行在积极响应政策的同时，为建立投资者信心、进一步扩大不良资产证券化市场作准备。

表21　入池不良贷款五级分类情况

	次级		可疑		损失	
	未偿本息余额（万元）	余额占比（%）	未偿本息余额（万元）	余额占比（%）	未偿本息余额（万元）	余额占比（%）
2016中誉1	121 236.15	96.69	4 146.52	3.31		
2016农盈1	437 472.16	40.78	632 253.49	58.94	2 942.59	0.27
2016工元1	329 500.69	72.87	122 648.80	27.13		
2016建鑫1	174 785.73	71.47	49 160.02	20.1	20 607.55	8.43
2016和萃3	207 214.24	87.71	22 169.20	9.38	6 862.31	2.90
2016交诚1	387 818.04	68.17	130 999.90	23.03	50 071.81	8.80
2016和萃1	31 507.42	15.02	111 324.81	53.07	66 937.53	31.91
2016和萃2	108 286.37	93.72	7 082.75	6.13	—	—
2016建鑫1	174 785.73	71.47	49 160.02	20.10	20 607.55	8.43
2016建鑫2	159 813.60	53.40	139 462.81	46.60	—	—
2016工元2	17 022.96	5.44	62 115.02	19.85	233 784.05	74.71
2016工元3	111 291.32	14.78	561 501.60	74.57	80 193.00	10.65
2016中誉2	177 449.97	56.26	113 739.46	36.06	24 205.58	7.67

续表

	次级		可疑		损失	
	未偿本息余额（万元）	余额占比（%）	未偿本息余额（万元）	余额占比（%）	未偿本息余额（万元）	余额占比（%）
2016建鑫3	40 414.52	14.38	83 077.42	29.56	157 554.81	56.06
2016和萃4	92 825.00	80.44	22 548.49	19.54	—	—
总计	2 396 638.177	46.97	2 062 230.29	40.42	643 159.23	12.61

资料来源：中债资信根据公开资料整理。

　　对于对公类贷款而言，根据商业银行贷款五级分类标准，次级贷款的预计损失率为30%~50%，可疑贷款的预计损失率为50%~75%，而损失贷款的预计损失率在75%~100%。目前已发行的7单产品中五级分类主要集中在次级、可疑类。

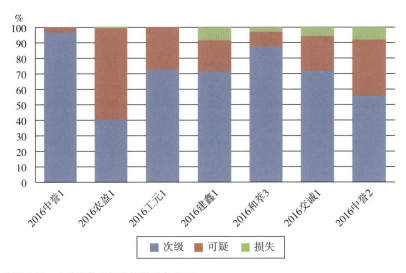

资料来源：中债资信根据发行说明书整理。

图43　入池不良基础资产五级分类

　　我国商业银行个人贷款主要按照逾期天数、担保方式与风险特征进行五级分类划分。信用类主要集中在可疑、损失类，抵押类主要集中于次级、可疑类。

资料来源：中债资信根据发行说明书整理。

图44　入池不良基础资产五级分类

入池贷款笔数从72笔到152 598笔，2016中誉1、2016农盈1 、2016交诚1和2016中誉2这四单的基础资产均为对公不良贷款，地区集中度很高，集中地区主要为浙江、江苏和山东等不良贷款高发地区，不过以上地区的市场经济较发达，司法环境相对较好，有利于不良资产的回收，另外10单的基础资产地区分布则较为分散。

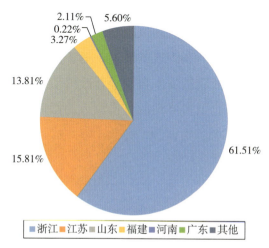

资料来源：中债资信根据公开资料整理。

图45　借款人地区分布（对公类）

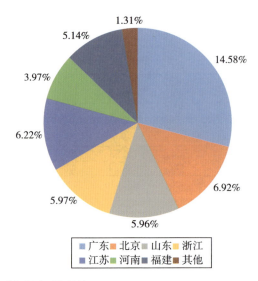

資料来源：中债资信根据公开资料整理。

图46　借款人地区分布（个贷类）

　　从行业分布来看，入池对公不良资产涉及34个中债二级行业，其中耐用消费品与服装、贸易公司与经销商行业入池资产的未偿本息余额占比较高，分别为20.03%、15.07%。近年来，世界经济复苏缓慢、国内步入经济新常态，耐用消费品与服装、贸易公司与经销商这两个行业的信用品质下降，受内外需求下滑、价格波动风险加剧、产业链上下游资金占用加大以及外部融资环境恶化等不利因素的限制，上述两个行业的信用品质仍持续处于较差水平，未来依靠借款人自身经营改善偿还贷款本息的可能性较小。而个贷类借款人行业更多体现的是借款人的偿债能力，其中占比最多的为制造业，占比14.85%。

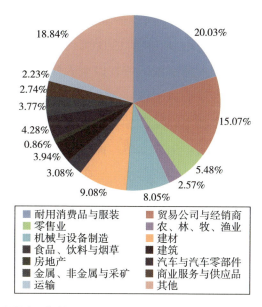

资料来源：中债资信根据公开资料整理。

图47 借款人行业分布（对公类）

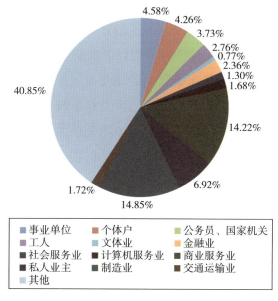

资料来源：中债资信根据公开资料整理。

图48 借款人行业分布（个贷类）

从回收率来看，已发行的14单产品中，回收率最高为2016建鑫2的80.94%，回收率最低为2016工元2的13.03%，回收率的差异主要来源于入池贷款类型的不同，个人住房抵押贷款以个人住房为抵押物，对资产池回收可靠性和预期回收水平形成了很好的支撑，所以回收率也最高；小微贷款抵押物多数为商铺和住宅，流动性和价值相对高，所以回收率也相对较高；对公贷款抵押物多为厂房和土地，流动性相对低，且有一定比例的贷款是信用保证的，回收率处于较低水平；信用卡贷款是纯保证贷款，没有抵押物，回收率最低。

从交易结构来看，首批试点项目均采取了较为谨慎的安排，14单产品在分层结构上仅设置优先级、次级两档，优先级证券均采用过手型偿付；由于不良贷款回收时间的不确定性较大，发起机构一般会提供流动性支持以保证期间债券利息的及时偿付，有时为满足出表需求，也会寻找其他机构为证券提供流动性支持，从已发行产品来看，证券的存续期在2~5年之间，由于5年后部分资产可能还未处置完毕，交易文件中会对剩余资产的处置形式进行约定；由于基础资产均为不良贷款，在回收过程中需要较高金额的处置费用，所以一般会设立一定的处置费用，同时为实现最大化的贷款回收，一般会设立超额奖励服务费以激励贷款服务机构的尽职能力。

2. 资产支持专项计划基础资产主要特点

2014年，中国证监会以及基金业协会发布了规定与指引，规范了资产支持专项计划的基础资产选择标准，其中第三条第三款规定："基础资产可以是企业应收款、租赁债权、信贷资产、信托受益权等财产权利，基础设施、商业物业等不动产财产或不动产收益权，以及中国证监会认可的其他财产或财产权利。"根据该规定，基础资产可以分为两类，一类是财产权利，包括企业应收款、租赁债权、信贷资产、信托受益权等，即俗称的"债权"，另一类是基于不动产产生的"收益权"，具体包括基于基础设施、商业物业等不动产而产生的收益权。此外，《资产证券化业务基础资产负面清单指引》的推出，更加明确了哪些资产不宜作为基础资产。

2016年5月13日，中国证监会发布《资产证券化监管问答（一）》，明确了：①污水处理费、垃圾处理费、政府还贷高速公路通行费等作为基础资产开展资产证券化业务的条件；②政府与社会资本合作（PPP）项目开展资产证券化的项目范围；③可再生能源、新能源汽车、绿色节能等项目的现金流中来自按照国家统一政策标准发放的中央财政补贴部分（包括价格补贴），可纳入资产证券化的基础资产；④信托受益权作为基础资产，除了应满足现金流独立、持续、稳定、可预测的要求外，还必须依据穿透原则对应和锁定底层资产的现金流来源；⑤融资租赁债权作为基础资产，应对基础资产所实现的风险分散程度以及资产支持证券是否有足够的信用增级作出相关披露和说明。

因此在各级监管的指导意见下，2016年专项计划的基础资产呈现出更加多元化的特点，按照基础资产大类来分，收益权类基础资产集中于公用事业行业、交通运输行业与房地产行业；债权类基础资产集中来自融资租赁行业与小额/消费贷款行业。本节将对这两类专项计划的基础资产特点和2016年市场情况进行阐述。

（1）收益权类基础资产

2016年全年，以收益权类基础资产发行的资产支持专项计划共计84单，发行金额为889.82亿元，与上一年度对比来看，发行数量和发行规模有明显的提高，仍然延续着高速增长的态势。一方面考虑到2015年收益权类资产证券化占所有类型资产支持专项计划发行规模的比例达到40%，2016年该比例有所下滑，仅为19.22%，说明在市场接受程度方面，收益权类仍不及相对较为成熟的债权类。另一方面，2016年该市场发生了首单ABS违约事件，也是首单收益权类企业资产证券化产品的违约。这起违约事件引起了市场对收益权类基础资产风险及增信措施效力的议论和担忧（具体事件分析详见本书第七章）。收益权类基础资产的资产证券化，相比债权类具有其鲜明的特点，可以为企业融资渠道提供更丰富的选择，继续构成了资产支持专项计划中的重要组成部分；其风险分析的视角，也与债权类具有很大的不同，因此该类产品的设计也需要市场不断总结完善。2016年，收益权类资产证券化的基础资产类型主要集中于公用事业、交通运输、房地产等几大行业领域。

由表22可以看出，首先，公用事业行业主要包括以热、电、水、天然气收益权为基础资产的专项计划，属于城市建设的基础型行业，整体投资规模庞大，建设周期长，资金回收期长；其次，这些收费权属于自然垄断行业，提供服务的价格通常遵循政府定价，消费需求和价格均比较稳定，能够产生稳定、可预测的现金流；最后，这些民生资源的终端用户数量多，违约风险较小，且在用户违约时，可以及时采取措施以控制损失。正因为上述诸多特点，公用事业属于非常适合通过资产证券化进行融资的一类行业。在2016年，风电领域诞生了市场首单绿色资产支持专项计划，标志着公用事业与绿色产业相结合的资产证券化进入实践阶段。

运输行业中，以车辆通行费收益权和公交经营收费收益权为基础资产的专项计划发行规模相对较大，主要原因是公路路产一般具有相对稳定的现金流，且目前仍处于专项计划发行的初级阶段，原始权益人愿意选取相对比较优质（区位优势明显、车流量较为稳定，或周边地区发展较快）的高速公路入池。此外，2016年国内首单一级公路资产证券化项目落地，对盘活全国除高速公路以外的公路资产具有重要借鉴意义。对于公交经营收费收益权，主要依赖人口密度、客流量、地区发展前景等因素，同时，继能源环保领域诞生了首单绿色ABS后，首单以新能源公交车辆为运营载体的绿色公交资产支持专项计划于2016年发行，是绿色债券的又一创新，也为促进绿色产业打开新的融资渠道。

房地产行业中物业收费权与REITs发行规模均较大。对前者而言，通常物业公司作为轻资产企业，资产规模很小且没有可供抵押的固定资产，较难获得传统的银行融资。但其物业合约通常期限较长、包括物业管理费、停车费等服务收费产生的现金流也较为稳定，发行企业ABS是较为合适的大规模融资渠道。而且若物业公司服务的业主越多，收费对象的地域性越分散，则风险将进一步降低。

对于房地产行业中的REITs（Real Estate Investment Trusts，即房地产投资信托基金），它通过发行受益凭证的方式将分散资金汇集成一定规模的资产，投资收益性房地产及相关资产以获取收益，并按出资比例向投资者派息。REITs的设立具有筹集资金、分散风险的功能，且投资针对性强、管理相对专业且收益率较高。目前，由于REITs产品在我国还处于尝试发行和试验阶段，因此用来作为优先级资产支持证券最终偿债来源的基础资产通常区域位置很好，能产生充足且稳定的租金收益，并且具备较大的资产增值潜力。2016年的REITs产品一方面提出了"看重高质量基础物业，弱化强主体刚性兜底"的投资新思路。另一方面，在基础资产和结构方面进行了多项创新：首单抵押型REITs发行，相比于权益型REITs，抵押型REITs周期短且易操作，可以在不转移资产、无须股权转让的条件下实现权益的过渡；首单权益型物流仓储REITs产品发行，将基础资产从写字楼、酒店、商业地产拓展到了产业地产上，在物流资产证券化方面进行了创新。

表22　按收益权类基础资产所属行业统计发行规模与发行数量

基础资产类型	发行数量	发行规模（亿元）
公用事业	—	—
电费收益权	10	90.18
热费收益权	12	62.66
水费收益权	8	45.08
天然气收费收益权	2	13.65
环保处理基金收益权	1	5.40
交通运输	—	—
通行费收益权	3	88.80
公交经营收费收益权	5	35.35
航空票款收益权	1	20.50
公路客运收费收益权	1	3.80

续表

基础资产类型	发行数量	发行规模（亿元）
房地产	—	—
物业费收益权	18	172.59
REITs	8	257.05
其他类型	—	—
票据收益权	11	60.31
门票收益权	2	16.10
林权收益权	1	15.00
地下通信空间收益权	1	3.36
总计	84	889.82

资料来源：中债资信根据公开资料整理。

（2）债权类基础资产

2016年全年，使用债权类基础资产发行的资产支持专项计划共计301单，发行金额达到3 740.43亿元，占全年所有产品发行总规模的80.78%，该比例较上一年度有小幅度上升，继续作为企业资产证券化市场中的主要成分，说明债权类资产仍是目前相对较为成熟和获得市场广泛认可的基础资产类型。

在众多类型的债权类基础资产中，以融资租赁租金为基础资产的专项计划的发行规模与发行数量均占据首位，可见融资租赁应收款是比较受欢迎的债权类基础资产。主要原因是融资租赁款的法律权属比较清晰，绝大部分专项计划中单笔融资租赁款的规模较小，可以有效降低专项计划资产池集中度；其次，融资租赁应收款利率水平存在较高利差；同时大部分融资租赁应收款均有保证金作为增信方式且专项计划拥有租赁物件所有权，基础资产安全性较高。从租赁市场情况来看，租赁公司总体业务量近年保持高速增长，租赁债权类ABS在未来仍拥有广阔空间。

以应收账款作为基础资产的专项计划的发行规模和发行数量均排在第

二位。应收账款通常是企业之间债务债权关系，实际融资人一般以大型企业集团为主，基础资产具有：期限不确定，且易受债务人企业运营状况变化的影响；由于通常企业之间的销售通常采用赊销的方式，因此债务人无须对其支付利息，是否按期还款将取决于债务人的还款意愿；通常没有抵质押物担保，纯粹以企业的商业信用作为担保；可能存在因为任何非信用事件导致价值摊薄，如产品质量问题而对应收账款进行抵减；最后，不同类型应收账款之间同质性不高的特点。因此，对于该类基础资产，通常交易结构设计上会存在诸如"无息资产有息化"、"短期资产长期化"等技术难关。

以小额贷款为基础资产的专项计划延续了2015年的增长态势，而且，随着年初上交所首单互联网消费金融ABS产品发行，2016年以消费类贷款为基础资产的专项计划发行量呈现井喷。但是从发行人来看，2016年在该类基础资产下最大的发行人是重庆市阿里巴巴小额贷款有限公司，其发行规模占所有小额贷款/小微贷款资产证券化发行总额的83.47%之高，其他小额贷款公司在该领域的份额还较为有限。小额贷款/消费贷款较为适合做专项计划的基础资产，主要原因是它们具备法律权属较为清晰，单笔规模较小，整体分散性明显，期限短但又具有利率水平较高的优势。预计消费金融类ABS在结构创新、国民消费快速增长、消费习惯转型的大环境下，未来仍会有较大增长。但由于小额贷款或消费贷款的借款人信用质量普遍不理想，信用意识仍较淡薄，拖欠和拒付时有发生；而国家或各机构征信体系尚不完善，对借款人质量辨识能力、对贷款催收管理能力均较为有限，以该类资产为基础资产的优先级资产支持证券通常需要更多的信用增级量或者第三方/母公司保证担保作为增信措施。考虑到目前宏观经济承压，社会整体信用风险逐渐暴露，并有从企业传导至个人的趋势，使信用质量本就不高的小额贷款极易受到冲击，对各小额贷款公司风险管理水平的考验也将逐步显现。

表23　按债权类基础资产所属行业统计发行规模与发行数量

基础资产类型	发行数量	发行规模（亿元）
租赁租金	121	1 093.61
信托受益权	42	730.39
应收账款	56	694.70
消费贷款	27	556.44
企业债权	8	172.63
委托贷款	5	151.84
小额贷款	18	84.54
保理融资债权	8	66.73
融资融券债权	4	54.50
商业房地产抵押贷款	2	53.51
住房公积金	6	52.27
股票质押回购债权	3	24.27
保单质押贷款	1	5.00
总计	301	3 740.43

资料来源：中债资信根据公开资料整理。

3. 资产支持票据基础资产主要特点

根据2016年2月交易商协会发布的《非金融企业资产支持票据指引（修订稿）》第四条规定，资产支持票据的基础资产是指符合法律法规规定，权属明确，可以依法转让，能够产生持续稳定、独立、可预测的现金流且可特定化的财产、财产权利或财产和财产权利的组合。形成基础资产的交易基础应当真实，交易对价应当公允。2016年发行的资产支持票据基础资产的主要类型为债权类下的应收账款或是应收租金。与收益权类资产不同，债权类基础资产是基于已签订并履行的合同而产生的财产权利，在法律上合法有效，同时也被会计和税务认定为债权方企业真实有效的资产，其转让不存在法律和会计上的障碍和瑕疵。

（1）应收账款

资产支持票据涉及应收账款主要是发起机构基于业务合同关系项下对于付款义务人所享有的合法合规，权属明确，符合资产支持票据入池标准要求的应收账款债权。2016年公开发行的资产支持票据中，应收账款类资产的资产支持票据包括九州通医药集团股份有限公司2016年度第一期信托资产支持票据、中国铁塔股份有限公司2016年第一期信托资产支持票据和中国中车股份有限公司2016年度第一期信托资产支持票据。

（2）应收租金

2016年公开发行的应收租金类资产支持票据的基础资产主要指租赁公司应收承租人的租金。应收租金与应收账款类似，都是基于合法有效的交易合同而产生的债权关系，其区别在于应收租金的年限一般较长。同时，如果是融资租赁项目，资产本身并不体现在出租人的资产负债表上。2016年公开发行的资产支持票据中，应收租金类资产的资产支持票据包括中电投融和融资租赁有限公司2016年度第一期信托资产支持票据和远东国际租赁有限公司2016年度第一期信托资产支持票据。

4.资产支持计划基础资产主要特点

根据中国保监会发布的《资产支持计划业务管理暂行办法》，资产支持计划的基础资产指的是符合法律法规规定，能够直接产生独立、可持续现金流的财产、财产权利或者财产与财产权利构成的资产组合。该办法要求基础资产应该满足：可特定化，权属清晰、明确；交易基础真实，交易对价公允，符合法律法规及国家政策规定；没有附带抵押、质押等担保责任或者其他权利限制，或者能够通过相关安排解除限制；以及中国保监会规定的其他条件。同时在支持计划存续期间，基础资产预期产生的现金流，应当覆盖支持计划预期投资收益和投资本金。国家政策支持的基础设施项目、保障房和城镇化建设等领域的基础资产除外。基础资产的规模、存续期限应当与支持计划的规模、存续期限相匹配。

2016年，资产支持计划总计发行7单，发行规模为367.26亿元，其中涉及基础资产类型包括收益权、股权/债权、融资租赁租金等，如表24所示。

表24 按基础资产类型统计发行规模与发行数量

基础资产类型	发行数量	发行规模（亿元）
收益权	1	100.00
股权/债权	3	205.00
租赁租金	2	60.00
信托受益权	1	2.26
总计	7	367.26

资料来源：中债资信根据相关资料整理。

（二）交易结构特征分析

1. 信贷资产支持证券交易结构

从支付类型来看，采用过手型支付的占据主导地位。

从产品统计来看，各档证券全部采用过手型证券的产品有93单，发行金额3 241.44亿元，占比82.93%；既有摊还型证券又有过手型证券的产品有14单，发行金额618.50亿元，占比15.82%；既有到期一次还本型证券又有过手型证券的产品有1单，发行金额48.58亿元，占比1.24%。市场结构设计趋于复杂化、精细化，参与机构的设计尽职能力进一步提升。

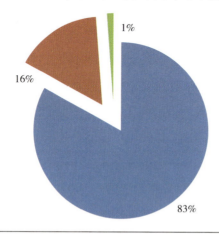

纯过手型证券   既有过手型又有固定摊还型证券   既有过手型又有到期一次还本型证券

资料来源：中债资信根据公开资料整理。

图49 信贷资产支持证券偿还类型占比

　　从证券只数统计来看，过手型证券发行金额3 305.57亿元，占比84.57%；摊还型证券发行金额132.45亿元，占比3.39%；到期一次还本型证券发行金额20亿元，占比0.51%；次级证券发行金额450.51亿元，占比11.53%。过手型证券的发行金额是摊还型证券发行金额的25倍左右，可见在实践中过手型证券的使用频率更高，与基础资产现金流的匹配程度更高。虽然市场上逐步加大固定摊还型产品占比，但从各档证券来看，过手型依旧占据主流，产品设计精细化程度仍需进一步提升。

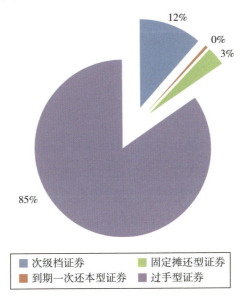

资料来源：中债资信根据公开资料整理。

图50　各档证券偿还方式占比

　　在信用增级措施方面，大部分产品均采用了优先/次级、分层设计和超额抵押的内部增信结构，同时采用了本金账户与收益账户的互转机制，缓解了流动性风险。

　　在信用增级措施方面，所发行的大部分产品均采用了优先/次级结构、分层设计，以及超额抵押的内部增信措施。其中，对于CLO产品和租赁资产支持证券，次级证券为优先级证券提供的信用增级量跨度比较大，平均来看，次级证券为优先级证券提供13.52%的信用增级量，处于较高水平。这是因为CLO和租赁资产支持证券的基础资产的信用质量参差不齐，但发起机构一般又对优先级证券的信用等级有一定要求。因此，次级证券为优先级证券提供的信用增级量需要体现基础资产的信用风险，使其与优先级证券的级别相匹配。

对于Auto ABS、RMBS以及消费贷ABS产品，次级证券为优先级证券提供的信用增级量相对较低，分别为9.32%、9.10%和7.19%，而且各产品的内部增信结构也比较稳定，这是因为这三类产品的基础资产均为个人贷款，信用质量比较接近且入池资产笔数较多、分散度较高，基础资产的违约及损失分布比较稳定，因此，优先级证券获得与之信用等级相匹配的信用增级量也较稳定。

在优先级级别设置上，绝大部分产品仅设置了优先A级，风险收益水平较大的优先B级证券设置较少。

从产品统计来看，2016年发行的108单产品中有69单采取了优先A级、优先B级、次级的证券设计，发行规模为2 327.44亿元，占全年发行规模的59.55%；39单未设置优先B档，发行规模为1 581.09亿元，占全年发行规模的40.45%，其中14单不良资产证券化因基础资产特殊，回收估计较为复杂，故使用了简单的优先A级、次级交易结构。

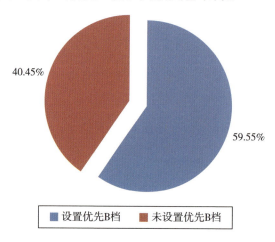

40.45%

59.55%

■ 设置优先B档 ■ 未设置优先B档

资料来源：中债资信根据公开资料整理。

图51 优先级证券设置情况

优先B级证券作为夹层证券，风险大于优先A级证券低于次级证券，收益高于优先A级证券，且相较于次级证券的无票面利率，更能锁定收益，有利于投资者估计收益水平，其设置为部分风险偏好投资者提供了较好的投资品种。

2.资产支持专项计划交易结构

（1）特殊交易结构

资产支持专项计划在经历了2015年爆发式的增长后，在2016年，无论是发行规模还是发行数量均延续了快速增长的趋势。在交易结构方面，信贷资产支持证券中常见的资产证券化交易结构设计对专项计划也是适用的；在信用增级方面，两者使用的措施也大体一致，如优先级/次级、超额抵押、储备账户等内部信用增级措施，以及第三方担保、流动性支持等外部信用增级措施。除此之外，专项计划可能在具体项目上具有一些鲜明的特征，特别是"双SPV结构"。

众所周知，SPV（Special Purpose Vehicle，特殊目的载体）是资产证券化过程中的核心。SPV的组织形式很多，有公司型、信托型以及有限合伙模式。其担当角色主要是作为一个独立主体持有基础资产，实现破产隔离，发行资产证券化。

双SPV模式指的是资产支持专项计划中包括两个SPV。一个SPV通常为由信托公司发起设立的单一或集合资金信托计划（以下简称信托计划）；另一个SPV为由证券公司、基金管理子公司设立的专项计划。信托计划作为第一层SPV，其委托人向融资人通过信托计划发放委托贷款，融资人偿还委托贷款的偿债来源为其拥有的诸如租金收益权、房屋销售收益权的底层基础资产。随后，专项计划管理人设立专项计划作为第二层SPV，用于募集资金购买信托计划委托人所持有的信托受益权，发行资产证券化。最后，信托计划委托人成为专项计划的原始权益人，其所持有的信托受益权为专项计划的基础资产，而最终用于偿付专项计划的现金产生于信托计划融资人所拥有的收益权底层基础资产。另外，在某些双SPV设计中，还约定了由原始权益人（即信托公司）担当基础资产服务机构，一定程度上加强了信托公司在信托受益权类ABS中的主导作用。双SPV的优势主要包括两点：一是将存在法律瑕疵的收益权类基础资产转化为破产隔离效果更好的信托受益权；二是由于收益权类基础资产产生的现金流金额可预测性不强以及期限不确定性较大（多为租金收益权），将底层基础资产转化为信托受益权可以产生相对可预测的现金流，以及使信托受益权的还本付息安排与专项计划资产支持证券的相匹配，增加资产支持证券还本付息的确定性。

2016年，以信托受益权作为基础资产的资产支持专项计划总共发行了42单，发行规模达到730.39亿元，相较上一年度取得了明显的增长。穿透后的底层基础资产涵盖了学费、影院票款、租金收入、应收账款、企业债权及其他等多样化的类型。当年，中国证监会《资产证券化监管问答（一）》也对信托受益权的基础资产应具备特征进一步明确，预计双SPV的交易结构设置在未来将越加成熟，将继续构成企业资产证券化的重要特点之一。

（2）增信措施

资产支持专项计划所采用的增信措施与信贷资产支持证券大体一致，可分为内部增级和外部增级两种，前者即通过证券化结构的内部调整，将现金流重新分配，使债券达到所需的信用等级，常见的有优先与次级分层结构、现金流储备账户、超额抵押、信用触发机制等；外部增信即采用第三方提供的信用担保或流动性支持，借以提高信用级别。因为外部担保机构往往是基于最坏情况下的风险估计来确定担保费率的，发行人所支付的费用一般高于资产的实际风险所需的担保成本。因此内部增信具有成本较低的优点，发行人只需承担实际的损失，还可以从抵押资产的剩余权益中获益。

由于专项计划的原始权益人主要是融资需求，且对于收益权类基础资产的专项计划而言，在破产隔离以及真实出售方面存在一定法律瑕疵，导致资产支持证券的信用水平与原始权益人相关性很高，除了上文提到的常见信用增级措施外，专项计划常常采用差额支付承诺，以及母公司或第三方为专项计划提供保证担保，以此来提升资产支持证券的信用水平，达到降低融资成本的目的。

差额支付承诺指的是当专项计划归集资金不足以支付优先级资产支持证券本金或利息时，原始权益人或原始权益人母公司对差额部分承担补足义务。另外，对于差额支付承诺人信用级别较低的情况，如果其母公司信用级别更高，母公司通常会对差额支付承诺提供不可撤销的连带责任保证担保。对差额支付承诺提供保证担保而不直接提供保证担保，主要原因是既可以进一步提升优先级资产支持证券的信用水平，又可以不在母公司报表中体现担保增加的或有负债。

3. 资产支持票据交易结构

（1）特殊目的信托

2016年公开发行的五单资产支持票据产品（中电投融和融资租赁有限公司2016年度第一期信托资产支持票据、远东国际租赁有限公司2016年度第一期信托资产支持票据、九州通医药集团股份有限公司2016年度第一期信托资产支持票据、中国铁塔股份有限公司2016年第一期信托资产支持票据和中国中车股份有限公司2016年度第一期信托资产支持票据）在交易结构上均采用了特定目的信托的操作模式，这与2016年之前资产支持票据普遍采用"特定目的账户+应收账款质押"的结构设计有了很大的不同。特殊目的信托的加入，使2016年发行的这五单资产支持票据产品能够满足"破产隔离"和"真实出售"的要求，更好地体现资产证券化的本质特征。

（2）循环结构

九州通医药集团股份有限公司2016年度第一期信托资产支持票据采用了循环购买的结构设计，设置了循环购买期。循环购买的资产须符合初始基础资产的合格标准，其购买规模以循环购买日信托专户项下的可支配资金为限。同时，一旦发生违约事件，循环购买期即结束，否则，循环购买期为自信托生效日起至第10个循环购买日（循环购买日为自信托生效日起每满三个月的月对日）为止。

在基础资产不发生违约的前提下，对于投资人来说，可循环购买的入池资产延长了产品存续期限，从而使投资人可根据发行时确定的利率获得更长期的利息收入；对于发行主体来说，则可以在目前基础资产剩余期限较短的限制下，发行更长期的证券以获得更长期的资金。本次的循环结构设计为之后的类似资产提供了可供借鉴的融资思路。

（3）增信措施

结构化产品的增信措施主要分为内部增信及外部增信。其中内部增信的主要措施有[1]：优先/次级结构、超额利差、超额现金流覆盖、超额抵押、保证金账户、现金储备账户、信用触发机制等。外部增信的主要措施有：第三方担保、原始权益人差额支付、原始权益人回购承诺、原始权益人流动性支持、收益权质押、基础资产抵押、金融产品担保及发起人购买次级产品等。

ABN同样具有一般结构化产品的增信措施，具体以项目为例。

远东国际租赁有限公司2016年度第一期信托资产支持票据在信托账项下开立保证金账户。在权利完善事件发生前，委托人代为管理保证金，无须将保证金转付至信托账户，当需要用保证金抵扣应付款项时，资产服务机构应于回收款转付日将该抵扣的款项作为回收款转付至信托账户。若发生权利完善事件，资产服务机构应在权利完善事件发生之后5个工作日内将其持有的全部保证金转付至信托账户。

九州通医药集团股份有限公司2016年度第一期信托资产支持票据的增信措施为发行机构九州通提供差额支付承诺，对分配日前第7个工作日信托专户内可供分配资金金额与信托项下满足于该分配日分配应付未付的税费、应付未付的保管费、应由信托财产承担的信托报酬及其他信托费用以及优先级

---

[1] 各单产品具体选用的增信措施可能不同，不一定全部选用。外部增信同。

资产支持票据的应付未付预期信托利益所需资金的差额承担差额补足义务。

中国铁塔股份有限公司2016年度第一期信托资产支持票据的增信措施为发行机构中国铁塔提供差额支付承诺，在信托支付日前第七个工作日（如发生信托终止事由，则为信托终止事由发生后第三个工作日），如信托账户内可供分配资金金额不足以支付该日应付未付的税费、应付未付的保管费、应由信托财产承担的信托报酬及其他信托费用以及优先级资产支持票据的应付未付本金和利息时，由中国铁塔股份有限公司根据《信托合同》和《差额补足承诺函》的约定履行差额补足义务。

保证金账户和差额支付承诺的设计，使得原资产支持票据产品得到了来自内部或外部的增信支持，增强了投资者的信心，也为其顺利发行和降低发行成本起到了重大的作用。

4. 资产支持计划交易结构

在交易结构设置上，资产支持计划与资产支持证券、资产支持专项计划近似。另在增信措施方面，除了优先级/次级分层结构、基础资产池利率与优先级受益凭证利率的超额利差、原始权益人提供的流动性支持以及回购安排等常见措施之外，部分资产支持计划也出现了一些具有保险行业特点的设置，如保险公司对原始权益人的回购及债务偿付义务提供履约保证保险，相当于在证券化过程中以证券化产品为保险标的向保险公司进行投保，一旦发生保险合同中约定的风险情况，由保险公司对证券化产品进行赔付，向投资者支付债券本息。

四、资产证券化参与机构概览

（一）信贷资产支持证券

1. 发起机构

发起机构通过将资产证券化的手段来实现增强资产的流动性、盈利等目的，发起机构虽然转让了资产，但是由于其具有现成的贷款管理系统和客户关系，所以一般其会顺理成章地成为交易的贷款服务机构，其主要负责管理基础资产的日常运作，负责收取本金和利息，追收拖欠资金等工作，并向受托机构和投资者定期提供资产服务管理报告。贷款服务机构尽职能力直接影响着资产的回收情况。贷款服务机构是接受受托机构委托管理资产池的，因此其会按所管理资产的一定比例收取服务费，这也构成了发起机构一项收入来源。

2016年，信贷资产支持证券的发起机构类型进一步丰富，呈现多元化趋势，在原有政策性银行、国有商业银行、股份制商业银行、汽车金融公司、城市商业银行、农商行和金融租赁公司的基础上，还有公积金中心及消费金融公司的加入。其中，从发起机构数量和发行金额看，政策性银行、股份制银行和城市商业银行依然是发行的主力军。

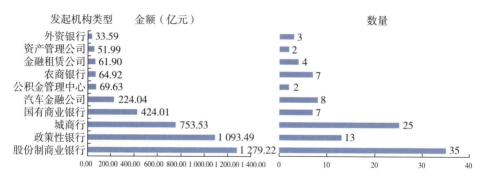

资料来源：中债资信根据公开资料整理。

图52　2015年已发行信贷资产支持证券发起机构类型分布

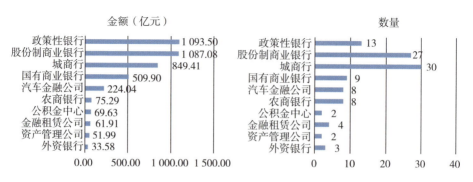

资料来源：中债资信根据公开资料整理。

图53　2016年已发行信贷资产支持证券发起机构类型分布

发起机构及贷款服务机构方面①，2012年至2016年，共有114家机构参与资产支持证券的发起，排名前十的发起机构共发行6 564.59亿元，占总发行规模近60%。2016年的发起机构数量为66家，其中发行规模最大的国家开发银行股份有限公司占比超过10%。

表25 2012—2016年发行金额排名前十的发起机构发行情况

发起机构	发行金额（亿元）	全市场占比
国家开发银行股份有限公司	2 507.98	22.52%
招商银行股份有限公司	626.08	5.62%
中国银行股份有限公司	574.62	5.16%
中国建设银行股份有限公司	486.70	4.37%
中国民生银行股份有限公司	480.01	4.31%
兴业银行股份有限公司	435.72	3.91%
中国工商银行股份有限公司	432.47	3.88%
上海市公积金管理中心	381.22	3.42%
北京银行股份有限公司	342.66	3.08%
华夏银行股份有限公司	297.14	2.67%
总计	6 564.59	58.95%

资料来源：中债资信资产证券化信息服务平台，http：//abs.chinaratings.com.cn/。

表26 2016年发行金额排名前十的发起机构发行情况

发起机构	发行金额（亿元）	全市场占比	占比较上年变化情况
国家开发银行股份有限公司	410.67	10.62%	-14.19%
中国建设银行股份有限公司	390.05	10.08%	7.71%
中国银行股份有限公司	318.58	8.24%	5.08%
上海市公积金管理中心	311.59	8.06%	6.35%
中国民生银行股份有限公司	213.51	5.52%	0.76%
华夏银行股份有限公司	165.31	4.27%	1.04%

---

① 实际业务中，发起机构与贷款服务机构一致。

续表

发起机构	发行金额（亿元）	全市场占比	占比较上年变化情况
中国工商银行股份有限公司	157.63	4.08%	-0.41%
招商银行股份有限公司	150.43	3.89%	-1.75%
恒丰银行股份有限公司	107.34	2.78%	0.01%
大众汽车金融（中国）有限公司	99.5	2.57%	2.11%
总计	2 324.61	60.10%	—

资料来源：中债资信根据公开资料整理。

2. 受托机构

受托机构一般是信托机构，代表投资者对于资产实施监督、管理，其一般会设立专门账户，将账户内流入的资金定期支付给投资者。受托机构主要职能为依照信托合同约定负责管理信托财产，持续披露信托财产和资产支持证券信息，依照信托合同约定分配信托利益等。2016年发行人数量达到22家，与2015年发行人数量（26家）基本持平。其中2016年排名前三的发行人发行规模占比均超过10%，发行金额达1 879.53亿元。

表27　2016年发行金额排名前十的发行人发行情况

发行机构	发行金额（亿元）	全市场占比	占比较上年变化情况
中信信托有限责任公司	760.53	19.66%	-2.20%
上海国际信托有限公司	565.78	14.63%	6.69%
建信信托有限责任公司	553.22	14.30%	11.93%
交银国际信托有限公司	287.02	7.42%	6.19%
中国金谷国际信托有限责任公司	264.78	6.85%	-5.08%
中国对外经济贸易信托有限公司	208.29	5.39%	1.98%
华能贵诚信托有限公司	177.19	4.58%	-1.03%
中粮信托有限责任公司	176.48	4.56%	-1.66%
北京国际信托有限公司	165.31	4.27%	-3.90%
华润深国投信托有限公司	158.9	4.11%	-1.87%
总计	3 317.5	85.77%	—

资料来源：中债资信根据公开资料整理。

3. 主承销商

主承销商一般是证券公司，主要职能是中华人民共和国有关法律、法规组织承销团，全面实施优先级资产支持证券的承销事宜。实践中主承销商会协助发起机构向银监会进行备案登记并协助发起机构获得人民银行关于发行本合同项下资产支持证券的批准，协助发行人发行资产支持证券，协助发行人完成资产支持证券的簿记建档工作。2016年机构数量达到23家，较2015年（31家）有所减少。从2016年数据来看，主承销商中参与发行规模最大的是招商证券股份有限公司，发行规模占比近30%。

表28　2016年发行金额排名前十的主承销商及发行情况[①]

主承销商	发行金额（亿元）	全市场占比	占比较上年变化情况
招商证券股份有限公司	1 129.06	28.89%	12.62%
中信证券股份有限公司	925.17	23.67%	9.97%
中信建投证券股份有限公司	526.53	13.47%	1.98%
国开证券有限责任公司	423.74	10.84%	1.84%
东方花旗证券有限公司	193.78	4.96%	2.48%
华泰证券股份有限公司	176	4.50%	2.62%
中国建设银行股份有限公司	163.17	4.17%	4.17%
海通证券股份有限公司	149.68	3.83%	2.61%
上海浦东发展银行股份有限公司	148.42	3.80%	2.67%
中国国际金融股份有限公司	135.24	3.46%	0.44%
总计	2 933.79	75.06%	—

资料来源：中债资信根据公开资料整理。

4. 资金保管机构

资金保管机构负责保管信托财产资金的安全，依照资金保管合同约定方式，向资产支持证券持有人支付本金及收益，定期向受托机构提供资金

---

① 存在一个项目由多个承销商联合主承，统计时该项目发行金额同时计入相关的承销商，存在重复统计。

保管报告，报告资金管理情况和资产支持证券收益支付情况。2016年参与资产证券化资金保管的机构共有25家，与2015年全年机构数量22家基本持平。2016年排名前十的机构总保管资金规模为3 163.44亿元，占总规模的80.94%，较2015年的前十大机构占比（96.44%）有所下降。

表29　2016年排名前十的资金保管机构及资金保管情况

资金保管机构	发行金额（亿元）	全市场占比
中国银行股份有限公司	554.46	14.19%
中国建设银行股份有限公司	482.97	12.36%
中国工商银行股份有限公司	398.87	10.21%
招商银行股份有限公司	384.92	9.85%
上海浦东发展银行股份有限公司	274.16	7.01%
中国民生银行股份有限公司	246.54	6.31%
国家开发银行股份有限公司	225.77	5.78%
交通银行股份有限公司	221.59	5.67%
华夏银行股份有限公司	196.15	5.02%
宁波银行股份有限公司	177.99	4.55%
总计	3 163.44	80.94%

资料来源：中债资信资产证券化信息服务平台，http：//abs.chinaratings.com.cn/。

5. 评级机构

在资产证券化交易中，评级机构需要对入池资产的信用质量以及证券最后的分层结果出具专业的风险评估意见，并且在证券发行后如果优先档证券的本金未偿付完毕，评级机构仍然会持续地对证券跟踪监督。银行间市场信贷资产证券化产品采用的是双评级模式，投资人付费模式的评级机构为中债资信评估有限责任公司，发行人付费模式的评级机构主要有5家，2016年参与评级最多的机构是中诚信国际信用评级有限责任公司，占比为49.93%，相较于2015年的占比48.79%有所上升。

表30　2016年评级机构发行金额及发行金额占比（除中债资信外）

评级机构	发行金额（亿元）	全市场占比	占比较上年变化情况
中诚信国际信用评级有限责任公司	1 951.6	49.93%	1.14%
联合资信评估有限公司	1 376.07	35.21%	-11.77%
上海新世纪资信评估投资服务有限公司	306.2	7.83%	4.41%
东方金诚国际信用评估有限公司	225.69	5.77%	4.96%
大公国际资信评估有限公司	48.96	1.25%	1.25%
总计	3 908.53	100.00%	—

资料来源：中债资信根据公开资料整理。

（二）资产支持专项计划

1. 原始权益人

2016年资产支持专项计划发行人分布于18个行业（Wind行业分类）。按基础资产大类分，收益权类基础资产的发行人主要集中于公用事业行业、房地产行业、多元金融行业和运输行业；债权类基础资产的发行人则主要集中于多元金融行业，其中又细分为融资租赁、消费贷款、小额贷款等细分行业。本部分主要从发行人自身特点与基础资产情况以及发行人参与专项计划动力两个角度对发行人情况进行分析。

在发起人自身特点和基础资产情况方面，公用事业企业包括对水、电、热等民生资源的供给和运营，通常拥有区域性的特许经营权，在特定区域内垄断优势明显，因此该类企业的基础资产产生的现金流历史表现稳定、可预测性强。房地产行业虽然行业内竞争持续加剧，偿债指标有所弱化，但具备较高信用水平的公司仍较多，且作为基础资产的物业费收益权等现金流可预测性较强，国内商业地产仍具有巨大存量等待释放。融资租赁行业近年来在相关政策的支持下蓬勃发展，但总体上成立时间仍较短，且由于近年来宏观经济增长乏力，部分地区或行业的信用风险暴露加剧，将持续考验融资租赁行业的风险防控能力。消费贷款和小额贷款公司则受监管政策约束，导致融资渠道狭窄、资金成本较高、扩张速度受限，且该类公司的信息收集成本较高，客户资质识别能力较差，因此整体信用水平一般。但融资租赁应收款与小额贷款两种基础资产具备法律权属清晰，强调小额、分散的原则，而利率通常较高，部分具备抵质押增信措施等优势，因此这两类公司参与专项计划较多。

发行人参与专项计划动力方面，在公用事业板块，基础设施的建设也通常具有投资周期长、初始投资金额大、运营周期长、收益回报见效慢等特点，因此其资金往往来自于银行贷款、财政拨款或地方政府筹资等。传统的融资方式不能较好地解决资金周转问题，而通过资产证券化为基础设施建设及运营项目融资可以有效地增强资产流动性、盘活存量资产、提高资金运作效率。在运输行业，高速公路建设公司由于自身建设新路产与改造已有路产的规模较大，例如在国家"一带一路"战略推动下，西北部及西南部升级改造交通运输等基础设施的需求显著增强，因此在融资方面的需求也是较为旺盛。房地产板块方面，资金需求额比较大，资金回收期限比较长，一方面，通过专项计划融资已经成为其融资的重要补充方式，另一方面，其通过吸引大众资金流入房地产行业，改变地产业主要依靠银行贷款和债市融资的现状，而且，REITs产品用经营性租赁的方式盘活存量住房资源，并与资产证券化相结合，也符合国家对房地产去库存、去杠杆、降成本的方针，有助于化解房地产金融风险。对融资租赁公司和小额贷款/消费贷款公司而言，在流动性趋紧的情况下，资产证券化同样有助于机构盘活存量资产，提高流动性，借助资本市场增加融资来源，提高公司杠杆比例及金融资源分配效率。其次，借助资产证券化还可以实现分散和转移信贷风险和利率风险。

表31　按发行人所属行业统计发行规模与发行数量

发行人行业（Wind 行业分类）	发行数量	发行数量较上年变化情况	发行规模（亿元）	发行规模较上年变化情况
多元金融	220	-288	2 793.97	1 980.17
银行	39	-6	508.96	369.04

续表

发行人行业（Wind行业分类）	发行数量	发行数量较上年变化情况	发行规模（亿元）	发行规模较上年变化情况
房地产	35	-15	415.98	313.00
资本货物	16	-61	233.51	31.84
公用事业	31	-139	200.62	-24.53
运输	12	-123	171.31	-110.02
软件与服务	10	4	105	85.00
商业和专业服务	3	-24	48.16	29.97
消费者服务	4	-23	28.94	-0.26
材料	4	-5	28.43	-12.47
医疗保健设备与服务	2	2	27.16	27.16
能源	2	-38	20.6	-26.93
零售业	1	-3	18.47	-29.38
食品与主要用品零售	2	2	13	13.00
媒体	1	1	5.55	5.55
保险	1	1	5	5.00
汽车与汽车零部件	1	-1	3.6	0.72
制药、生物科技与生命科学	1	1	2	2.00
总计	385	—	4 630.26	—

资料来源：中债资信根据公开资料整理。

从发起人/原始权益人机构来看，2016年，无论在发行数量或发行规模上，阿里巴巴集团旗下小微小额贷款公司均独占鳌头，以蚂蚁金服的"借呗"和"花呗"等小额债权作为基础资产，当年合计发行29单资产支持专项计划，发行规模总额达到637.80亿元，占全年所有发起人总发行额的13.77%。

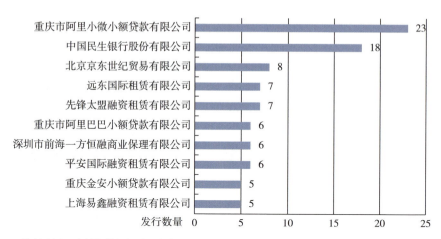

资料来源：中债资信根据公开资料整理。

图54　专项计划发行数量前十名发起人／原始权益人情况

资料来源：中债资信根据公开资料整理。

图55　专项计划发行规模前十名发起人／原始权益人情况

2. 计划管理人

　　参与到专项计划中的发行人/计划管理人数量由2015年的65家增加到了2016年的83家。截至2016年末，该职责大多数为证券公司和资产管理公司所担任，此外还有少量的基金管理子公司、信托公司等。发行专项计划的数量与规模前十名发行人/计划管理人分别统计如下。

资料来源：中债资信根据公开资料整理。

图56 专项计划发行数量前十名发行人/计划管理人情况

资料来源：中债资信根据公开资料整理。

图57 专项计划发行规模前十名发行人/计划管理人情况

3. 评级机构

相比于信贷资产支持证券要求双评级，资产支持专项计划暂无相关要求。目前我国市场上拥有资产支持专项计划评级资格的信用评级机构共7家，2016年各评级机构参与评级的专项计划数量如图58所示：

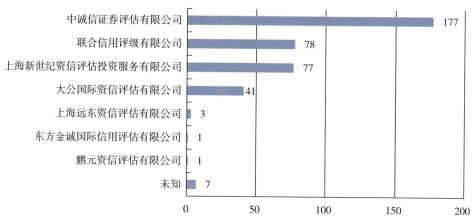

资料来源：中债资信根据公开资料整理。

图58　资产支持专项计划信用评级规模情况

（三）资产支持票据

2016年资产支持票据共公开发行5单产品，原始权益人分别属于多元金融行业、制药与生物科技行业、机械与设备制造行业和技术硬件与设备行业。主承销商分别为兴业银行股份有限公司、中国建设银行股份有限公司、国家开发银行股份有限公司、渤海银行股份有限公司、招商银行股份有限公司和浙商银行股份有限公司。受托机构分别为兴业国际信托有限公司、平安信托有限责任公司、中诚信托有限责任公司、华润深国投信托有限公司和中航信托股份有限公司。

表32　2016年资产支持票据发行参与机构概览

产品名称	发行主体	主承销商	受托机构
中电投融和融资租赁有限公司2016年度第一期信托资产支持票据	中电投融和融资租赁有限公司	兴业银行股份有限公司中国建设银行股份有限公司	兴业国际信托有限公司

续表

产品名称	发行主体	主承销商	受托机构
远东国际租赁有限公司2016年度第一期信托资产支持票据	远东国际租赁有限公司	国家开发银行股份有限公司 渤海银行股份有限公司	平安信托有限责任公司
九州通医药集团股份有限公司2016年度第一期信托资产支持票据	九州通医药集团股份有限公司	兴业银行股份有限公司	中诚信托有限责任公司
中国铁塔股份有限公司2016年度第一期信托资产支持票据	中国铁塔股份有限公司	招商银行股份有限公司	华润深国投信托有限公司
中国中车股份有限公司2016年度第一期信托资产支持票据	中国中车股份有限公司	浙商银行股份有限公司	中航信托股份有限公司

资料来源：中债资信根据公开资料整理。

（四）资产支持计划

2016年资产支持计划共发行7单产品，原始权益人包括资产管理公司、金融租赁公司、资本管理公司等，受托人为资产管理公司、保险公司等。

表33　2016年资产支持计划发行参与机构概览

产品名称	原始权益人	受托机构
平安—长城资产资产支持计划	中国长城资产管理公司	平安资产管理有限责任公司
太平—湖北联投项目资产支持计划	湖北中经中小企业投资有限公司	太平资产管理有限责任公司
华夏久盈—华融金融租赁资产支持计划	华融金融租赁股份有限公司	华夏久盈资产管理有限责任公司
民生通惠—东方邦信资本1号资产支持计划	东方邦信资本管理有限公司	民生通惠资产管理有限责任公司
长江养老—太平洋寿险保单贷款资产支持计划	—	长江养老保险股份有限公司
人保投控—华融金融租赁1号资产支持计划	—	人保投资控股有限公司
平安—信达资产资产支持计划	—	平安资产管理有限责任公司

资料来源：中债资信根据公开资料整理。

五、产品定价及投资情况

目前国内资产证券化产品发行方式主要有簿记建档、招标发行和定向发行，其中招标发行和簿记建档发行主要在优先档证券发行中采用。

1. 招标发行

招标发行是指由发起机构/原始权益人与主承销商协商确定招标方式、中标方式等发行规则，按照参与各方签订的相关协议规定，向投标人公开发行资产支持证券，投标人按照各自中标额度承购资产支持证券的方式。招标发行有较为严格的发行时限要求，全流程公开透明，在规定的时间内如未能按照规定完成发行工作，则宣告招标发行失败。

2. 簿记建档

簿记建档包括前期的预路演、路演等推介活动和后期的簿记定价、配售等环节。首先由簿记管理人（一般为主承销商）进行预路演，根据预路演获得的市场反馈信息，发行人和簿记管理人将根据市场情况与投资者需求共同确定申购价格区间。在正式路演阶段，债券发行人与投资者以一对一的方式进行更加深入的沟通，发行人对投资者关心的问题逐一进行说明。在簿记建档日，簿记管理人开展簿记建档工作，通过内外部监督保证过程的公正透明性。投资者在每一价格上的累计申购总金额被记录，按照价格招标或利率招标的具体规则，确定最终的发行价格及中标的投资者。

招标发行通常要求投资人在规定时间内（通常为几小时左右）完成投标报价，一方面对投资人的数量和质量要求更高，另一方面需要投资人事先充分准备，在短时间内及时作出反应。因此，招标发行需要发行人和债券本身具有较大市场影响力，比较适合投资需求旺盛、市场化程度高的产品。现阶段资产证券化产品由于整体市场规模仍然较小、投资人仍在逐步接受和了解的过程中，需求相对温和，通过簿记建档发行能够有更大的弹性，有助于提升产品发行的成功率。2016年，全市场累计发行信贷资产证券化产品108单，均通过簿记发行完成。

（一）一级市场发行定价情况

1. 银行间市场

2014年以来，债券市场整体收益率持续走低，资产证券化产品的发行利率也随之下行。同时，随着证券化产品不断被市场接受并逐渐成为机构关注的投资品种，资产证券化产品与其他可比债券产品的发行利差持续收窄。从图59可以看出，从2014年至2015年6月，证券化产品进入发行利率快速下行的区间；2016年7月至12月，整个证券化市场利率平稳下行；2016年年底由于美元加息、央行流动性收紧等因素，全市场收益率上扬，证券化产品的发行利率也随之上行。

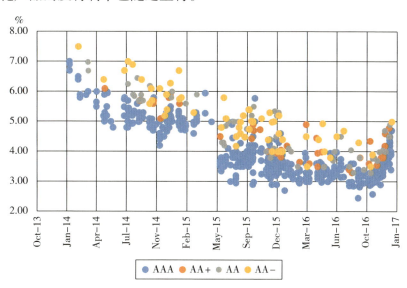

注：图中反映不同级别信贷证券化产品在不同发行时点的发行利率走势，未对产品的品种及期限进行区分。

资料来源：根据公开资料整理。

图59 银行间市场证券化产品发行利率情况一览

从各月同信用等级产品发行利率考察，2014年1月至2016年12月末，信贷资产支持证券AAA档最高发行利率为7.00%，最低发行利率为2.45%；其中，2014年AAA档最高发行利率7.00%，最低发行利率4.20%；

2015年最高发行利率为5.95%，最低发行利率为2.90%；2016年最高发行利率为4.70%，最低发行利率为2.45%。

表34 2014年至2016年各月同信用等级产品发行利率

等级	2014年		2015年		2016年	
	最高发行利率	最低发行利率	最高发行利率	最低发行利率	最高发行利率	最低发行利率
AAA	7.00%	4.20%	5.95%	2.90%	4.70%	2.45%
AA+	6.10%	5.10%	5.60%	3.82%	4.90%	3.30%
AA	6.98%	5.70%	5.90%	3.79%	4.90%	3.29%
AA-	7.50%	5.20%	6.70%	4.00%	5.00%	3.50%

资料来源：根据公开资料整理。

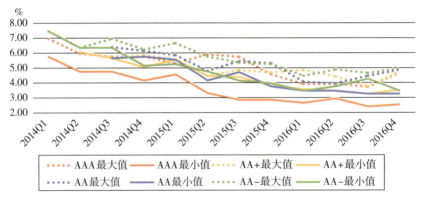

注：图中反映不同级别银行间证券化产品在不同发行时点的最高及最低发行利率走势，并未对产品的品种及期限进行区分。

资料来源：根据公开资料整理。

图60 每季度银行间证券化产品最高及最低发行利率走势

从图60中看出，从2014年到2016年，银行间证券化市场的发行利率逐渐下行，下行的趋势在各级别产品不同发行时点的最低发行利率走势中体现得更为明显。

2. 交易所市场

由于交易所证券化产品的基础资产类型较多，同一类型的融资主体差异性较大，加之各个产品的结构、增信措施等因素市场认可度不同，导致整个市场产品发行利率的离散程度较高。与银行间市场相比，交易所市场产品以AAA和AA+评级为主，同时期同评级产品发行利率分布区间较广，但总体来说，随着债券市场收益率的走低，发行利率呈现下降趋势。

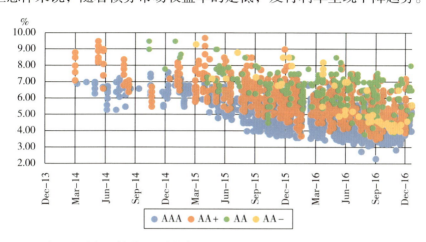

注：图中反映不同级别交易所证券化产品在不同发行时点的发行利率走势，并未对产品的品种及期限进行区分。

资料来源：根据公开资料整理。

图61 交易所市场证券化产品发行利率情况一览

从各月同信用等级产品发行利率考察，自2014年1月至2016年12月，交易所资产支持证券AAA档最高发行利率为7.60%，最低发行利率为2.31%；其中，2014年AAA档最高发行利率为7.60%，最低发行利率为5.30%；2015年最高发行利率为7.50%，最低发行利率为3.70%；2016年最高发行利率为7.50%，最低发行利率为2.31%。

表35 2014年至2016年各月同信用等级产品发行利率

单位：%

等级	2014年		2015年		2016年	
	最高发行利率	最低发行利率	最高发行利率	最低发行利率	最高发行利率	最低发行利率
AAA	7.60	5.30	7.50	3.70	7.50	2.31

续表

等级	2014年		2015年		2016年	
	最高发行利率	最低发行利率	最高发行利率	最低发行利率	最高发行利率	最低发行利率
AA+	9.50	5.50	9.70	4.55	8.00	3.50
AA	9.50	7.80	9.50	4.50	8.50	3.80
AA-	—	—	9.30	6.80	8.20	4.00

资料来源：根据公开资料整理。

3. 定价影响因素分析

在资产证券化业务中，合理的定价既是投资者获得投资价值和进行风险管理的关键，也关乎着资产证券化市场的健康发展，及其盘活存量、降低社会融资成本以及促进金融结构的调整和优化功能的发挥。不同资产证券化产品的固有价值和特定风险，以及发行期间资金面的具体情况，均体现在投资者的报价当中。

具体来说，影响产品发行利率的因素主要包括市场因素、流动性因素和产品差异性三方面。

（1）发行时点市场利率情况

市场因素主要为产品发行时点市场的资金成本以及投资者对于产品风险的偏好，反映到金融机构即为各投资机构在此期间的资金融入融出成本的高低及可投资产品范围的变化。

市场因素主要体现在无风险收益率上，无风险收益率作为固定收益类产品的定价基石，其波动反映了市场对于无风险债券的最低收益要求。各类型固定收益产品的定价以发行时点的无风险收益率为基准，通过加上风险溢价以及流动性溢价等溢价收益，形成最终的产品发行价格。无风险收益率的提升会抬升整个市场产品的发行价格，资产证券化产品作为固定收益类产品的一种也必然受无风险收益率的影响。

通过对一段时期内国债收益率（作为反映无风险收益率指标）与同时期AAA级同期限CLO产品进行比较，可以看出资产支持证券发行利率受到发行时点当期无风险收益率波动影响显著。图62反映了2014年至2016年期间一年期国债到期收益率曲线与1年期AAA级CLO的发行利率走势,可以清晰看出随着国债收益率的下行,CLO的发行利率也随之下行,两者的利差约在100bp至200bp之间,并呈现逐步下降趋势。图63的三年期国债收益率曲线与1~3年期CLO的发行利率走势的一致性也同样明显。

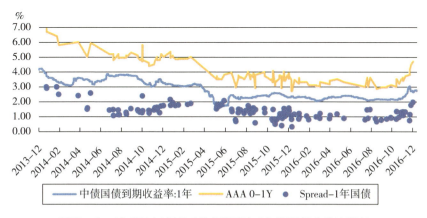

图62　0～1年期AAA级CLO发行利率与1年期国债收益率趋势

图63　1～3年期AAA级CLO发行利率与3年期国债收益率趋势

（2）流动性因素

在固定收益产品投资中,二级市场流动性是影响产品定价的重要因素。虽然信贷资产证券化产品存在二级市场交易以及质押式回购交易，但是由于市场体量较小、参与者相对集中、产品结构相对复杂，导致资产证券化产品二级市场并不十分活跃。

导致资产支持证券流动性较弱的原因主要有以下方面：一是资产证券化市场存量规模较小，在整个债券市场中占比较小，其市场可交易性较小。二是资产支持证券依然处于产品发展初期，由于其产品结构相较于一般债券更加复杂，产品标准化程度相对较低，二级交易过程难度相对较大。三是目前一级市场投资者更多以持有到期为目的，特别是证券化产品主要投资机构商业银行本身具有很大的配置到期需求，而交易需求并不旺盛。四是"过手型"的偿付机制，使资产支持证券相较其他证券面临更大的提前偿付风险，在质押式回购交易中不具备优势。

流动性不足导致相同期限、相同级别的资产证券化产品相比较其他流动性较好的产品在发行价格上存在一定的流动性溢价。从图64中的对比可以看出，1年期的CLO产品发行利率比同期限的短融收益率高出30~50bp的流动性溢价，比双市场托管的企业债也高出50bp左右。

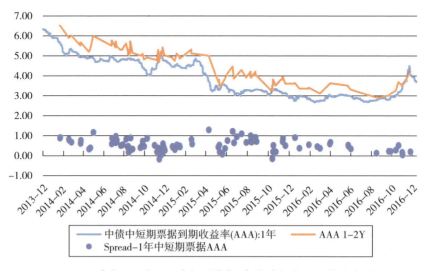

图64　1~2期AAA级CLO发行利率与1年期中短期票据收益率趋势

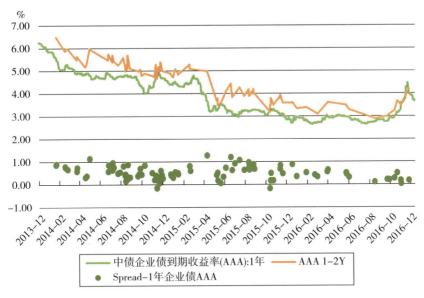

图65　1~2年期AAA级CLO发行利率与1年期企业债到期收益率趋势

（3）产品差异性

产品差异性因素对于发行定价的影响主要体现在产品的信用评级、期限、基础资产的类型以及发起机构等方面。

产品的信用评级。不同的信用级别代表产品不同的风险水平，在发行利率上也会体现出一定的风险溢价。比较同一时期发行的相同期限的产品，高评级产品的发行利率相对较低。图66比较了产品期限1~3年的AAA类、AA类（包括AA+、AA、AA-）、A类（包括A+、A、A-）评级的证券化产品（含CLO、RMBS、Auto-ABS、NPL等全市场品种）的发行利率，AAA级证券产品的发行利率明显低于其他级别产品利率。值得关注的是，在评级处于AA类（包括AA+、AA、AA-）的中间档产品中，评级差异的信用风险溢价并不明显。

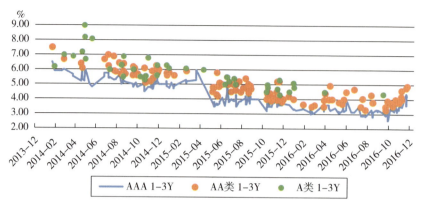

注：图中反映不同级别银行间证券化产品在不同发行时点的发行利率情况，产品品种包含CLO、RMBS、Auto-ABS、NPL等全市场品种。

图66　1～3年期银行间不同级别证券化产品发行利率比较

注：图中反映不同级别银行间证券化产品在不同发行时点的最低发行利率走势，并未对产品的品种及期限进行区分。

图67　不同评级银行间市场证券化产品最低发行利率走势

　　产品的期限。与所有固定收益产品相同，期限利差是资产证券化产品定价的一个重要影响因素。一般来说，1~3年期产品较1年以内产品存在20~40bp的期限利差。但不同时期，随债券收益率曲线斜率变化，期限利差水平有所不同。RMBS产品由于期限较长，可以看出更为明显的期限利差。

图68　不同期限AAA评级CLO发行利率对比

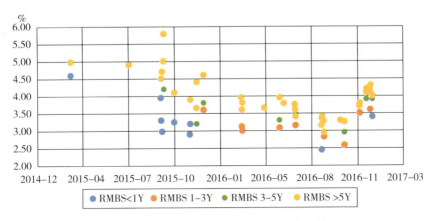

图69　不同期限AAA级RMBS发行利率比较

基础资产的类型。目前银行间市场的证券化产品类型主要为CLO、RMBS、AUTO-ABS。通过下图可以看出，1~3年期同样AAA评级证券化产品的发行利率，在同一时点上，RMBS产品发行利率最低，其次为AUTO-ABS，CLO产品利率相对较高，而2016年重新开放的NPL（不良贷款证券化产品）发行溢价最为明显。

由此可见，虽然同样具有AAA评级，RMBS和AUTO-ABS由于资产的高度分散性，得到了投资者更高的认可。NPL作为新兴的产品类型，基础资产回收不确定性导致投资者要求更高的投资溢价。

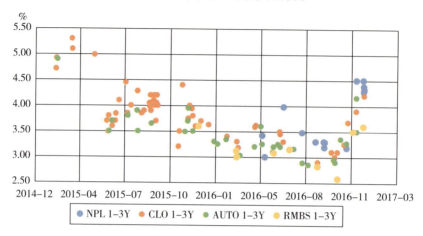

图70　1～3年期AAA级不同银行间证券化产品类型发行利率

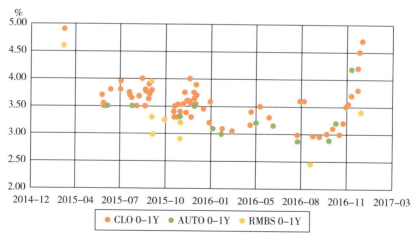

图71　1年期AAA级不同银行间证券化产品类型发行利率

发起机构方面。资产证券化交易中，发起机构将资产打包转让给信托，以此为支持发行证券化产品，实现资产出表。资产池的信用风险与发起机构相隔离。但是，由于基础资产的形成来源于发起机构，受发起机构资产投放、运营管理、风控能力等各方面因素的影响，加上目前的所有交易中，发起机构同时兼任交易的资产服务商，因此不同发起机构的资质和综合实力差异在产品发行利率上仍有所体现。

交易所市场的证券化产品的定价相比银行间更为分散，整个定价的逻辑上也同样遵循以无风险收益率为基准，体现于市场资金价格的同一波动性，同时相比较交易所公开发行债券存在一定的流动性溢价；在产品差异性方面，产品的期限、级别也是影响定价的重要因素。但是由于交易所基础资产类型较多，涉及融资租赁、收费收益权、应收账款、信托受益权等十几种基础资产类型，同时具体产品的担保方、原始权益人的管理人差异性也较大，产品结构设计具有相对较高的个性化，所以发行结果的离散性相比更高。

（二）投资者群体

截至2016年末，在中债登托管的信贷资产证券化产品总量为5 756.9亿元，其中持有规模前三位的投资者类型分别为：基金持有规模2 743.12亿元，占比47.65%，商业银行持有规模为2 573.71亿元，占比为44.71%，非银行金融机构持有规模为204.05亿元，占比为3.54%，基金类包含了以银行理财、保险资产、信托专户等各类产品，如果将银行理财及自营合并考虑，则银行在资产支持证券的投资者群体中占比将进一步提升。

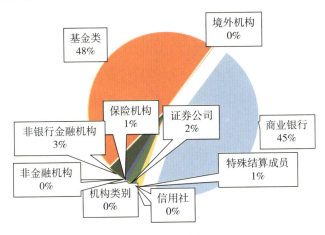

资料来源：根据中债登公开资料（2016年12月31日）整理。

图72 资产支持证券持有者结构

根据2016年12月末上交所资产支持证券投资者结构统计，在上交所托管的企业资产支持证券中，一般法人是主要的投资群体，考虑到当前一般法人中，也包含以银行为代表的金融机构法人（保险、券商自营、资管已单列），可能是这一类别占比较高的主要原因。一般法人投资规模为2 291.61亿元，占上交所托管资产支持证券总体规模的73.69%，券商资产管理规模为422.55亿元，占比13.59%，信托投资规模为168.94亿元，占比5.43%。

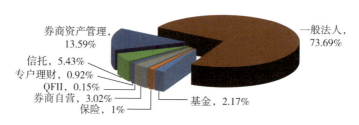

图73　上交所资产支持证券投资者结构

1. 商业银行

在监管机构对同业非标资产进行限制以前，由于买入返售信托收益权等同业资产以及各类非标资产在收益及灵活性上具有更强的竞争优势，商业银行在投资资产证券化产品方面的需求较弱。2014年5月《关于规范金融机构同业业务的通知》（银发〔2014〕127号）出台后，商业银行对于资产支持证券的需求上升。在目前经济下行、各类资产风险频发的大背景下，拥有较高评级的证券化资产受到青睐。虽然资产证券化产品收益率也出现了一定幅度的下降，但与其他期限和信用等级类似的债券相比，仍然具有一定优势。由于证券化产品的估值困难，二级市场交易不足，因此，商业银行对证券化产品的投资以配置型为主。

银行投资资产证券化的资金来源主要包括自有资金和理财资金两部分，二者在投资策略上存在明显差异。

银行自营资金的风险偏好较低，风控流程也较长，因此偏好评级为信用风险较低、交易结构简单清晰的产品，易于风控及信评决策。

银行理财资金由于成本相对较高，更看重证券化产品的收益性。而监管机构针对银行理财资金的一系列具体监管要求，进一步限制了银行理财的投资范围，推动了银行理财投资证券化产品的配比提升。这些监管要求具体包括：

《中国银监会关于规范商业银行理财业务投资运作有关问题的通知》（银监发〔2013〕8号），要求银行理财投资非标资产的余额不得超过银行理财产品余额的35%，与商业银行上一年度审计报告披露总资产的4%之间孰低者。

《关于规范银行业金融机构信贷资产收益权转让业务的通知》（简称82号文），要求商业银行不得通过本行理财资金直接或间接投资本行信贷资产收益权，不得以任何方式承担显性或者隐性回购义务，导致理财资金对于私募证券化产品的投资逐步减少。

《中国银监会关于进一步加强信托公司风险监管工作的意见》（简称58号文），要求商业银行需按"穿透"原则向下识别所投资产品的底层资产。导致原有银行理财通过信托通道持有的各种非标产品的投资模式受到限制，交易所证券化产品开始进入银行理财的视野。

2. 非银行金融机构

非银行金融机构投资者主要包括保险公司及其资产管理公司、证券公司及其资产管理公司、信托公司、信用社等。

根据保监会2013年91号文的要求，保险资金投资的信贷资产证券化产品，入池基础资产限于五级分类为正常类和关注类的贷款。产品信用等级不得低于国内信用评级机构评定的A级或者相当于A级的信用级别。对于资产支持专项计划，保险资金投资的专项资产管理计划应当符合证券公司资产支持专项计划业务的相关规定，信用等级不得低于国内信用评级机构评定的A级或者相当于A级的信用级别。但是实际上，险资对于产品的信用安全要求极高，且出于资产和负债久期的匹配，保险公司更倾向于投资于长期股权、债权计划、不动产投资计划等投资收益更高、久期相对较长的另类投资品种，以充分发挥保险资金相对于其他资金在投资期限上的优势。由于险资规模大，期限长，一些信用较好且收益可观的大型项目可以直接通过保险债权计划或者资产支持计划业务直接对接，当前市场中已发行的资产证券化产品，在收益和规模方面无法达到保险资金的要求，是制约险资参与资产证券化业务的主要原因。

目前基金公司中的货币型基金和债券型基金均可以投资有评级的公开挂牌转让的资产支持证券（与前述中债登统计中包含各类产品的广义"基金类"概念相区别）。但基金对产品的流动性和收益率要求均较高，且货币基金对产品期限有明确限制。一方面，当前证券化产品缺乏活跃的二级市场，对开放式基金的投资有比较大的不利影响；另一方面，由于没有市场普遍认可的估值体系，给基金估值造成了很大的障碍。因此整体来说，基金对资产支持证券的投资规模并不大。

证券公司由于自身资本规模及主动管理规模有限，在债券市场投资份额比例有限。但证券公司作为银行间及交易所市场资产证券化产品结构的主要设计方，在投资资产证券化产品投资方面具有更强的专业人员储备，相比于其他投资者，其风险偏好差异明显，是资产证券化产品重要的潜在投资群体。证券公司的投资以交易型为主，资产支持证券的流动性不足很大程度上制约了证券公司的投资积极性；但反过来，在合理估值体系的驱动下，证券公司以获取估值溢价为目标的交易型投资行为，也将有利于资产支持证券二级市场流动性的提升。

信托公司由于自有资金规模有限，投资范围灵活，对收益率要求较高，因此对于资产证券化产品的投资意愿不强。而信托公司大量的固定收益类资产管理规模，多为委托人指定用途的通道业务，因此整体上，信托公司对资产支持证券的投资影响很小。

3. 境外机构

根据我国银行间市场及交易所市场对于合格投资主体的要求，合格境外投资者（QFII）及人民币境外投资者（RQFII）可以投资于我国资产证券化产品。作为国际市场常见的资产配置类型，境外投资者对于投资资产证券化产品具有较为丰富的经验，但境外机构投资境内资产证券化产品面临几方面问题：

第一，资产证券化交易中结构性因素影响重大，而交易结构设计基于国内的法律制度框架，境外投资者对于交易结构的理解存在一定困难，需要一定的时间接受；第二，汇率风险由于国内的资产证券化产品在发行主体和基础资产类型上均存在一定的差异，因此境外投资者参与不多。在现有的产品类型中，汽车贷款证券化产品（Auto ABS）由具有较高国际知名度的跨国汽车品牌发起，且业务模式与国际市场上的证券化产品具有较高的相似度，基础资产分布广，风险相对分散，相对而言，是境外投资者易于接受的资产证券化产品标的。但是随着2016年汇率波动的趋势和证券化产品的利率下行，目前国内证券化产品的收益率水平已经不能满足境外机构的需求，境外机构对证券化产品的参与度较低。

从整体上看，随着资产证券化各类型资产数量的不断提升、期限的不断丰富、投资者认识水平逐步提高、流动性的逐步改善，未来会有更多的投资者加入到资产证券化产品投资的领域内。随着投资者类型的不断丰富以及投资比重的提升，基础资产在设计上将更加贴近不同类型投资者的具体需求。

（三）二级市场交易及流动性

1. 二级市场交易情况

（1）银行间市场资产支持证券现券交易

目前银行间债券市场资产支持证券交易量小，二级市场交易量高点出现在2016年4月，交割量463亿元，占存量资产支持证券的10.3%。从整体上看，成交金额与占存量资产支持证券比例呈现同向变化，自2014年1月至2016年12月，银行间市场资产支持证券现券交易量及占比逐步提升，现阶段，现券交易量大致占存量证券的2%~5%。相比于同期中票现券交易占存量证券的160%~200%，仍然有较大差距。

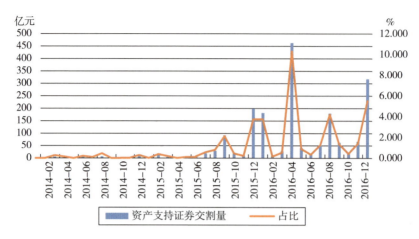

资料来源：中债登公开资料整理。

图74 银行间市场资产支持证券现券交易

（2）银行间市场资产支持证券质押式回购

与现券交易量相比，银行间市场质押式回购交易量相对更为平稳，交易规模与占存量资产支持证券比例也呈现同向变化。整体来看，自2014年1月至2016年12月，银行间市场资产支持证券质押回购交易量及占比逐步提升，现阶段，质押回购交易量大致占存量证券的2%~3%。相比于同期中票质押回购交易占存量证券的650%~670%，仍然有较大差距。

资料来源：中债登公开资料整理。

图75 银行间市场资产支持证券

从投资者特点来说，由于信贷资产支持证券投资者以银行为主，配置需求为主，且整体上资金较为充裕，因此交易需求和质押融资需求都较小；从证券化产品自身特点来看，由于产品结构复杂，资产类型多样、标准化程度仍有待提升并且缺乏为市场普遍认可的估值体系，限制了二级市场的交易。

（3）交易所市场资产支持证券现券交易

上交所综合协议交易平台上资产支持证券的现券买卖成交金额与占比变化如图76所示，从整体上看，成交金额与交易证券规模占存量资产支持证券比例呈现同向变化，在2016年12月交易规模128.1亿元创历史新高，占比4.12%。相比于非公开发行公司债交易量仍存在一定差距，以2016年12月数据为例，非公开发行公司债交易总量为2 073.89亿元，占托管总量的23.1%。

注：因网页改版等原因，目前在上交所仅可查询到2016年7月起的相关数据。

图76　上交所企业资产支持证券交易情况

（4）交易所市场资产支持证券现券交易质押协议式回购

目前资产支持证券二级市场交易规则基本完善，现券买卖及质押式回购在银行间市场和交易所市场均可进行，但是交易量较小，导致资产支持证券二级市场交易清淡有多方面的原因：一是资产证券化市场存量规模目前仅有1.73万亿元左右，相较于36万亿元的债券市场，其市场可交易性较小；二是资产支持证券依然处于产品发展初期，由于其产品结构相较于一般债券更加复杂，标准化程度低，同时私募发行的方式使资产支持证券信息披露仍有不足，因此参与者对资产支持证券的理解和接受仍有待提高，其交易参与者范围较窄；三是投资者在一级市场买入资产支持证券时，更多是以持有到期为目的的，特别是市场最大的投资者商业银行本身就具有很大的配置需求，而交易需求并不旺盛；四是"过手型"的偿付机制，使资产支持证券相较其他证券面临更大的提前偿付风险，在质押式回购交易中不具备优势。尽管资产支持证券二级市场交易并不活跃，但是通过不同市场的统计数据还是可以发现，自2015年下半年以来，市场交易活跃度有所增加，资产证券化产品交易量增长较快，参与交易的资产支持证券活跃券数量也逐步增加。

2. 二级市场流动性的制度设计

尽管与整个债券市场比起来，ABS存量规模尚小，二级市场流动性问题，将制约更多投资者的参与，影响资产证券化市场的进一步发展。提升资产支持证券二级市场流动性，可以从产品自身和市场机制两方面着手。

（1）提升产品的标准化程度

标准化的产品是降低交易成本的重要手段。伴随着参与机构的丰富，交易所ABS产品基础资产类别不断扩充，不同基础资产的特点不尽相同，产品交易结构和风险属性各异。银行间资产证券化产品基础资产类别相对简单，但在大体相似的结构安排下，入池资产的标准，具体的责任、费用分担等均存在一定差异。阻碍了不同产品间的横向比较，也为投资证券化产品后期的风险识别和管理增加了难度。建议对不同基础资产类别的证券化产品形成标准化的产品示范，引导市场不断提升证券化产品的标准程度。

（2）扩大信息披露范围

交易所市场资产证券化产品属于私募发行，对外信息披露较少，市场上很难了解到产品的详细情况，难以对基础资产情况、结构安排、增信措施等内容进行深入的研究。银行间市场的资产证券化产品披露信息相对较多，尤其在人民银行推行注册制信息披露框架制度后，实施注册制的资产类型中信息披露完善程度大大提高。但在非实行注册制的资产类型中，尤其以CLO为主，投资者无法了解逐笔基础资产的全部信息，对于二级市场交易形成的困难更为明显。

（3）公开评级方法

国内参与资产证券化业务的评级机构还没能做到像国际市场一样对评级方法、评级模型进行公开。在无法了解到资产支持证券详细信息的情况下，对于产品的精细化研究和准确定价也就无从下手，投资者的投资决策严重依赖于评级结果。只有评级方法的合理性和差异性具有较强的公信力，投资者能够依赖公开评级结果进行快速决策，才有利于推动二级市场的交易。

（4）逐步建立符合资产证券化特点的估值体系

建立权威的第三方估值体系有助于为投资者的交易和定价提供参考，提升产品流动性，同时，也为投资者提供了债券投资的可参照收益标准。相比于普通债权，资产证券化产品在现金流及结构安排上均具有一定的特殊性。因此在确定估值定价模型时，很难完全套用普通债券的估值框架。另一方面，由于资产支持证券的基础资产种类较多，细分到每一个具体的品种，产品数量和规模仍然处于较低水平，数据样本仍在不断补充，估值方法和模型还需要不断调整。未来随着资产证券化市场的快速发展，产品种类不断增多、期限不断丰富、规模不断加大，符合我国资产证券化特点的估值体系逐步获得市场的认可，成为产品发行价格的重要参考。

（5）发展信用风险缓释工具

资产证券化产品结构具有一定的复杂性且基础资产种类较多，对投资者的风险管理能力提出了较高的要求，通过信用风险缓释工具，可以有效地将资产支持证券自身的信用风险向风险缓释工具的提供方转移，从而降低资产支持证券的风险管理难度，使更多的投资者能够参与到资产支持证券的市场当中。这对促进资产支持证券市场化定价，充分实现不良资产价值具有显著的促进作用。从市场整体来看，债券市场"零违约"被打破，各种信用违约事件频发，信用风险缓释工具自身的发展也处于非常重要的时期，越来越多的投资者注意到了对于自身资产配置风险的对冲。资产证券化市场应当充分利用当前信用风险缓释工具发展的良好契机，推动信用风险缓释工具在资产证券化市场的应用。

3. 关于做市商制度的建立安排

2016年1月，中信建投证券对2015年12月发行的"兴银2015年第四期信贷资产支持证券"持续进行双边报价，并首次实现做市成交。在市场培育阶段，由市场中对证券化产品有较为深入的理解和研究的专业机构进行做市，持续提供双边报价，能够引导市场收益率曲线的形成，促进价格发现，对市场的发展具有非常重要的意义。为进一步推动做市工作快速发展，应当从做市商内部机制和外部市场环境两方面下功夫。从做市机构自身建设角度出发：

（1）明确资金范围，防范利益冲突

做市商制度的一个重要作用在于持续提供交易价格，使得买卖双方不必等待对方出现便可实现交易，为承担上述职能，做市商应当具备较为雄厚的资金实力，避免在供需极端不对称的情况下持续报价的中断。在当前试点阶段，对于用于做市的资金范围，应当严格限定为自有资金，避免受托管理的客户资金流入，承担不确定的风险。对于做市商自持超过一定比例的资产支持证券，为避免利益冲突，应当暂停做市。

（2）业务人员隔离，防范道德风险

参与做市的岗位人员应当和研究部门、交易部门相互独立，不得兼任。参与做市的岗位人员应当严格履行保密义务，不得利用做市业务信息为任何机构或个人谋取不当利益。

（3）加强风险防范机制建设

　　健全业务制度，配备必要的技术系统和人员，确保做市系统安全、建立全面、有效的风险防范及机制，制定风险预案，防范流动性风险、信用风险、系统性风险以及特殊事件风险等。从做市业务市场整体出发：

　　①积极鼓励对适当的产品进行做市尝试

　　从产品特点来看，交易量大，流动性相对较好的产品，可以缩短做市商持有的时间、减小资金占用及持券规模。价值波动性相对小的产品，做市商持有后能够较好地避免因价格波动而产生损失。在完全实现市场化发行的前提下，对于如个人住房贷款证券化产品等交易量较大、流动性相对较好的产品，应当认为属于较为适宜尝试进行做市的产品。对该类产品，监管机构应当积极鼓励符合做市商条件的金融机构开展做市尝试。

　　②引入更多的机构参与做市

　　做市商的数量越多，竞争性越强，各种约束力量就越是有力地限制单个做市商报价差额的偏离程度，因而差额越小。做市商为了获得更多的做市价差收入，相互之间进行竞争。竞争促使做市商千方百计地降低成本和利润，最终结果是逐渐缩小报价价差。而且拥有做市商数量越多的证券的交易越活跃，流动性越大，其中做市商的风险也就越小，作为风险补偿的差额也就越小。

　　③逐步建立评价及激励机制

　　当市场中做市商形成一定的规模后，应当将做市工作的关注点由做市商数量及关注做市成交量，逐渐向更加精细化的衡量做市效果进行转变。监管机构应当逐步形成系统的做市商评价和激励机制。对于双边报价价差、持续双边报价时间、响应速度、成交频次等方面的指标，在明确评价标准的同时应当制定适当的激励机制，用市场化的手段激励做市商，促进做市机构积极向监管层所引导的方向不断提升做市业务水平。如对于符合前述具体标准的做市机构给予一定的规费和税收减免，或以符合监管层做市商评价标准，作为参与某些业务的必备条件。

第二篇

重点领域专题

一、不良资产证券化专题

（一）不良资产证券化国际经验

随着近年来我国信贷市场信用风险的累积和爆发，处置银行表内不良资产重新成为金融机构和监管关注的焦点。其中，资产证券化作为一种市场化的不良资产处置工具在许多国家已经有了成功运作的经验。它不仅可以加快不良资产的处置回收，提高资产处置效益，而且能够促进金融创新，拓宽不良资产处置的多元化，丰富资本市场上的投资品种。

不良资产证券化作为阶段性化解不良贷款的重要手段，诞生于19世纪80年代末的美国。当时美国重组信托公司（Resolution Trust Corporation）为有效处理储贷系统积累的大量不良资产推出"N"计划，开启不良资产证券化先河。"N"计划中，RTC将主要包含商业不良（Non-performing）和次级（Sub-performing）抵押贷款的资产池转让给信托公司，由信托公司向私人部门投资者（Private Sector Investor）出售A级证券，同时RTC自身持有B级证券。A级证券持有者拥有信托资产预算制定以及用途规划的主要决定权，通过聘用专业管理机构（通常是A级证券投资者的合资伙伴）进行证券资产池的日常维护、清收等。过程中，信托公司通过RTC指定的承销商发行CMBS以增加资产池杠杆，故在现金流分配上，证券资产池的净现金流需首先偿还CMBS债务，随后按比例支付A级证券持有者及RTC。"N"计划中共包含6只交易，覆盖2 600笔贷款，入池资产面值为2.8亿美元，证券发行金额1.3亿美元，同时共975亿美元的CMBS债券因这6只N-Series交易而发行。

至1995年底解散，RTC不断尝试通过证券化的方式处置不良资产，总计完成NPAS项目72单。同时，FDIC也分别于1994年、1996年成功发行2单NPAS产品。这74单证券累计发行金额近440亿美元，处理不良贷款余额近5 000亿美元，对不良资产证券化所涉及的资产评估、资产管理、交易结构设计、债券评级等方面提供了丰富的技术与操作指引。

回顾美国不良资产证券化的历程，其成功主要归功于两大因素。

（1）政府参与及高效、灵活的立法系统。1989年，美国通过《金融机构改革、复兴和实施法案》，并依法设立RTC。随后，为了能让RTC可以利用证券化方式处理不良资产，美国国会专门于1991年通过对《证券法》的特殊修正案，并授予RTC在美国证券交易委员会的备案资格，使其可以经常性地发行证券。政府积极参与以及高效、灵活的立法体系为RTC创新性地运用资产证券化处理不良资产创造了良好的外部环境，并切实提高了不良资产的处置效率，提高了资产回收率。

（2）成熟的金融市场及创新的资产证券化技术。在相对成熟的金融市场环境下，完善、多元的投资人结构也为NPAS产品发展提供了良好的基础。RTC在得到政府有力扶持的同时，在微观层面使用了很多创新的信用增级技术，并开创了商业抵押贷款的证券化，使不良资产的处理更加市场化。

除美国以外，日本、韩国、意大利等国家也进行了丰富的不良资产证券化实践。其中，国际投行在日本不良资产证券化的进程中扮演了重要的角色。美国金融机构如所罗门兄弟、摩根、通用汽车等进入日本设立SPC，深度参与到财务顾问、承销、为政府的监管机构提供管理咨询或参与组建特设信托机构等多个环节，有效拓宽了海外投资机构的范围，同时为日本带来了较为先进、创新的NPAS技术，提高了不良资产的处置效率。韩国重视技术培训，为证券化工作的开展提供了很好的技术保障，同时在证券化过程中采用基础资产打折、超额担保、卖出期权、外部担保等多种方式对证券进行信用增级，充分利用境内外市场，引入包括北美洲、亚洲、欧洲等世界多地投资者，加快国内存量不良资产的消化进程。意大利为推进不良资产证券化进程，于1999年颁布《证券化法》允许银行在随后5年的时间中摊销与不良资产证券化有关的损失，大大减少了资产证券化对当年财务可能带来的负面影响。

（二）不良资产证券化在我国的发展

1. 不良资产证券化概述

银行业不良资产持续"双升"，寻求创新性不良处置渠道与方式的需求迫切。近年来，我国经济增速放缓，总体需求较为疲弱，实体经济的经营难度增大，企业信用质量整体下滑。从2014年第一季度以来，我国商业银行的不良贷款率和不良贷款余额持续攀升，截至2016年第一季度，不良资产证券重启前夕，商业银行不良贷款余额和不良贷款率分别达到12 744亿元和1.67%，双双居于2014年第一季度以来最高水平，预计我国经济将在一定时期内保持L形，信用风险持续酝酿并将进一步显现。不良资产的出现和累积，不仅导致银行的经营风险上升、利润水平下降，阻碍其自身的发展，而且关系到国民经济的正常运转。

在不良双升的背景下，商业银行除了在利用传统手段处置的同时，还需积极考虑拓展处置不良的渠道和方式，加速不良资产的处置，提高资产质量。不良资产证券化在我国并非第一次出现，早在2006年，在政策的催化下，重整资产证券化产品已经开始发行，2006—2008年共发行了4单产品，开启了我国不良资产证券化的先河。但是，随着国内银行业经营指标的持续改善及美国次贷危机引发全球市场对结构化产品"避之不及"的影响，2009年以后，我国不良资产证券化业务停摆。

2016年上半年，人民银行牵头各部委，出台重要文件，部署不良资产证券化重启工作。2016年2月，人民银行等八部委联合印发《关于金融支持工业稳增长调结构增效益的若干意见》，提出了"在审慎稳妥的前提下，选择少数符合条件的金融机构探索开展不良资产证券化试点"的意见，不良资产证券化的重启如约而至。与2006—2008年主要以国有资产公司发行不良资产证券化的格局不同，此次确定试点范围仅在大型商业银行中，首批试点是工行、建行、中行、农行、交行和招行6家银行，总额度500亿元。由于不良资产本身性质特殊，现金流回收情况的不确定性较大，基础资产的个性化程度较高，完善信息披露机制能更好地维护投资人合法权益，降低信息不对称，增加市场透明度。2016年4月，银行间市场交易商协会发布《不良贷款资产支持证券信息披露指引（试行）》及其配套的表格体系，为进一步推动不良资产证券化业务的高效、有序发展奠定了基础。

2017年不良资产证券化试点范围将进一步扩大。回顾重启阶段14单不良资产支持证券的成功发行，市场见证了运用证券化手段批量化、市场化处置不良资产取得的良好效果，见证了AMC、基金、海外投行等多方投资机构对不良资产支持证券不断提升的投资热情，见证了不良资产证券化产品不断成熟化、多元化的发展历程。为了继续遏制不良贷款的持续上升，2017年有望进一步扩大不良资产证券化试点范围，覆盖更多银行种类，持续助力我国银行业缓释存量不良资产的信用风险。

（1）我国不良贷款资产证券化主要方式

不良贷款资产证券化是指发起人从持有的不良贷款中抽取部分组成资产池转让给一个特殊目的载体（SPV），由该SPV以不良贷款资产池为抵押，以资产池未来产生的现金流为偿付来源发行资产支持证券的过程，其中包括SPV的成立、资产池的选择、信用增级措施、资产池估值、证券评级、证券定价、证券销售、后续管理等。

①运作模式分析

我国银行间市场的不良资产证券化主要基于所有权转让的不良资产证券化模式，在此模式下按发起人不同又有两种具体的操作模式。

模式一：2006—2008年，我国采取的主要模式为：商业银行将不良资产所有权批量转让给资产管理公司，并由资产管理公司主导不良资产证券化进程，商业银行不涉入入池资产的后续处置工作。资产管理公司作为发起机构，信托作为发行人，发行优先级和次级不良资产支持证券。

模式二：不良资产证券化重启试点阶段，主要采取的模式为：商业银行主导不良资产证券化工作，并负责入池资产的后续处置工作。商业银行直接作为发起机构、信托作为发行人，发行优先级和次级不良资产支持证券。

总体来看，模式一细化行业分工，促进了不良处置的专业化与系统化；模式二省去了银行与资产管理公司的批量转让环节，减少此环节大规模资产尽调所需的人力和物力成本，有助于实现处置效益的最大化。同时，作为资产持有人的银行，在整个产品生命周期参与度更高，有利于提高发起机构积极性以及资产后续处置工作的效率。

②入池资产类型分析

不良贷款资产证券化产品的基础资产为不良贷款，其未来现金流分布完全依赖不良贷款实际的处置回收情况，不确定性较大。按入池资产类型，可将不良贷款支持证券分为对公、个贷两大类。

其中，对公类不良贷款支持证券以对公不良贷款为基础资产，从重启试点阶段来看，证券入池资产笔数相对较少（500笔以下），资产池集中度相对较高；入池资产涉及信用、保证、抵质押等多种担保措施，但总体来看资产回收的主要来源是抵质押物的处置变现，借款人和保证人的回收贡献相对较小。个贷类不良贷款支持证券以信用卡、住房、汽车、小微贷款等零售类不良贷款作为基础资产，一般入池资产笔数相对较多（1 000笔以上），基础资产分散性较好；对于信用卡类不良贷款资产证券化，一般以历史回收表现为基础，结合基础资产池分布特性、未来宏观经济形势、贷款服务机构尽职能力等因素，评估基础资产池的回收价值及回收时间；对于涉及抵质押担保的其他零售类不良资产支持证券，一般对资产池采取抽样尽调、演绎推广的方式评估基础资产池的回收价值及回收时间。

目前我国对公类不良贷款约占总不良贷款余额的九成，未来国内宏观经济将继续秉承稳增长、调结构的主基调，随着供给侧改革的落地，去杠杆进程的推进，部分企业的经营基本面及信用水平将进一步承压，导致对公类不良贷款余额进一步上升。同时，个贷类不良资产一直缺少批量转让的有效措施，随着业务的发展不断累积难以消化。为了有效盘活现有存量，消化体系内的不良资产，资产证券化有望成为我国消化不良资产的主要手段之一。

（2）我国不良贷款资产证券化案例总结

我国开展不良资产证券化的时间最早可追溯至2003年，2006—2008年之间国有银行集中处置不良资产，助推以商业银行或资产管理公司为发起机构的不良资产证券化这一创新模式的高速发展。2006年12月18日，中国东方资产管理公司作为发起人、委托人和服务商在银行间市场发行了"东元2006-1优先级重整资产支持证券"，拉开我国不良贷款资产证券化的序幕。

表1　初期试点阶段我国不良资产证券化项目对比

项目名称	发行日	年限	贷款类别	贷款笔数	入池本金（亿元）	担保方式（%）	发行量	优先级/入池本金
信元2008-1	2008-12-26	5年	对公	1 632	95.5	抵押30.10；保证52.21；信用17.69；	48	20.96%
建元2008-1	2008-01-24	5年	对公	1 000	150.25	抵押45.12；保证53.00；信用1.88；	27.65	14.32%
信元2006-1	2006-12-18	5年	对公	7 619	210.37	抵押38.49；保证45.21；信用16.30；	48	14.26%
东元2006-1	2006-12-18	3年	对公	2 114	60.2	抵押38.50；保证48.75；信用12.75	10.5	11.63%

资料来源：中债资信根据公开资料整理。

2006年至2008年，我国银行间公募市场共发行4单不良资产支持证券，这4单证券优先级证券本息均已正常兑付，并且还款时间大约在1.5年，期限相对较短。2016年我国重启不良资产证券化后，我国信贷ABS市场累计发行14单不良资产支持证券，累计发行金额156.10亿元，累计处置银行信贷不良资产510.22亿元；其中，成功发行7单对公类不良资产证券化项目，发行金额79.82亿元，累计处置银行对公类信贷不良资产301.53亿元；7单个贷类不良资产证券化项目，发行金额76.28亿元，累计处置银行个贷类信贷不良资产208.69亿元，占总不良资产证券化处置金额的40.90%。

对公不良资产证券化迅猛而来，花开遍地。首批6家试点银行陆续开展了不良资产支持证券的发行工作，依次发行中誉2016-1、农盈2016-1、工元2016-1、建鑫2016-1、和萃2016-3、交诚2016-1、中誉2016-2。首批7单入池的基础不良资产本息余额共计301.53亿元，发行的证券规模为79.82亿元，其中，"农盈2016-1"基础资产未偿本息余额（107.27亿元）与证券的发行规模（30.64亿元）最大。各单产品仅设置优先级、次级两档证券，无次优级或夹层档。优先档证券的发行总金额为53.93亿元，在证券发行总量中的占比为67.56%，各评级机构授予各单项目优先级证券的级别均为AAAsf。次级档证券的发行金额总计25.89亿元，在证券发行总量中的占比为32.44%，未予评级。从发行的结果来看，投资者对首批对公不良产品总体上较为认可，各类机构参与竞价，认购踊跃。其中，优先档证券发行的利率较低，处于3.18%至4.50%。其中，交诚2016-1发行利率最低，票面利率为3.18%。次级档证券溢价发行的现象较为普遍，次级投资人对基础资产回收具有一定的信心。其中溢价率最高的为"中誉2016-2"，溢价率为12%。

重启初期，不良资产证券化创新不断。自首单信用卡类不良产品和萃2016-1问世以来，小微类、房贷类、个人抵押类不良贷款资产证券化产品相继问世，具体包括：信用卡类不良资产支持证券3单，分别为和萃2016-1、工元2016-2、建鑫2016-3；小微类不良资产支持证券2单，分别为和萃2016-2、和萃2016-4；住房抵押类不良资产支持证券1单，分别为建鑫2016-2；个人抵押类不良资产支持证券1单，工元2016-3。其中，除3单信用卡类不良资产支持证券的入池资产为100%纯信用贷款外，其余4单入池资产均为100%抵押贷款，抵押物类型包括住宅[①]以及商铺[②]两类，部分贷款涉及保证或质押担保。

从发行的结果来看，优先档证券发行的利率较低，处于3.00%至

---

① 住宅具体包括住宅、别墅、商住两用房等。

②商铺具体包括商铺、写字楼等。

4.40%，其中，和萃2016-1发行利率最低，票面利率为3.00%；次级档证券溢价发行的现象较为普遍，次级投资人对基础资产回收具有一定的信心，其中溢价率最高的为建鑫2016-2的次级档证券，溢价率为11%。

表2　2016年对公不良资产支持证券发行情况一览表

	中誉2016-1	农盈2016-1	工元2016-1	建鑫2016-1	和萃2016-3	交诚2016-1	中誉2016-2
发起机构	中国银行	农业银行	工商银行	建设银行	招商银行	交通银行	中国银行
发行日	2016-05-26	2016-07-29	2016-09-23	2016-09-23	2016-9-26	2016-11-08	2016-12-16
基础资产笔数	72	1 199	549	245	253	1 331	304
基础资产户数	42	204	138	81	119	147	119
未偿本息余额（万元）	125 382.67	1 072 668.27	452 149.49	244 553.30	236 245.75	568 889.75	315 395.01
发行总规模（万元）	30 100.00	306 400.00	107 700.00	70 200.00	64 300.00	158 000.00	61 540.43
优先档规模（万元）	23 478.00	206 200.00	66 372.00	46 400.00	40 000.00	115 000.00	41 847.49
优先档规模占比（%）	78.00	67.30	61.63	66.10	62.21	72.78	68.00
次级规模（万元）	6 622.00	100 200.00	41 328.00	23 800.00	24 300.00	43 000.00	19 692.94
次级规模占比（%）	22.00	32.70	38.37	33.90	37.79	27.22	32.00
优先档级别	AAAsf	AAAsf	AAAsf	AAAsf	AAAsf	AAAsf	AAAsf
发行利率（%）	3.42	3.48	3.19	3.30	3.29	3.18	4.50
次级发行价格	101.00	108.00	100.00	110.00	107.00	104.50	112.00
超额抵押比率[①]（倍）	4.17	3.50	4.20	3.48	3.67	3.60	5.13

资料来源：中债资信根据发行说明书整理。

---

① 超额抵押比率 = 贷款未偿本息总额/证券发行金额×100%，下同。

表3　2016年个贷不良资产支持证券发行情况一览表

	和萃2016-1	和萃2016-2	建鑫2016-2	建鑫2016-3	和萃2016-4	工元2016-2	工元2016-3
发起机构	招商银行	招商银行	建设银行	建设银行	招商银行	工商银行	工商银行
资产类型	信用卡类	小微类	住房抵押类	信用卡类	小微类	信用卡类	抵押类①
发行日	2016-05-26	2016-06-28	2016-09-23	2016-12-20	2016-12-20	2016-12-20	2016-12-22
基础资产笔数	60 007	1 193	7 980	122 157	1 440	152 598	9 512
基础资产户数	60 007	529	7 980	112 076	546	146 028	9 229
未偿本息余额（万元）	209 769.75	115 542.44	299 276.41	281 046.76	115 396.57	312 922.03	752 985.92
发行总规模（万元）	23 300.00	47 000.00	156 000.00	47 400.00	46 000.00	35 100.00	408 000.00
优先档规模（万元）	18 800.00	36 000.00	120 000.00	36 400.00	35 000.00	26 100.00	306 000.00
优先档规模占比（%）	80.69	76.60	76.92	76.79	76.09	74.36	75.00
次级规模（万元）	4 500.00	11 000.00	36 000.00	11 000.00	11 000.00	9 000.00	102 000.00
次级规模占比（%）	19.31	23.40	23.08	23.21	23.91	25.64	25.00
优先档级别	AAAsf	AAAsf	AAAsf	AAAsf	AAAsf	AAAsf	AAAsf
发行利率（%）	3.00	3.98	3.30	4.40	4.38	4.28	4.32
次级发行价格	100	102	111	109	106.8	104	109
超额抵押比率（倍）	9.00	2.46	1.92	5.92	2.51	8.92	1.85

资料来源：中债资信根据发行说明书整理。

（3）不良资产支持证券资产池估值结果对比与总结

从回收率上来看，担保方式与抵押物类型是影响资产值回收的主要因素。信用类个贷不良资产支持证券平均回收率为16.79%，对公不良资产支持证券平均回收率为37.90%，抵押类个贷不良资产支持证券②平均回收率为63.93%，证券回收率呈现：信用类个贷<对公类<抵押类个贷。这是因

---

① 入池资产类型具体包括：个人住房贷款、个人消费贷款、个人经营贷款。

② 此处统计的抵押类个贷不良支持证券包括和萃2016-2、建鑫2016-2、和萃2016-4、工元2016-3。

为信用类不良贷款只能依靠借款人自身的还款能力与还款意愿进行现金回收；对公类不良贷款除借款人本人外，能够依托保证人、抵/质押物等进行综合催收；抵押类个贷不良支持证券现阶段入池资产均享有100%的抵押担保，且抵押物均为住宅、商铺类不动产。如今房地产价格仍处于上升通道，此类抵押物相对对公类项目中占比较高的土地、厂房、机器设备、存货等与生产经营相关资产具有显著更好的流通变现能力，回收款能够覆盖更高的债权金额。

从回收时间分布来看，担保方式、处置手段与处置阶段是影响资产池回收金额时间分布的主要因素。信用类个贷不良资产支持证券基础资产回收金额的时间分布主要集中在第一年，回收金额呈现明显的逐期递减趋势。抵押类个贷不良资产支持证券与对公类不良资产支持证券基础资产回收金额的时间分布相似，呈现"橄榄形"，主要集中在第二、第三年；特别地，房屋抵押贷款不良资产支持证券由于其特殊的催收处置方式，5年后仍有部分可观的回收现金流，这是源于：我国住房抵押贷款的抵押物常为借款人的唯一住房，为保证住宅不被出售抵债借款人具有极强的还款意愿。考虑到借款人还款能力有限，无法在较短期内清偿全部拖欠账款，当借款人有一定的还款能力与较为稳定的还款表现后，催收机构一般选择与借款人重新商定，以等额本金/等额本息按月摊还的方式进行贷款催收。

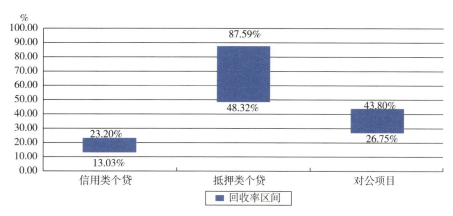

资料来源：中债资信根据评级报告整理。

图1　2016年各类不良资产支持证券项目回收率对比

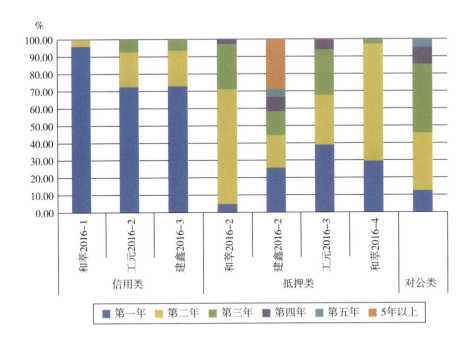

资料来源：中债资信根据评级报告整理。

图 2　2016年各类不良资产支持证券项目回收时间分布对比

2. 对公类不良资产支持证券基础资产估值思路与基础资产分布总结

一般而言，不良资产的回收主要有三个来源：借款人偿还、保证人代偿以及抵质押物变现。在业务开展过程中，信用评级机构采用现场尽调、实地访谈的方法，对入池的不良贷款的回收进行逐笔评估。中债资信参与了首批试点7单产品的尽调工作，对每笔不良资产回收率与回收时间进行了评估，基础资产的加权平均回收率为37.90%。

借款人方面，入池不良资产的借款人违约时主要处于停产和维持经营两种状态，主要采用破产清算的方式评估借款人回收率。根据借款人拥有的资产类型和变现能力，估算资产清收价值，剔除处置资产可能发生的各项费用、法定优先受偿债务等，确定借款人自身回收率。从已经发行的7单产品的入池基础资产的借款人来看，借款人多处于资不抵债的状态，核心资产基本对外抵押，存在的有效资产（不受限财产）以及能追索的财产线索很少。总体来看，借款自身的还款能力非常有限，综合7单项目情况来看，预计通过借款人回收的金额小于总体回收金额的10%。

保证人方面，综合考虑保证人自身经营状况、保证人与借款人之间的关系、保证金额、保证期限等因素，重点分析保证人代偿能力和代偿意愿，定量评估保证人回收率。在宏观经济下行期间，实体经济低迷，各企业间担保链断裂，入池不良资产中的保证人部分已经停产或者破产，该部分保证人完全无代偿能力，完全无回收；部分保证人处于勉强维持经营的状态，自身经营存在困难，该部分保证人基本无回收；另外，还有一部分保证人虽然自身正常经营，因对外担保额度过大，不愿履行代偿义务，甚至有些区域的行政机关为保护当地经济生态环境，干预保证人对不良贷款的代偿，这部分保证人的回收率很低。总体来看，入池不良资产中保证人对总体回收贡献非常有限，不到总回收的5%。

抵质押物方面，处置抵质押回收通常是不良资产回收的主要来源，因为抵质押物变现后，银行作为抵押权人具有优先受偿权的债权人优于一般债权人获得补偿。入池的抵质押贷款回收评估在抵质押物有效性进行判断基础上，然后预估快速变现价值，最终抵质押物清收价值。虽然抵质押物在实际处置过程中可以通过多种途径实现回收，但基于谨慎性与可操作性原则，通常假定通过法律诉讼途径变现。综合考虑抵质押物的类型、使用状态、位置、区域经济环境及市场流动性、司法环境及行政干预可能性、可能的处置费用及拍卖过程中流拍的可能性等因素进行判断。总体来看，房地产通用性较强，市场需求较稳定，流动性较好，更易于变现，同时容易获取从公开价格与类似的成交案例，该类抵押物回收价值易于判断，回收率较高；机械设备等抵押物由于通用性较差，同时考虑到使用年限及折现，处置难度较大，因此回收率较低。7单产品入池贷款中抵质押贷款占比高，且抵质押物以房地产为主，且抵押物所在地区经济相对发达，抵质押回收占总回收超过85%，对总回收的贡献大。

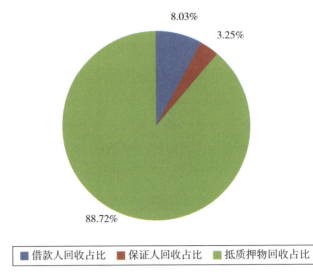

8.03%

3.25%

88.72%

■ 借款人回收占比　■ 保证人回收占比　■ 抵质押物回收占比

资料来源：中债资信根据相关资料整理。

图3　基础资产贷款回收率构成

不良资产的回收时间决定了证券未来的现金流入，对回收时间的评估也是不良资产评估的重要工作内容。不良资产的实际回收时间受多重因素的影响，需综合考虑回收现金来源、法律环境、违约后处置策略差异、抵质押物的处置难度、借款人的配合处置的程度、贷款服务机构的处置能力与尽职程度。

结合金融机构抵质押物处置实践经验，抵质押物的主要处置方式为诉讼拍卖，部分协议转让的情况也是在法院调解的过程中进行，因此抵质押物处置回收时间主要取决于法律诉讼进度。一般情况下，法律诉讼程序包括申请诉讼、送达、调解、保全、审判、执行等程序，全部程序耗时在2年左右。结合具体的不良资产评估试点的司法处置进程，进而推算出回收时间。借款人与保证人回收，借款人或者保证人若有明确的还款计划，具体分析还款人还款计划的可行性，确定回收时间；如果抵质押物价值不足以覆盖债务本息和向法院申请查封借款人、保证人的其他财产，认定借款人、保证人的其他资产与抵质押物资产处置时间一致。

发行7单产品入池不良资产大部分已经完成诉前保全，开始进入诉讼程序。资产主要位于法律环境较好的东部沿海地区，司法处置的效率较高。6家试点银行均是大型国有商业银行或股份制银行，具有丰富的资产保全与处置的经验，贷后管理能力较强。另外，交易结构中超额奖励回收服务费的激励机制，有利于增加贷款服务机构的尽职意愿。总体来看，入池不良资产的回收总体进程较快，回收主要集中在前三年。

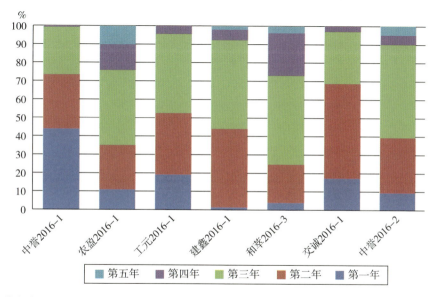

资料来源：中债资信根据相关资料整理。

图4　基础资产的回收时间分布

具体来看已发行7单项目的资产池分布特征：

（1）次级类贷款占比高，资产的风险级数较低

根据监管机构的要求，所有入池资产截至评估基准日均为不良类贷款，也就是商业银行贷款五级分类中的次级、可疑以及损失类贷款。根据商业银行贷款五级分类标准，次级贷款的预计损失率为30%～50%，可疑贷款的预计损失率为50%～75%，而损失贷款的预计损失率在75%～100%。综合7单产品情况来看，次级类贷款的未偿本息余额在总入池贷款中的占比为60.87%，比重较高，而损失类贷款的未偿本息余额占比

仅为3.47%，占比极低。从贷款五级分类的分布可以看出，此番重启后首批试点的首单，都挑选了质量相对较好的不良资产入池。可见各大行在积极响应政策的同时，为建立投资人信心、进一步扩大不良资产证券化市场做了充分的准备。

表4　入池不良贷款五级分类情况

	次级		可疑		损失	
	未偿本息余额（万元）	余额占比（%）	未偿本息余额（万元）	余额占比（%）	未偿本息余额（万元）	余额占比（%）
中誉2016-1	121 236.15	96.69	4 146.52	3.31	—	—
农盈2016-1	437 472.19	40.78	632 253.49	58.94	2 942.59	0.27
工元2016-1	329 670.49	72.91	122 479.01	27.09	—	—
建鑫2016-1	174 785.73	71.47	49 160.02	20.1	20 607.55	8.43
和萃2016-3	207 214.24	87.71	22 169.20	9.38	6 862.31	2.9
交诚2016-1	409 338.59	71.95	127 356.12	22.39	32 195.04	5.66
中誉2016-2	177 449.97	56.26	113 739.46	36.03	24 205.58	7.67
合　计	1 835 476.98	60.87	1 075 117.39	35.66	104 689.84	3.47

资料来源：中债资信根据发行说明书整理。

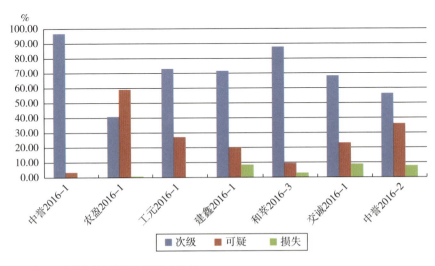

资料来源：中债资信根据发行说明书整理。

图5　入池不良基础资产五级分类

（2）入池抵质押贷款占比高

已经发行的7单产品基础资产中信用贷款与纯保证担保贷款较少，抵质押贷款占比高。7单产品抵质押贷款未偿本息余额平均占比为84.19%，处于较高水平，其中，"建鑫2016-1"基础资产抵质押贷款未偿本息占比最高，高达96.35%。抵押物类型以房产与土地为主，房地产中主要包括了住房、商业房地产、工业厂房及其他类型的房产。在我国，房地产和土地的市场需求较为稳定，其价值相对稳定，易于变现，处置难度小，这类抵质押物变现将为资产池提供相对可靠的回收来源。

另外，入池的抵质押贷款的初始抵押率普遍较高，除了"中誉2016-1"以外，其他5单产品的初始抵押率均高于100%。抵押率大于1意味着抵押物的初始评估价值小于贷款的发放金额，存在一定的风险敞口。若抵押物的市场价格下降或因折旧而导致价值下降，则风险敞口将进一步扩大，贷款的损失程度将进一步加深。

表5　入池基础资产抵质押贷款情况

	中誉2016-1	农盈2016-1	工元2016-1	建鑫2016-1	和萃2016-3	交诚2016-1	中誉2016-1
抵质押物初始评估价值（万元）	25 922.19	1 455 729.96	445 544.42	260 368.55	286 988.05	505 019.52	76 685.63
基础资产抵质押贷款未偿本息占比（按笔统计）	90.66%	77.92%	77.80%	96.35%	73.77%	95.26%	90.89%
加权平均贷款初始抵押率[①]	55.46%	178.41%	135.25%	111.51%	160.77%	190.74%	682.76%[②]

资料来源：中债资信根据发行说明书整理。

（3）入池不良资产的地区与行业分布集中

从地区分布来看，首批试点的9单产品基础资产来自18个地区，主要集中在浙江、江苏、山东三个省份，其中浙江地区总体入池的不良资产的未偿

[①] 加权平均贷款初始抵押率$=\sum_{i=1}^{n}p_i*LTV_i/\sum_{i=1}^{n}p_i*l_i$

[②] 加权平均贷款初始抵押率$=\sum_{i=1}^{n}p_i*LTV_i/\sum_{i=1}^{n}p_il_i$，其中$p_i$为每笔贷款本息余额，$LTV_i$为每户贷款初始抵押率。

本息余额为138.56亿元，金额占比高达45.95%。结合银监会公布的各地商业银行不良贷款率的数据，可以看出入池资产主要来源于不良贷款率较高的几个东部沿海地区，截至2015年底，浙江、江苏、山东地区商业银行不良贷款率分别为2.50%、1.55%、2.32%，不良贷款率分别居全国第三位、第二十位与第五位[1]。虽然入池资产的地区集中度较高，增加了资产处置的难度，从而对资产池的回收水平造成负面影响，但这些地区市场经济较发达，交易活跃，司法环境相对较好，有利于不良资产的处置与回收。

从行业分布来看，入池不良资产涉及34个中债二级行业，其中耐用消费品与服装、贸易公司与经销商行业入池资产的未偿本息余额占比较高，分别为18.13%、18.38%。由于世界经济复苏缓慢、国内步入经济新常态，耐用消费品与服装、贸易公司与经销商这两个行业首当其冲，信用品质下降，这两个行业受到内外需求下滑、价格波动风险加剧、产业链上下游资金占用加大以及外部融资环境恶化等不利因素的限制，行业的信用品质仍持续处于较差水平，未来依靠借款人自身经营改善偿还贷款本息的可能性较小。

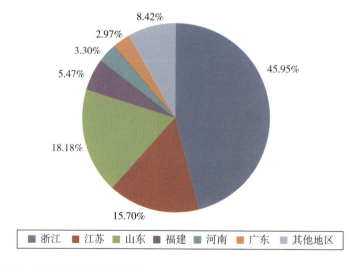

资料来源：中债资信根据发行说明书整理。

图6　入池不良资产的地区分布

---

[1] 中债资信根据Wind数据整理。

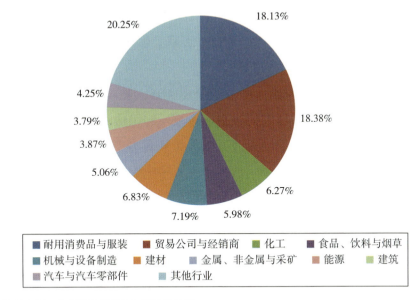

资料来源：中债资信根据发行说明书整理。

图7 入池不良资产的行业分布

3. 个贷类不良支持证券基础资产估值思路及基础资产分布分析

在个人不良贷款的估值中，借款人、保证人回收情况主要依靠静态池数据分析。中债资信以静态样本池的历史回收表现为基础综合考虑静态样本池与基础资产的差异，以及未来经济形势变化、贷款服务机构尽职能力和基础资产池的自身特征等可能对基础资产信用表现产生影响的因素，来对静态样本池的统计特征进行调整，从而得到基础资产池的回收分布情况。中债资信对三单信用卡不良项目进行估值分析发现，影响信用卡不良贷款项目回收金额的离散变量因素包括地区、职业、学历、婚姻等；连续变量因素包括年龄、收入、贷款额度等。对于抵质押物处置回收情况的分析，中债资信依据重要性和随机性的原则抽取样本，进行现场尽调，评估回收情况，同时根据抽样样本的尽调和估值信息，结合发起机构提供的历史回收数据信息，建立估值模型，对非抽样资产的回收率和回收时间情况逐笔进行评价。通过对4单抵押类不良个贷分析发现，影响抵质押物回收金额的因素包括抵押物类型、面积、使用状态、位置、区域经济环境及市场流动性、当地司法环境等，影响回收时间主要为司法诉讼进度。

具体来看7单个人类不良资产支持证券基础资产的分布特征：

（1）五级分类分布

我国商业银行个人贷款主要按照逾期天数、担保方式与风险特征进行五级分类划分。不良贷款的构成占比以及发起机构的入池选择，使得当前个贷类不良资产证券化基础资产五级分类具有明显的产品类型特征：信用类主要集中在可疑、损失类，抵押类主要集中于次级、可疑类。具体而言，共有3家银行成功发行信用类不良资产支持证券共3单，累计处理信用类不良资产80.37亿元，其中损失类贷款余额占比57.02%，可见资产证券化为信用类个人不良贷款的消化创造了快速有效的手段和途径，为银行盘活存量、减少资本占用率产生了积极的效果；共有3家银行成功发行抵押类不良资产支持证券共4单，累计处理不良资产128.32亿元，其中次级、可疑类贷款余额占比93.74%。相对信用类，商业银行存量抵押类不良贷款中损失类贷款占比相对较少，且相应处置阶段接近尾声、回收金额确定性较高，证券化意义不明显。同时，在不良资产证券化重启初期，各发起银行注意投资环境的改善，选取回收空间较大的贷款入池帮助树立投资者对证券按期正常兑付的信心，为进一步打开不良资产证券化市场处理银行不良资产做准备。

资料来源：中债资信根据发行说明书整理。

图8　入池不良基础资产五级分类

（2）加权平均逾期期限

信用卡类不良资产的回收率，从横向对比来看，受不同的战略重点、风控政策的影响，不同发起机构信用卡不良资产的总回收率有所差异；从纵向对比来看，在不良资产的"冰棒效应"下信用卡不良资产的条件回收率[1]随着资产逾期期限增长而逐渐降低。

表6　信用卡项目逾期期限与回收率表

项目名称	加权平均逾期期限	入池贷款加权平均毛回收率[2]
和萃2016-1	9.23	14.15%
建鑫2016-3	9.34	23.20%
工元2016-2	10.50	13.03%

资料来源：中债资信根据评级报告整理。

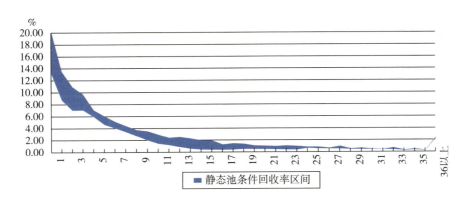

资料来源：中债资信根据评级报告整理。

图9　信用卡不良项目静态池条件回收率分布区间[3]

（3）贷款余额分布

从贷款余额分布区间上来看，信用类个人不良贷款余额集中于10万元

---

[1]条件回收率指从某一时点后一个月的回收金额占该时点未偿本息费的比率。

[2]未扣除催收费用。

[3]此图为已发行三单项目发起机构的静态池表现情况。其中，"36以上"的回收率=逾期时间等于或大于36期后的回收总额/逾期36期末未偿本息费。

以下，抵押类个人不良贷款余额相对较大，且分布的区间与具体入池资产基础类型较为相关。从回收率与贷款余额之间联系来看，信用类与抵押类个贷均表现出贷款余额与回收率之间存在一定的负相关关系。

对于信用类个贷：拖欠余额较高的贷款主要源于恶意拖欠或超出借款人实际偿还能力。不良贷款唯一的回收来源为借款人，催收机构难以依靠其他途径实现弥补贷款损失。贷款拖欠余额越高，对借款人施加的还款压力越大，拥有相应还款能力的借款人越少，面对超过自身承受能力的欠款，借款人的还款意愿受到打击，进一步影响相应贷款的回收率。故对信用类个贷而言，不良余额与回收率之间呈现一定的负相关关系。

对于抵押类个贷，主要体现在两个方面：从贷款类型来看，贷款余额较高的一般为经营类贷款，此类贷款加权平均贷款初始LTV[①]较高，抵押物清收价值对贷款余额的覆盖程度相对较差；而住房贷款相对贷款余额较低，此类贷款加权平均初始LTV较低，抵押物清收价值对贷款余额的覆盖程度相对较高。从抵押物流动性来看，余额较高的贷款一般对应的抵押物价值较高，且主要集中于商铺或者大面积住宅，这类抵押物流动性相对较差，在清收过程中折价相对较多。从而抵押类个贷项目抵押物折价率与贷款余额呈现一定的正相关关系，进而导致余额高的贷款对应的抵押物折价率较高而回收率较低。

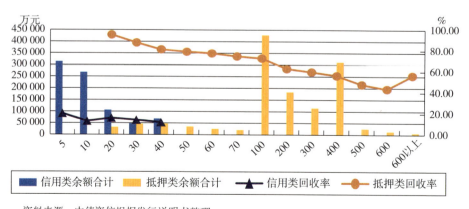

资料来源：中债资信根据发行说明书整理。

图10　个贷不良项目余额分布情况

[①] 初始LTV指的是每笔贷款发放日贷款价值与抵押物评估价值的比值。

表7　抵押类项目余额与初始抵押率表

项目名称	基础资产类型	余额集中区间（万元）	余额算数平均值（万元）	加权平均初始LTV（%）	回收率（%）
建鑫2016-2	房贷	[0,70]	37.50	67.26	87.59
和萃2016-2	小微贷	[0,600]	96.85	130.84	52.94
和萃2016-4	小微贷	[0,600]	80.14	132.82	48.32
工元2016-3	个人抵押贷	[0,400]	79.16	176.40	66.89

资料来源：中债资信根据发行说明书整理。

（4）借款人年龄分布（主要针对信用类不良资产支持证券）

通过对信用卡不良贷款静态池的历史还款分析，对于信用卡不良贷款项目而言，借款人年龄是影响贷款回收的一个重要因素，可以发现随着借款人年龄上升，回收率呈现一定的下降趋势。

一方面，从借款人还款能力来看，30～50岁的借款人多处于职业及收入的上升期，家庭状况较为稳定，还款能力与还款意愿相对较强；但50岁以后的借款人面临退休、失业后难就业等情况，导致其还款能力逐步减弱，相应贷款回收率降低；而对于30岁以下的年轻人还款来源除了自身收入以外，工作稳定且有一定积蓄的父辈也是其隐性担保人，对贷款回收有一定的促进作用。

同时，借款人收入水平直接影响到贷款发放金额：30岁以下借款人不良贷款的拖欠金额显著低于30岁以上的借款人。30岁以下借款人步入职场时间相对较短，正处于累积自有资产的初期阶段，获得的银行信用额度较少，进而在贷款不良阶段体现的拖欠余额较低。根据前文提到的贷款余额对回收率的影响分析，这部分借款人在不良贷款回收阶段的表现较好有一定的合理性。

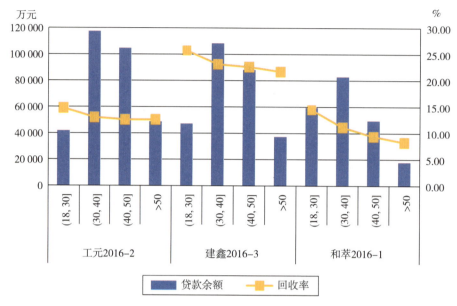

资料来源：中债资信根据评级报告整理。

图11　信用卡不良贷款年龄分类情况

（5）地区分布

对于信用类不良贷款而言，各城市施行的差异化放贷、风控细则与当地的信用、法律环境综合作用，导致不同银行在不同城市间的回收率不尽相似。中债资信通过挖掘各发起机构静态池数据，得到一定验证：运用统计分析方法，以地区为维度对回收率进行聚类分析，部分城市的回收率呈现较高的相似性，而部分呈现显著差异。但由于信贷、风控细则以及地方信用、法律环境与一、二、三线城市划分的考核要素有所差异，故各类城市回收率之间并未出现一个明显的分水岭。

对于抵押类不良贷款而言，现阶段回收金额主要由抵押物清收价值决定。从抵质押物的市场价值与快速变现的折价程度来看，一、二、三线城市呈现逐级递减的特征。特别地，现阶段我国仍处于房地产市场上升阶段，2015年一线城市住房价格持续上涨，变现能力较强，对未偿本息的覆盖程度较高。因此同一项目入池贷款在一、二、三线城市的回收率逐级递减。

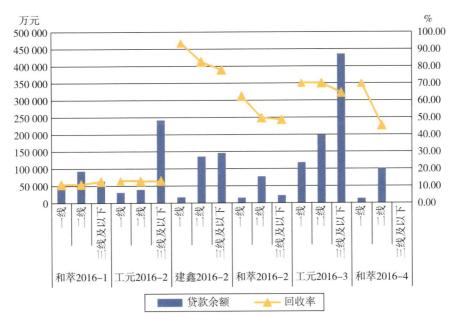

资料来源：中债资信根据评级报告整理。

图12　个贷不良项目地区分布

（6）抵押物类型分布（主要针对抵押类不良资产支持证券）

入池资产中以住房为抵押物的贷款占比越高，总回收率越高。对于抵押类不良资产支持证券，抵押物的清收价值是决定资产池回收金额的关键。当前我国经济尚处于结构性转型、结构化调整周期，个体经营盈利空间较为狭窄，导致商铺流动性相对住宅较低，清收折价更高；同时，受我国政策影响，近几年部分地区部分住房首付比例要求有所增长，住房贷款初始贷款价值显著低于经营性贷款。故总体而言，住房类抵押物对贷款的覆盖程度较高。

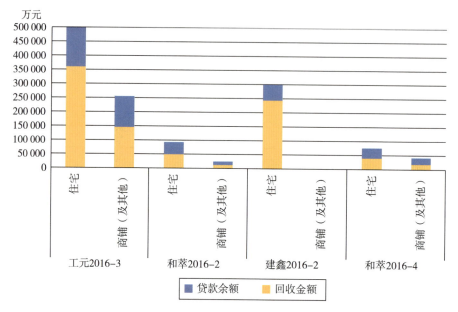

资料来源：中债资信根据评级报告整理。

图13　不良贷款抵押物类型分布情况

（7）诉讼状态分布（主要针对抵押类不良资产支持证券）

诉讼状态对不良资产支持证券现金流的影响主要体现在时间分布上。现阶段，绝大部分证券化抵押类贷款依靠法律诉讼、拍卖处置的方式实现现金回收，故入池贷款所处的诉讼阶段、抵押物当地的法律环境直接影响到资产池现金流入的时间分布。从催收机构历史的催收经验来看，抵押类贷款的主要回收时间集中在启动诉讼后的第2~3年。中债资信诉讼阶段分为5个关键节点，其中和萃2016-2以及和萃2016-4入池贷款主要集中在已起诉未判决和已判决未执行阶段，相对处置进程较快，故从资产池现金流主要集中于封包后的第二年，相对其他抵押类不良资产证券化项目较早。

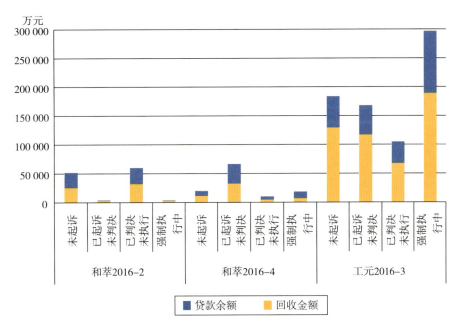

资料来源：中债资信根据评级报告整理。

图14　不良贷款诉讼状态分类情况

4.不良资产支持证券交易结构特征分析

重启试点初期，已发行的14单不良资产支持证券均采用相同的发行模式，即由商业银行发起、设立不良资产证券化信托，采用过手型支付、优先/次级两档分层结构向银行间市场合格投资者发行不良资产支持证券，并由发起机构同时担任资产服务机构，根据信托合同的约定负责资产池现金回收。在证券交易结构的具体细节上，已经发行的7单个贷类不良资产支持证券针对自身项目特点进行一定的特殊设置，具体体现在以下四个方面。

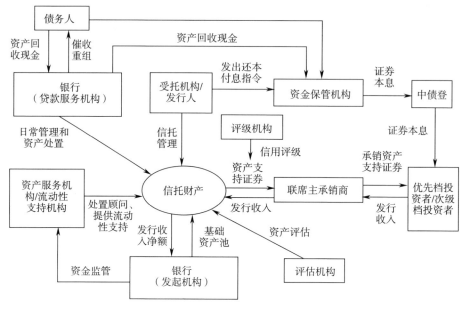

资料来源：中债资信根据评级报告整理。

图15 不良资产证券化交易结构

（1）支付方式

从证券的支付类型来看，14单产品对应的14只优先级证券均采用过手型支付。不良资产证券的偿付完全依赖基础资产的回收，而不良资产的回收率与回收时间受到借款人还款意愿、司法环境、贷款服务机构尽责程度等多重因素影响，具有较高的不确定性，采用过手型支付更为合适。

（2）分层结构

从产品结构上看，14单产品均采用优先级与次级两层的结构设计，没有中间档或夹层档，分层结构较为简单。与正常类资产证券化产品不同，不良资产回收率与回收时间的不确定性较高，另外考虑到试点的初期阶段，发起机构及投资人经验不足，认知有限，简单的结构设计更易于接受。随着试点的深入，参与机构的产品设计能力进一步提升，产品有望实现进一步的复杂化与精细化。

（3）期限设置

2016年发行的14单不良资产支持证券优先档级别均为AAAsf，对公类不良资产支持证券基础资产构成基本类似，优先级预期存续期限集中在2~3年；而个贷不良项目优先档最短预期存续期限为0.51年，最长为3.50年，这是由于基础资产类型丰富，对应的担保方式与催收方案各有特色，导致回收时间差异较大。

在法定到期期限设置上，对公类、抵押类个人不良资产支持证券约定的法定到期日均为5年，但信用卡不良贷款因其催收回款主要集中在前期，有效催收时间较短，法定到期期限设置为4年。

（4）费用设置

不良资产证券化相比于常规资产证券化而言，资产池需要支付更多的处置费用，即在回收不良资产过程中存在的催收、诉讼等费用。目前，银行对信用卡类不良贷款一般采用外包催收，而对于涉及抵押担保类的不良贷款一般采用法律诉讼、依法拍卖或者贷款重组等方式实现现金回收。从各单不良资产支持证券的访谈情况来看，主要呈现以下两个特点：普遍而言，受益于品牌、规模效应，四大国有商业银行较股份制商业银行催收费用相对较低。其次，信用类个人不良贷款处置费用高于抵押类个人不良贷款，高于对公类不良贷款。对公类不良贷款催收费率基本集中在5%以下；抵押类个人不良贷款的催收费率主要集中在5%~10%；信用类个人不良贷款处置费用与处置阶段极为相关，贷款逾期时间越长，相应催收难度越大，处置费率从回收金额10%逐渐上升到50%左右。

现阶段，不良资产证券化中的处置费用均由贷款服务机构先行垫付，并之后在信托财产中支付给贷款服务机构。对于个贷类不良资产证券化，相对较高的处置费用将分摊资产池更多的现金流入。为了在一定程度上增强回收现金对优先档证券的支持力度，现阶段一般采用以下两种分配方式。

第一种，为处置费用单独设置一级信托账户，处置费用在现金流入转至信托分配账户前获得偿付，通过设置费用上限的形式控制优先支付的比例。

如已发行的7单个贷类不良资产支持证券中，工元2016-2和工元2016-3采用此方式，并将处置费用上限设置为现金收入的3%，剩余部分于信托终止后支付。

第二种，不单独设置处置费用账户，而结合实际资产池现金流分布情况，将处置费用按一定比例分布于优先档利息前/优先档本金前/优先档本金后进行支付。除工行发行的2单个贷类不良资产支持证券外，其余5单项目均采用此设置方式。

（5）激励设置

由于不良资产的回收具有很大的不确定性，因此现金流入与贷款服务机构的尽责能力有着密切的联系，特别是在回收金额超过了发行规模之后，很可能贷款服务机构是没有动力去继续催收处置这些不良资产，因此设置超额奖励服务费对于促使贷款服务机构尽职催收是十分必要的，14单项目均设置有超额奖励服务费，一般设置为足额偿付次级投资者固定资本成本或一定收益后，剩余资金的一定比例作为超额奖励服务费。

（6）风险缓释措施

不良资产支持证券面临的风险主要是流动性风险和交易结构风险两方面。由于不良资产的回收金额以及回收时间具有较高的不确定性，首先，14单产品均采用了优先级/次级的增信措施，劣后于优先级证券本金支付的次级证券本金、利息及固定资金成本和超额奖励服务费等为优先级证券提供了一定的信用支持。此外，14单产品均设置了内部流动性储备账户，对公类7单项目、个贷类项目中5单项目设置了外部机构流动性支持以缓释流动性风险。

不良资产支持证券的内部流动性储备设置基本一致，在违约事件发生前，信托回收款在支付完优先档资产支持证券的利息后，转入一定金额至流动性储备账户，使该账户余额不少于必备流动性储备金额[1]。若在信托

---

[1] 一般而言，必备的流动性储备金额为下一期优先档证券所应支付的税收及规费、支付代理机构费用、优先支出上限内的费用、中介机构费用及优先档证券利息的总和的一定倍数。

分配日可分配现金账户的资金不足以支付优先档资产支持证券当期应付利息时，则流动性储备金转入可分配现金账户补足短缺金额。内部流动性储备账户通过提前储备的方式，平滑了整个资产流入端的现金流，有利于降低因信托收款期回收现金不足而产生的流动风险。

信用卡项目由于资产笔数多，还款时间也比较分散，相对而言与对公不良资产证券化项目和房贷、小微贷款不良资产证券化项目相比现金流入会更加平滑，因此三单信用卡项目中仅有一单设置有流动性支持机构。而房贷、小微贷款均设置有流动性支持机构，其中工元2016-3期引入了独立于交易的流动性支持机构，而其余几单均由次级投资者担任流动性支持机构。

5. 重启14单不良资产支持证券发行结果对比

（1）与对公类NPAS项目发行情况的对比

在同时期相似期限的情况下，个贷不良支持证券和对公不良资产支持证券的优先档利率无明显差异。同时，次级档证券溢价发行的现象均较为普遍，均仅有一单次级档平价发行。次级档的溢价发行，体现了次级投资者对资产良好回收的一定信心，与现阶段参与的次级投资者主要为资产管理公司、私募基金，这些机构多具备一定不良资产处置或投资经验，且在项目初期全程参与资产池尽职调查，对项目基础资产比较了解较为相关。

表8　2016年个贷不良资产支持证券发行价格一览表

项目名称	项目成立日	优先档级别	优先档期限（年）	优先档利率（%）	次级档期限（年）	次级档发行价格
和萃2016-1	2016/5/31	AAAsf	0.66	3.00	1.99	100
和萃2016-2	2016/6/29	AAAsf	2.58	3.98	4.58	102
建鑫2016-2	2016/9/27	AAAsf	3.50	3.30	5.00	111
建鑫2016-3	2016/12/22	AAAsf	0.51	4.40	2.01	109
和萃2016-4	2016/12/22	AAAsf	2.59	4.38	4.59	106.8
工元2016-2	2016/12/22	AAAsf	1.01	4.28	3.01	104
工元2016-3	2016/12/23	AAAsf	2.51	4.32	5.01	109

资料来源：根据Wind资讯和评级报告整理。

表9　2016年对公不良资产支持证券发行价格一览表

项目名称	项目成立日	优先档级别	优先档期限	优先档利率（％）	次级档期限	次级档发行价格
中誉2016-1	2016/5/27	AAAsf	2.83	3.42	4.83	101
农盈2016-1	2016/8/3	AAAsf	2.98	3.48	4.98	108
建鑫2016-1	2016/9/30	AAAsf	2.01	3.30	4.51	110
工元2016-1	2016/9/27	AAAsf	1.49	3.19	2.49	100
和萃2016-3	2016/9/28	AAAsf	2.33	3.29	4.33	107
交诚2016-1	2016/11/15	AAAsf	2.69	3.18	4.7	104.5
中誉2016-2	2016/12/21	AAAsf	2.1	4.50	4.6	112

资料来源：根据Wind资讯和评级报告整理。

（2）与常规类信贷ABS项目发行利率对比

不良项目与普通ABS项目对比，优先档证券利率相对较高，新产品溢价仍然存在。从优先档构成来看，不良资产支持证券优先档的投资者主要为银行、基金、保险等金融机构，与常规类信贷ABS项目优先档投资者构成较为类似。

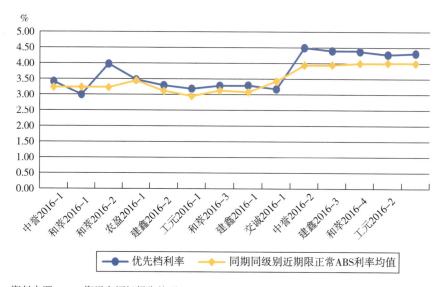

资料来源：wind资讯和评级报告整理。

图16　个贷不良与普通资产证券化项目利率对比

6. 现阶段不良资产证券化的特点

商业银行处置不良资产时通常用到三种手段和方式：清收、核销、对外转让。清收主要依靠自身的运作，进行催收、依法收贷和重组等，需要一定的时间和流程。同时，依靠银行自身清收的不良资产仍停留在银行的资产负债表内，根据监管要求，按不良资产的规模进行贷款损失准备金的计提，此举将占用一定的资本金；同时，不良资产作为存量资产的一部分，不仅不能给银行带来利润，同时占用银行在对公业务的授信空间，不利于银行通过自身周转完成资产结构的调整。据五大行2016年的半年报显示，工行、农行、中行、建行、交行的拨备覆盖率分别为143.02%、177.72%、155.10%、151.63%、150.45%。而根据银监会的《商业银行贷款损失准备管理办法》，商业银行的拨备覆盖率标准为150%。目前工行已跌落至监管标准以下，而其他四大行全部紧逼监管红线。不良资产的快速消化和出表，已经成为了商业银行最迫切的需求。

核销主要是指商业银行对认定损失的贷款进行减值准备核销，不仅审批的流程长而烦琐，也会直接对利润造成一定程度的冲击。五大行的半年报显示，2016年上半年，工行按照IFRS实现拨备前利润2 395亿元，比上年同期增长1.2%，在计提444亿元拨备后，实现净利润1 507亿元，比上年同期增长0.8%；农行实现净利润1 050.51亿元，较上年同期增加4.87亿元，增长0.5%。银行业整体利润增速放缓，依靠核销消化不良资产的资源和空间也相应降低。

在对外转让方面，商业银行会用到批量转让和委托处置，比较创新的手段包括不良资产证券化以及不良资产收益权的转让。商业银行依照《金融企业不良资产批量转让管理办法》将资产打包至一定规模后卖断给国有或地方资产管理公司，由后者进行不良资产的清收，并将超出转让价格和财务成本的部分认定为自身的经营利润。委托转让则是由资产管理公司代理清收工作，根据回收情况收取费用，不良资产的债权及附属权益没有实际转让。

不良资产证券化是一种综合清收、核销和对外转让三种手段的途径，以时间换空间，将不良资产进行证券化，同时设置超额奖励服务费的机制，在迫切解决风险问题的同时，提高资产处置效率，将发起机构和投资者的利益紧密结合，共享不良资产市场的利润。发起机构在转让资产的同时，完成资产的减值损失。在发行后，发起机构作为贷款服务商，继续完成不良贷款的清收，银行作为贷款服务机构在不良资产的回收手段和处置效率上均优于批量转让。最后，在资产池支付完各项费用、证券本金、利息及资金成本后，若仍有剩余，将提取一定比例作为超额奖励服务费，能在一定程度上降低减值损失的净值。

（1）不良资产证券化的优势

与银行常规的处置手段相比，不良资产证券化有以下几个优势：

①显著优化财务数据，降低经营成本

目前14单产品共计处置不良贷款510.22亿元，不良资产证券化一次性地大规模出表，能直观降低银行的不良贷款率，改善银行的资本充足率和拨备覆盖率，腾挪被不良资产占用的准备金和授信空间，发展优质增量资产达到调节表内资产结构的目标。

以"农盈2016-1"不良资产支持证券为例，该单产品的基础资产的未偿本金余额为107.27亿元，截至2016年6月30日，农行的不良贷款率为2.4%，不良贷款总额为2 253.89亿元，对公贷款的不良贷款总额为1 863.26亿元，通过"农盈2016-1"一单出表的对公不良贷款占全行对公不良贷款的5.76%，全行不良贷款率能直接降低10个bp左右。从直观的业绩考察，证券化的优势比较明显。

②处置手段和资源更加丰富

资产管理公司在管理和处置不良资产时，往往受到一些客观条件的限制，例如借款人的配合意愿较低，或者因为自身团队的限制，只能选取部分资产进行精细的运作。而银行作为资产服务商能突破以上的限制。首先服务商同为贷款的发放机构，在贷款的授信、维护周期内都有一定的跟踪，对于不良资产自身的情况、当地经济的状况有着比较深入的了解，在制定清收方案时能够更好地贴合个体情况以及市场环境。其次，银行集中掌握着金融资源，具有较强的社会地位，能够协调到有利于自身的资源，从而提高处置的效率和回收水平。最后，银行配备有较强的处置清收团队，能够为更多的资产进行服务，同时对处置进展和回收情况进行公开披露，规避了类似"沧海遗珠"的情形。

③投资者受众更广，议价能力提高

在批量转让时，投资者受众群体仅为国有资产管理公司和地方省级资管公司，投资者范围较小。但是不良资产证券化是在银行间市场公募发行，面对态度中立的中介服务机构和更加广泛的投资者，在定价方面具有更多的优势。银行不仅可面向各类银行间市场参与者发售优先级证券，其次级证券投资者也可面临更多的选择——包括资产管理公司、基金、信托等。

现阶段，各单已发行对公类项目的次级投资者仍以国有资产管理公司为主，一方面是期望资产管理公司能够担当资产服务顾问的角色，达到更好的清收效果，另一方面是国有资产管理公司有能力为交易提供一定的流动性支持或者其他方式的增信。在未来，待市场更加成熟、服务商的尽职经验更加丰富以后，有望看到更多类型的机构投资者参与到次级证券的竞价和认购，从需求侧推动不良资产证券化市场的发展。

④超额服务费的机制，为发起机构保留剩余价值分配的权利，激励发起机构的尽职意愿

与传统批量转让最大的不同在于，不良资产证券化通过交易结构的安排，能够在超出预期的回收金额中保留发起机构对剩余价值进行分配的权利，从而增加了发起机构的发行动力和尽职意愿。发起机构迫于出表的现实需求，可能将现阶段价值不高的资产在当前的市场环境下卖断，但该机制使得在未来资产价值回升后，处理在批量转让中可能出现贱卖未来的收益。

⑤ 次级投资者通过较少的资金实现可观的收益率

由于银行在做批量转让业务时，一般将较好与较差的资产放入同一个资产包，以便争取到一个有利的价格。资产管理公司承接的资产包中，并不是所有资产都能达到目标水平的收益率，只有依靠运作其中较好的资产以弥补较差资产拉低的收益率或带来的损失。因此，投资批量转让的不良资产包，需要较大的资金量，整体的收益率才能达到预期水平。而不良资产证券化的次级证券是一种高风险、高收益的投资标的，给资产管理公司提供一种全新的投资不良资产的渠道。由于资产包产生的现金流会优先切割给优先级证券持有人，次级投资人在承受着劣后受偿的高风险下，能以更少的资金达到与不良资产包同等的预期收益水平。该类投资标的能够降低资产管理公司的资产组合集中度，提高资金的使用效率。

⑥能一定程度上规避操作风险带来的国有资产流失

不良资产证券化的定价环节涉及多个投资者和中介服务机构，包括资产评估机构、评级机构、优先级次级投资人。多家机构一起参与在一定程度上保证了转让价格的公允，规避了操作风险带来的国有资产流失。

⑦公开市场发行与信息披露，为不良资产的处置提供了一定的数据和经验的积累

2016年4月，银行间交易商协会发布《不良贷款资产支持证券信息披露指引（试行）》，重启后的不良贷款资产支持证券的发行均按照该指引的要求进行信息披露，指引中，不仅对入池资产的初始状态及特征有着逐笔的充分披露和说明，同时在证券存续期内，受托报告应持续披露不良贷款的处置状态分布、处置中以及本期处置完毕的贷款情况。这种持续而全面的信息披露机制，为数据积累提供了基本的前提和保障。

（2）现阶段不良资产证券化仍然面临的问题

在商业银行不良资产的压力之下，资产证券化将逐渐成为我国商业银行处置不良贷款的常规手段，进一步改善不良资产处置效率、提高不良资产流动性以及优化不良资产结构，而个贷不良资产势必乘其浪潮，成为许

多将要发行的资产证券化项目的基础资产。而我国仍处在不良资产证券化试点的初期阶段，在4个关键问题上面临一系列挑战。

一是数据积累尚且不足。不良资产实际清收情况受到政策调整、宏观调控、经济周期、国际经济等多方面因素的影响，具有显著的周期性特征。目前国内对完整经济周期下各类不良资产回收情况的数据积累尚且不足，无法依托历史数据推演最大压力情景下各地区、各行业、各机构形成的不良资产的风险暴露程度，为不良资产的估值和定价以及最终证券端评级分层带来很大挑战。特别地，信用类个贷不良资产证券化的估值极大程度地依赖于静态池的分析，这对我国银行业系统建设提出了较高的要求。

二是法律、税收、会计等配套机制和措施有待进一步探索和完善。不良资产证券化过程牵涉众多交易主体，交易结构复杂，特殊目的载体（SPV）需要保持绝对的独立性，这些都必须有完善的法律法规体系来保证其运作。目前国内缺乏专业层级较高的法律来统一规范资产证券化业务。此外，在不良资产实际的处置过程中涉及的众多法律实操问题、SPV的税收处理，不良资产出表的会计标准等问题均有待在项目实践过程中进一步探索完善。

三是证券未来现金流不易预测，估值、定价较为困难。与正常类贷款不同，不良资产本身不能正常还本付息，未来现金流存在很强的不确定性。在实际操作中，不良资产支持证券的定价通常以未来可回收的债权金额为基础，同时考虑处置成本、流动性溢价和其他投资的机会成本等因素，证券估值带有较强的主观性，难度较大。特别地，对于创新出现的个贷类不良资产证券化，主要逐步积累入池资产的准入标准、资产值价值评估、交易结构设计等相关技术知识，更好地发挥不同产品自有的特点和优势，加强针对不同类别及性质的资产进行准确定位和分析，实现在控制风险的同时达到回收最大化、效率最大化的目的。

四是投资人群体及市场成熟度有待进一步培养。匹配的投资人群体和成熟的市场是证券化产品发展的重要基础条件。不良资产支持证券尤其是其中的次级档证券属于典型的高风险、高收益产品，对投资者本身的风险偏好、风险承受能力、投资能力均有很高的要求。通常情况下次级档投资人只有具备丰富的处置经验，理解不良资产回收逻辑，同时深度参与项目尽调，对底层资产有清晰认识的情况下，才能对证券进行客观、合理定价，也才有可能参与次级档投资，所以为了更稳、更好地推进不良资产证券化的开展，需要同步加强对市场投资者的宣传与技术培养。

7. 不良资产支持证券评级思路

不良资产支持证券是以缺乏流动性的不良资产作为支持在资本市场中发行并流通的有价证券。不良资产支持证券的信用评级与常规资产证券化相同，是指独立的评级机构通过对基础资产、交易结构等诸多影响证券违约风险要素的分析研究，就证券自身违约可能性的综合判断，并且以简单明了的符号加以评价。其中，证券化产品的违约风险通过测算证券利息在存续期内未能及时且足额获得支付以及本金于法定到期日不能足额获得支付的概率来衡量。

（1）评级思路

中债资信对不良资产支持证券信用等级的评定是对证券的违约风险[①]的评价，即在考虑基础资产回收表现的情况下，受评证券利息与本金获得及时、足额支付的可能性。不良资产支持证券评级主要涉及对法律风险、基础资产清收风险、交易结构、信用增级措施及参与机构服务质量等评级要素。首先，中债资信通过对真实出售及破产隔离运行机制、资产转移的方式及从权利问题等方面进行分析，从而判断法律因素对证券信用风险的影响；其次，真实出售及破产隔离后的基础资产就具有了独立性，信用评级不再考虑发起人与受托机构的信用状况，而是以考察基础资产自身的清收风险为主，中债资信依据回收来源采用不同的估值方法；再次，中债资信会根据交易结构约定的现金流支付机制、信用触发机制、流动性支持等

[①] 受评证券的违约风险是指在考虑基础资产损失分布的情况下，受评证券利息在存续期内未能及时且足额获得支付以及本金于法定到期日不能足额获得支付的可能性。

现金流支付规则以及分层方案、超额利差、超额抵押、第三方担保等信用增级措施对证券未来现金流进行量化模拟，测算给定压力条件下证券未来本息是否能够获得及时、足额偿付；最后，各参与机构的尽职意愿与尽职能力会影响到现金流回收状况，中债资信分别对发起机构、资产服务机构、受托机构及资金保管机构相关业务经验与能力进行分析，以确定其对证券最终级别的影响程度。

（2）评级分析方法

不良资产支持证券的信用评级是基于若干不良资产组成的基础资产池，并有明确的交易结构和信用增级措施来规范现金流的支付顺序，基础资产信用质量、信用增级量的变化以及信用事件的触发都会影响到证券的信用水平，需要通过多角度切入实现对证券级别审慎、客观的评估。在不良资产支持证券分析方法方面，中债资信采用静态和动态相结合、定性和定量相结合、整体和局部相结合、专家经验和数理统计相结合的分析方法对受评证券进行综合分析。静态分析和动态分析相结合方面，中债资信不仅会考虑受评证券在信托设立日时基础资产催收风险、信用增级措施等因素，还会考虑在未来时刻各因素的变化情况；定性分析和定量分析相结合方面，中债资信在基础资产回收表现分析、现金流分析及压力测试等方面采用定量分析方式，法律因素、参与机构尽职能力等方面采用定性分析方式，两者结合、各有侧重；整体分析和局部分析相结合方面，中债资信在考察基础资产时，不仅评估整体的信用质量，单笔占比较高资产的催收风险同样会影响证券的最终级别；专家经验和数理统计分析相结合方面，中债资信除建立针对不同回收来源的估值分析模型外，还建立了包括现金流分析及压力测试模型，专家在参考模型测算结果的基础上，依据自身经验考虑模型外因素最终确定证券的信用等级。

评级模型是评级方法的简单数理统计实现，评级模型的应用能减少评级过程中不同项目因主观因素对信用等级的影响，特别是对于基础资产、结构设计复杂的证券化产品，能在一定程度上增强评级结果的一致性与可比性。中债资信重视评级模型开发及模型在不良资产支持证券信用评级过程中的重要作用，依据不同类型基础资产的性质及特点，采用专家经验和数理统计分析相结合的方法建立了相应的评级模型，并将评级模型在不良资产支持证券评级业务实践中加以应用。

（3）评级要素

①法律风险

资产证券化的发展需要完善的法律制度框架作为基础，资产证券化交易中的破产风险隔离机制、资产转移的方式及其从权利问题等重要核心问题均需得到法律上的支持。特别地，不良资产处置过程中涉及许多法律问题，可能存在较多法律风险，进而影响证券持有人的权益，因此对于交易涉及的法律风险需要特别关注。评级过程中需要关注的法律风险要素包括三个方面：真实出售、资产转移的方式、从权利问题。

第一，真实出售。真实出售是整个资产证券化交易结构设计中的核心问题，也是整个证券化过程的基础。发起人将资产转移到特定目的机构后，使该资产免受其债权人的追索，从而达到破产风险隔离的目的。对于未能完全实现破产风险隔离的证券化交易，一旦发起人资不抵债导致破产，证券化基础资产将有可能作为破产清算财产进行清算，证券投资者本息将可能遭受损失。评级过程中，主要重点关注资产转移的方式与SPV结构设计的模式两方面从而判断基础资产是否实现了真实出售。对于未实现完全真实出售的交易，中债资信将结合发起机构的主体信用水平，综合考量因发起机构破产造成受评证券违约的可能性，视情况调整受评证券的信用等级。

第二，资产转移的方式。资产证券化得以完成的关键是真实出售的成功运行，而实现真实出售的手段首先是资产转移，因此，资产转移的方式也是证券化产品信用评级中的关键环节。资产转移需要通过特殊制度设计完成，特定目的机构在证券化过程中扮演着资产受让人的角色，通过向特定目的机构转让财产，可以将证券化资产与发起人的其他财产分割开来，切断发起人的债权人对该证券化资产的追索权。为了达到以上目的，资产转移必须在法律上和会计上都被认定为"真实出售"，而不是以所转移资产为担保的融资行为。总体来看，信用评级过程中判断资产"真实出售"的原则分为三方面，其一，资产转移的形式需要符合当事人的真实意思表示；其二，资产转移不因一些特定的条款而撤销且转移价格合理；其三，证券化资产中的收益与风险完全或绝大部分转移到了特殊目的载体。具体来看，信用评级重点关注资产转移是否存在优惠性及欺诈性方面的法律瑕疵，此外，还需要关注发起人的追索权、赎回权、剩余索取权及资产控制权方面的条款及效力，综合判断资产转移是否实现了"真实出售"的效果。

第三，从权利问题。基础资产所涉及从权利实现方面如果存在瑕疵，将出现在基础资产发生信用风险时，受托机构无法顺利地依法处置抵质押物等情况，证券投资者将遭受损失。

②资产回收情况估计

基础资产实现了真实出售、并与发起人与受托机构实现破产隔离后，基础资产信用质量成为受评证券信用风险分析的重点。不良贷款回收主要取决于两个方面：回收金额和回收时间，其中回收金额主要来源于借款人回收、保证人回收（如有）、抵质押物回收（如有）。根据基础资产的类型和特点不同基础资产信用质量分析方法和评级思路也有所不同。

第一，借款人回收情况估计。不良资产借款人的回收主要依赖借款人的还款能力及还款意愿。根据入池不良贷款类型的不同，借款人可分为企业和个人两类。总体而言，中债资信对借款人回收情况的估计分为三步，针对企业主要采用逐笔评估、对个人采用静态池分析的方式。

第一步：判断债权是否具有法律效力、是否仍然处于诉讼时效内。

第二步：了解借款人是否存在如下问题：

其中，对于企业借款人，需要通过逐一的尽职调查具体了解借款人的还款能力与意愿，在尽职调查过程中有五大问题需要关注：

是否涉及地方司法环境、政府行政干预问题；

是否涉及民间借贷（民间集资）、应优先扣除的款项如工资、税费、工程款等；

借款人实际控制人是否涉及刑事诉讼案件；

借款人实际运行情况以及是否与提供的相关资料相一致；

借款人对还款的配合程度。

对于个人借款人，一般依赖静态池分析以及尽职调查评估借款人的还款能力与意愿，在静态池与尽调过程中，有四大问题需要关注：

借款人是否涉及刑事诉讼案件；

静态池数据的可靠性以及是否能够将借款人的实际还款与其他途径还款相区别；

静态池数据分析结果的合理性与可解释性，避免出现过度拟合情形；

借款人对还款的配合程度。

第三步：根据借款人最有可能的回收方案，确定对借款人回收采取的评估方法，并综合考虑可能存在的政府干预、实际控制人涉及刑事诉讼等因素影响及借款人还款意愿，计算借款人回收价值。

借款人回收价值=min（借款人回收评估价值×偿债意愿系数–优先受偿债务，扣除其他催收收入后的未偿本金余额）

第二，保证人回收情况估计。不良资产保证的回收主要依赖保证人的还款能力及还款意愿，其中需要重点关注保证人的还款意愿。一般贷款的保证人可分为企业和个人两类。总体而言，中债资信对保证人回收情况的估计与借款人相似，分为四步，针对企业主要采用逐笔评估、对个人采用静态池分析的方式。

第一步：判断担保合同是否具有法律效力、担保实效。

第二步：了解保证人是否存在如下通用问题：

其中，对于企业保证人，需要通过逐一的尽职调查具体了解保证人的还款能力与意愿，在尽调过程中有六大问题需要关注：

涉及地方司法环境、政府行政干预问题；

是否涉及民间借贷（民间集资）、应优先扣除的款项如工资、税费、工程款等；

保证人实际控制人是否涉及刑事诉讼案件；

保证人实际运行情况以及是否与提供的相关资料相一致；

保证人在发行时是否有授信；

保证人代偿的配合程度。

对于个人借款人，一般依赖静态池分析以及尽职调查评估保证人的还款能力与意愿，在静态池与尽职调查过程中，有四大问题需要关注：

保证人在贷款发放银行是否有授信；

静态池数据的可靠性以及是否能够将保证人的实际还款与其他途径还款相区别；

静态池数据分析结果的合理性与可解释性，避免出现过度拟合情形；

保证人代偿的配合程度。

第三步：明确担保方式、金额、性质、范围等。

第四步：根据保证人类型、还款能力判断，综合考虑当地法律环境、可能存在的政府干预等因素影响及保证人代偿意愿，估算保证人回收价值。

保证人回收价值=min（保证人回收评估价值×代偿意愿系数，扣除其他催收收入后的未偿本金余额）

第三，抵质押物回收情况估计。不良资产抵质押物的回收主要通过抵质押物的司法拍卖、变卖等方式实现现金回款。总体而言，中债资信对抵质押物回收情况的估计分为六步。

第一步：判断抵质押权的有效性，是否在诉讼时效内。

第二步：了解抵质押物是否存在如下通用问题：

涉及地方司法环境、政府行政干预问题；

是否涉租；

是否涉及查封及查封的具体情况；

是否应优先扣除的款项如工资、税费、工程款等；

抵质押物所有权人是否涉及刑事诉讼案件。

第三步：确定动产初步评估价值、不动产修正单价，重新计算评估价值。

第四步：判断抵质押物自身个性特征及不同共性因素对抵质押物影响程度，选取合适的变现调整折扣。

第五步：确定优先受偿债务金额〔第二步中的（④）〕。

第六步：利用公式估算抵质押物回收价值。

抵质押物回收价值=min（重新确定的市场价值×变现调整折扣-优先受偿债务，扣除其他催收收入后的未偿本金余额）

③交易结构

不良资产证券化中，信用评级对于交易结构方面的分析包括现金流支付机制、信用触发机制、交易结构风险以及流动性支持等方面的分析。因此，通常情况下对证券交易结构的分析采用定性与定量相结合的方式，通过交易文件条款和专家经验判断确定相关参数，实现对现金流的定量模拟。

第一，现金流支付机制。交易文件中会明确规定证券的分层方案、支付方式以及现金流分配顺序，同一个资产池不同的现金流支付机制设置，各档证券的信用风险也有所不同。

从支付类型上看，证券的支付方式分为按比例支付、固定摊还、过手型三类。在不良资产证券化中，支付方式的设置能否与基础资产池的不确定、不平滑的预期现金流入相匹配，将在极大程度上决定证券的流动性风险。

在支付顺序中，证券费率、处置费用、优先档利息、优先档本金等支付项之间的优先级顺序直接影响到资产池对优先档证券的支持力度，进而影响优先档证券的违约风险。中债资信在现金流测算中，充分考虑资产池未来可能的现金流入以及交易结构中对现金流支付机制的约定，进行证券现金流的量化测度。

第二，信用触发机制。证券通常会设置信用触发机制，触发机制的设置原则是通过改变资产池的现金流支付顺序，来保证优先档证券优先获得利息或本金，从而对风险因素快速做出反应，减少优先档证券投资者损失的。但当出现资产池表现异常等情况时，为了保证优先档证券的绝对优先支付权，交易结构中设置的触发机制将发挥作用，国内资产支持证券中比较常见的触发机制包括加速清偿事件与违约事件。但不良资产证券化正常情况下的现金流摊还方式较为保守，并不设置次级档证券的期间收益且一般次级档证券利息在优先档本金摊还完毕后收偿，故设置加速清偿事件的必要性较弱，一般只设置违约事件。

第三，交易结构风险。交易结构风险中信用评级通常更关注抵消风险与混同风险，当借款人在发起机构既有贷款又有存款时，若发起银行破产或丧失清偿能力，借款人主张行使其抵消权，用其存款抵消发起机构已入池的贷款资产，从而使得资产支持证券持有人的权益以及本息的正常支付受到影响。此外，参与机构在交易管理过程中，将基础资产回收款账户的资金与其持有的其他资金混同在一起，若交易参与机构发生信用危机或破产清算，被混用的资金权属难以区分，也可能导致证券持有人本息发生损失的风险。对于以上两方面交易结构风险，需要定性判断交易结构中限制条款的合理性与有效性。

第四，流动性支持。流动性支持是指为保障交易按时偿付证券本息和费用而设置的内外部资金来源。由于不良资产回收的不确定性，入池资产在某一收款期间的回收金额，可能无法覆盖证券利息和优先费用支出，造成基础资产现金流流入量与证券各项支出在时点上的错配。导致流动性风险的原因主要包括回收现金流分布不均、中介机构失责、其他技术类操作故障等，这给投资带来了潜在的无法按时获付本息的风险。因此，流动性支持是确保证券按时偿付本息的重要保障，也是评级过程中重点分析要素。中债资信主要关注流动性储备金资金来源、储备金计提规模、储备金启用条件、启用后现金流支付顺序的变化、储备金回补机制、流动性储备金账户监管完备性等。中债资信在现金流模型中已包含了流动性支持因素，以此来体现流动性支持因素对受评证券本金和利息的保障程度。

④信用增级措施

信用增级措施可以降低受评证券的违约风险，提升优先档证券信用水平，吸引不同风险偏好的投资者，同时满足发起机构在会计、监管和提高资产流动性等方面的需求。主要信用增级方式包括内部信用增级和外部信用增级，其中，内部增级主要包括优先/次级结构、超额抵押等，外部信用增级措施由独立的第三方机构提供，通常可以通过保险、担保和现金质押账户等形式来实现。

第一，优先/次级结构。优先/次级结构是证券化产品中最常见的信用增级方式，对证券化产品进行结构性安排，按照顺序将基础资产组合所产生的利息和本金现金流分配给不同优先级别的证券，优先偿付高等级证券。劣后受偿证券先行承担风险，为优先档证券提供信用增级，降低了优先档证券的信用风险。中债资信主要关注的因素有：交易的分层结构设置、各层级证券本息获付顺序等。如果交易采用单一的优先级/次级结构的信用增级措施，对受评证券违约风险的评价，主要分析资产池损失额超过劣后受偿证券提供的信用增级部分金额的概率，进而确定受评证券信用等级。

第二，超额抵押。在证券化交易中超额抵押是指将资产池价值超过资产支持证券票面价值的差额作为信用保护的一种内部信用增级措施，该差额用于弥补资产证券化交易活动中可能会产生的损失，从而对证券具有一定的信用增级效果。但是信用保障仅限于超额部分，若基础资产损失额大于超额抵押部分，则投资者仍然面临风险。评级过程中主要关注超额抵押形成方式、超额抵押的增级量等。如果交易采用单一的超额抵押信用增级措施，则对受评证券违约风险进行评价，主要评价资产池损失额超过超额抵押部分金额的概率，进而决定受评证券信用等级。

⑤参与机构服务质量

参与机构的服务质量同样是证券信用评级的重点关注要素。中债资信通过考察各参与机构的经营风险、财务风险、业务经验、业务能力等诸多要素，综合评价各中介机构尽职意愿与尽职能力，进而对评级模型中的基础资产回收率和回收时间进行设置和调整。

第一，发起机构。发起机构的风控标准及管理水平一定程度上决定了本次入池资产质量。风控标准严格且管理系统完备成熟的发起机构，对资产池实际情况的掌握更为真实、可靠，且拥有更多可供参考的静态池回收数据，能够积极辅助资产池的信息披露、回收估值等工作的开展。同时，发起机构是否具备良好的业务经验与能力也是能否顺利完成资产转付等关键环节的重要决定因素之一。故中债资信关注发起机构的尽职意愿与尽职能力，主要考察其贷款审批流程、风险控制水平、贷款管理水平、资产处置能力、证券化操作能力与经验等。

第二，资产服务机构。资产服务机构负责基础资产的日常管理和维护，按约定处置入池资产并按时、足额转付至信托账户，并向受托机构和投资者定期提供资产服务管理报告，审核资产运营状况和相关协议是否一致等。资产服务机构尽职意愿与能力直接影响着资产的回收情况，进而对基础资产的现金流水平和证券的信用等级产生影响。同时，证券化基础资产的管理应该是标准化的管理，如果资产服务机构缺乏制度化的管理模式，尽职能力较差，易造成债权权利消失或因催收不力而无法保全投资者权益。中债资信主要关注资产服务机构的尽职意愿与尽职能力，考察其经营风险、财务风险、资产管理业务状况、风险控制水平、是否具备标准化的业务管理流程、对逾期贷款/债权的管理和催收方法、对逾期贷款/债权处理程序、资产回收率统计、其他业务状况等，对资产服务机构进行综合评价。

第三，受托机构。受托机构一般是金融机构，代表投资者对于资产实施监督、管理，设立专门账户，将账户内的现金流入定期支付给投资者。受托机构依照信托合同约定负责管理信托财产，持续披露信托财产和资产支持证券信息，依照信托合同约定分配信托利益等。中债资信对于受托机构的经营情况、财务风险及受托管理经验进行综合评判。

第四，资金保管机构。资金保管机构负责安全保管信托财产资金，依照资金保管合同约定方式，向资产支持证券持有人支付投资收益，管理特定目的信托账户资金，定期向受托机构提供资金保管报告，报告资金管理情况和资产支持证券收益支付情况。中债资信对于资金保管机构的资金保管业务经验与能力、操作流程的合规性、内部管理水平、经营稳健性、财务风险等因素进行综合分析。

（三）典型产品分析

1. 对公不良资产支持证券（建鑫2016-1）

（1）债券基本信息

建鑫2016年第一期不良资产支持证券发行规模70 200万元，其中优先A档证券的发行规模为46 400万元，占比66.10%，信用等级为AAAsf；次级档证券的发行规模为23 800万元，占比33.90%，未予评级。此外，优先A档证券的发行票面利率3.30%，次级档证券溢价发行，溢价率10%，无票面利率。具体详细信息如表10所示。

表10 建鑫2016年第一期不良资产支持证券核心要素

发行总额	70 200.00万元	
发行日	2016年9月23日	
法定到期日	2021年3月26日	
证券分档	优先档	次级
金额及占比	46 400万元(66.10%)	23 800万元（33.90%）
信用等级	AAAsf(中债资信)/AAAsf(中诚信)	无评级/无评级
发行利率	3.30%	无票面利率
发行价格	100元/百元面值	110元/百元面值
利率类型	固定利率	不适用
还款方式	过手摊还	不适用
付息频率	按半年付息	不适用
预期到期日	2018年9月26日	2021年3月26日

资料来源：中债资信根据公开资料整理。

（2）交易主要参与机构

表11　建鑫2016年第一期不良资产支持证券主要参与机构

参与机构类型	机构名称
发起机构/贷款服务机构	中国建设银行股份有限公司
受托机构/发行人	建信信托有限责任公司
资金保管机构	中国工商银行股份有限公司北京市分行
财务顾问	建信资本管理有限公司
主承销商/簿记管理人	中信建投证券股份有限公司
联席主承销商	中信证券股份有限公司
	招商证券股份有限公司
	中国际金融股份有限公司
登记托管机构	中央国债登记结算有限责任公司
评级机构	中诚信国际信用评级有限责任公司
	中债资信评估有限责任公司
会计顾问	德勤华永会计师事务所（特殊普通合伙）
法律顾问	金杜律师事务所
评估服务机构	天健兴业资产评估有限公司
流动性支持机构	中证信用增进股份有限公司

资料来源：中债资信根据公开资料整理。

（3）基础资产池及回收情况分析

①基础资产池情况

基础资产均为中国建设银行发放的对公不良贷款，共涉及81名借款人的245笔贷款。截至初始起算日（2016年4月21日），入池资产未偿本金余额为233 326.92万元，未偿利息约为11 226.38万元，未偿本息余额合计为人民币244 553.30万元。根据资产评估机构的评估，本期资产池中预计可回收现金合计为103 283.60万元。入池贷款主要为次级类贷款，未偿本息占比为78.78%，占比较高，资产的质量相对较好。入池抵质押贷款的占比很高，未偿本息占比高达96.35%，其中抵押物中房产和土地类资产占比较高。入池资产行业和地区集中度较高，主要集中在福建、宁波、广东三个地区，其中福建地区的未偿本息余额占比为24.54%；资产池中未偿本息余额占比最大的行业为金属、非金属和采矿，未偿本息余额占比为15.92%。

表12　建鑫2016年第一期不良资产支持证券主要参与机构

资产池基本情况	数值
贷款笔数（笔）	245
借款人数量（户）	81
资产池合同初始金额总额（万元）	242 230.22
资产池未偿本息余额总额（万元）	244 553.30
预计可回收金额（万元）[①]	103 283.60
单户平均本息余额（万元）	3 019.18
单户平均预计可回收金额（万元）	1 275.11
单户最高本息余额（万元）	18 482.09
单户最高预计可回收金额（万元）	10 480.71
加权平均逾期期限（月）	6.07
单户最高合同余额（万元）	17 900.00
单户平均合同余额（万元）	2 880.58
单笔最高本息余额（万元）	12 230.36
单笔平均本息余额（万元）	998.18
加权平均贷款合同期限（月）	14.71
加权平均贷款账龄（月）	15.95
借款金额最高的前五名借款人集中度	27.17%
贷款最集中的前三个行业	52.06%
正常类贷款占比	0%

---

① 此处参照评估机构天健兴业资产评估有限公司的评估结果。

续表

资产池基本情况	数值
抵（质）押物初始评估价值合计（万元）	260 368.55
基础资产抵（质）押贷款未偿本息占比	96.35%
预计抵（质）押物回收金额占总预计回收金额比例	90.13%
加权平均贷款初始抵押率	111.51%
前五名借款人未偿本息余额占比	27.17%
前十名借款人未偿本息余额占比	43.64%
前五名借款人预计回收金额占预计总回收金额比例	20.14%
前十名借款人预计回收金额占预计总回收金额比例	35.49%

资料来源：中债资信根据公开资料整理。

②回收金额与回收时间分析

第一，预计的回收渠道与处置预案及策略。基础资产的预计回收渠道主要包含：贷款涉及的抵质押物的处置变现回收；借款人自身还款及其他资产的变现回收；保证人的代偿及其他资产的变现回收；查封物及其他资产的变现回收。前三项回收渠道构成基础资产预计回收现金流的主要来源。

不良贷款常见的处置预案及策略主要包括：催收、重组、资产变现和债权转让等方式。综合考虑基础资产的预计回收渠道以及各渠道的可行性、预计效果、潜在风险、法律事项等因素，根据回收最大化及谨慎稳妥的原则制定基础资产的处置预案及策略。

第二，预计回收金额分析。本期项目对入池资产（主要包括基础资产涉及的抵质押物、仍在运营的借款人和保证人、查封物等财产线索）以逐笔方式开展现场尽职调查。基于基础资产的预计回收渠道及处置预案的分析及判定，并结合现场尽职调查所掌握的信息，开展对基础资产预计回收金额的分析。

抵押物的评估基于抵质押物价值的评估结果，综合考虑现场尽调查看抵质押物了解的信息，包括抵质押物目前的类型、性质、使用状态、位置、区域经济环境及市场流动性、历史司法拍卖成交案例、当地的司法环境、可能的处置成本及费用等多项因素进行综合分析判断。考虑到不良贷款的性质及常见的回收方式（如诉讼拍卖），抵质押物的预计清收现金流是对抵质押物进行快速变现情况下回收现金流的审慎估计，并考虑快速变现的处置难度、当地的司法环境及市场流动性、拍卖过程中可能的费用以及流拍的可能性等因素来决定所需的折扣率。本期项目入池资产中借款人大多处于关停和亏损状态，对于这部分借款人，通过评估借款人在假设破产清算状态下资产的清收价值估算借款人回收现金流；对于仍维持经营的借款人，通过分析其经营可能产生的可偿债经营净现金现值，估算借款人回收现金流；对于借款人存在其他财产线索的情况，根据其拥有的资产类型和变现能力，并剔除处置资产可能发生的各项费用、法定优先受偿债务等，确定资产清收可能带来的价值。保证人的偿债能力综合考虑其现状、经营状况、财务实力、收益情况、财产线索及对外负债情况，并结合当地行业发展状况、产业结构、经济及发展状况，担保意愿、担保性质、担保金额、担保期限等因素，综合分析法分析保证人偿债能力和偿债意愿，从而评估保证人回收现金流。

第三，预计回收时间分析。分析不良贷款的预计回收时间时，基于不良贷款不同的回收来源，同时结合各类资产处置回收的先后顺序，不良贷款回收时间的确定从抵质押物资产处置回收；借款人、保证人经营回收；借款人、保证人其他资产回收；查封物处置回收，法律环境、违约后处置策略等方面考虑。抵质押物处置回收时间，根据不良贷款常见的处置方式（如诉讼拍卖），主要取决于法律诉讼的进度。在分析借款人和保证人的偿债时间时，对于不良贷款的借款人和保证人尚在经营的，综合分析其经营现状，经营收入所具备的还款能力、经营净现金流等因素考虑其偿债回收时间，特殊情况予以适当调整。在分析借款人、保证人和其他还款义务人的其他财产线索处置回收时间时，综合分析债权人向法院申请查封借款人和保证人的其他财产状况、借款人和保证人的其他债务情况等，考虑其资产处置所需的回收时间。

（4）交易结构及信用增级措施

①交易结构

从证券的支付类型来看，优先级证券均采用过手型支付，每半年支付一次本息；从产品结构上看，采用优先级与次级两层的结构设计，没有中间档，分层结构较为简单；从信托账户设置来看，正常类的信贷资产证券在违约事件发生前通常设置本金账户与收益账户，而不良资产支持证券的信托账户不同，不区分本金账户与收益账户，本期证券共设置了三个二级账户，分别是"回收款账户"、"处置费用账户"及"可分配现金账户"，在每个信托分配日，受托机构指示资金保管机构将存入可分配现金账户的账户余额以及按合同约定从其他相应的信托分账户转入可分配账户的全部金额，按照合同约定的方式偿付税费、利息与本金。

②信用增级措施

第一，优先/次级结构。本期交易采用优先/次级结构，次级资产支持证券能为优先档证券提供一定的信用支持。

第二，流动性支持。本期证券设置了流动性支持，由中证信用增进股份有限公司担任。当任一支付日前8个工作日，受托机构根据期间资产服务报告判断可分配现金账户内的金额（包括在该信托分配日分别按照《信托合同》的约定从其他相应的信托分账户转入可分配现金账户的全部金额）在紧邻的下一个支付日不足以支付优先档资产支持证券当期应付利息，流动性支持触发事件发生。若发生流动性支持触发事件，流动性支持机构需按约定提供约定金额的流动性支持款项，以保证当期优先于优先档资产支持证券利息进行分配的相关税费及当期优先档资产支持证券的应付利息得以完全偿付。

（5）重点关注问题

①贷款回收率和回收时间存在不确定性

入池的基础资产是发起机构的不良贷款，虽然在评估贷款的回收金额时采用了逐笔尽调，考虑了借款人自身、保证人以及处置抵质押物的回收情况，但是资产池中每笔贷款的回收还会受到资产服务机构的回收能力、处置过程中实际的司法环境等实际不确定因素影响，贷款的实际回收率和回收时间均存在一定的不确定性。

②流动性风险缓释

不良资产的回收是证券本息偿付的来源，证券优先的相关税费及优先档利息需半年支付一次，但不良资产的回收金额以及回收时间具有较高的不确定性，因此证券面临一定的流动性风险。本期证券虽未设置内部流动性储备，但设置了流动性支持，由外部机构担任流动性支持机构，缓释证券的流动性风险。本期证券的流动性支持机构由中证信用增进股份有限公司担任，中证信用增进股份有限公司是由中国证券业协会牵头设立的信用增进机构，经营风险与财务风险很低，有较好的外部支持作用，具备作为本单产品流动支持机构的能力。根据合同约定，在发生流动性支持触发事件时，提供足额的款项保证当期优先档证券利息以及相关税费得以足额偿付，有利于减小证券流动性风险。

③超额奖励服务费机制

本期证券的贷款服务机构由发起机构中国建设银行担任，不同于正常类资产支持证券，不良资产的回收金额与回收时间除了取决于资产本身质量好坏，还很大程度上受贷款服务机构尽职能力、意愿与程度的影响。贷款服务机构充分调动自身的资源，积极主动完成清收，则尽可能提高回收率，缩短回收时间，相反，若贷款服务机构不尽职履责、消极怠慢，则可能回收的金额少且回收时间长。为了充分调动贷款服务机构的积极性，激励其更多更快回收，本期证券设置了超额奖励服务费机制，约定支付完毕次级档资产支持证券固定收益后剩余金额的80%的资金作为超额奖励服务费。贷款服务机构除了基本服务费外，还能享受到额外的收益，回收金额越多，能分配的金额越多，能充分激励贷款服务机构尽职履责。

2. 信用类个贷不良资产支持证券（和萃2016-1）

（1）债券基本信息

和萃2016年第一期不良资产证券化信托资产支持证券发行金额为2.33亿元，预计净回收总额为2.40亿元，入池资产未偿本息余额为20.98亿元。证券分为优先档资产支持证券和次级档资产支持证券，优先档发行规模为1.88亿元，占比81.69%，信用等级为AAAsf，采用固定利率，发行利率为3.00%；次级档发行规模为0.45亿元，占比19.31%，未予评级，评价发行，无票面利率，无期间收益。正常情况下，在分期摊还日和预期到期日按照优先档证券和次级档证券的顺序依次偿付各级证券本金。具体详细信息如表13所示。

表13 和萃2016年第一期不良资产证券化信托资产支持证券核心要素

发行总额	23 300.00万元	
初始起算日	2016年2月1日	
发行日	2016年5月26日	
法定到期日	2020年5月26日	
证券分档	优先档	次级
金额及占比	18 800万元 (80.69%)	4 500.00万元 (19.31%)
信用等级	AAAsf(中债资信)/AAAsf(中诚信)	无评级/无评级
发行利率	3.00%	无票面利率
发行价格	100元/百元面值	100元/百元面值
利率类型	固定利率	不适用
还款方式	过手摊还	不适用
付息频率	按半年付息	不适用
预期到期日	2017年1月26日	2018年1月26日

资料来源：中债资信根据公开资料整理。

（2）交易主要参与机构

表14　和萃2016年第一期不良资产证券化信托资产支持证券主要参与机构

参与机构类型	机构名称
发起机构/贷款服务机构	招商银行股份有限公司
受托机构/发行人	华润深国投信托有限公司
资金保管机构	北京银行股份有限公司
主承销商/簿记管理人	招商证券股份有限公司
登记托管机构	中央国债登记结算有限责任公司
评级机构	联合资信评估有限公司
	中债资信评估有限责任公司
会计顾问	毕马威华振会计师事务所（特殊普通合伙）
法律顾问	北京市中伦律师事务所（特殊普通合伙）

资料来源：中债资信根据公开资料整理。

（3）基础资产池及回收情况分析

①基础资产池情况

此单不良资产支持证券的基础资产为招商银行于2011年8月至2016年1月成为不良贷款的信用卡个人消费类不良贷款，入池贷款共计60 007笔，截至初始起算日（2016年2月1日），未偿本息总额为20.98亿元，其中未偿本金余额为15.09亿元，未偿息费余额为5.89亿元。

入池资产借款人户数及贷款笔数很多，入池贷款分散度极高，未偿本息余额最高为78.09万元，平均为3.50万元，前10大借款人贷款余额占比为0.34%，前20大借款人贷款余额占比为0.60%，单笔余额不超过1万元的贷款共计21 154笔，金额占比为5.91%；分布于42个以上城市，地区占比最高的深圳地区贷款金额占比为8.13%。入池不良贷款，主要集中在可疑和损失类，截至初始起算日未偿本息占比分别为31.91%、53.07%，且均为信用类不良贷款，无保证担保或抵质押物担保等增信方式。借款人年龄主要分布在20~40岁，截至初始起算日未偿本息占比达到67.76%，自填年收入主要分在0~10万元，截至初始起算日未偿本息占比达到65.63%。

表15　和萃2016年第一期不良资产证券化信托资产支持证券主要参与机构

资产池基本情况	数值
贷款笔数（笔）	60 007
借款人数量（户）	60 007
封包日资产池未偿本息余额总额（万元）	209 769.75
封包日资产池未偿本金余额总额（万元）	150 905.98
预计净回收金额（万元）	23 994.59
单户平均本息余额（万元）	3.50
单户平均预计净回收金额（万元）	0.40
加权平均逾期期限（月）	9.23
加权平均借款人授信额度（万元）	5.10
加权平均借款人年龄（岁）	36.87
加权平均年收入（万元）	24.12
前10大借款人贷款未偿本息总额占比（％）	0.34
前20大借款人贷款未偿本息总额占比（％）	0.60

资料来源：中债资信根据公开资料整理。

②回收金额与回收时间分析

本期不良资产证券化产品的基础资产具有数量较多、分散度较高、同质性较强等特点，其违约分布具有较为稳定的统计特性。因此，中债资信以静态样本池的历史回收表现为基础，综合考虑静态样本池与基础资产的差异，以及未来经济形势变化、贷款服务机构尽职能力和基础资产池的自身特征等可能对基础资产信用表现产生影响的因素，来对静态样本池的统计特征进行调整，从而得到基础资产池的违约分布情况。

资产池回收率估计如下：

第一，静态样本池选取。

中债资信使用由发起机构提供的自2011年8月至2015年11月成为信用卡不良资产的贷款记录作为进一步分析的静态样本池。

第二，静态样本池各期条件回收率分析。

各期条件回收率计算的是信用卡不良贷款当期回收金额在当期期初未偿本息费余额中的占比，以信用卡不良资产形成时间为起点，刻画了信用卡不良贷款在形成之后的各期的回收情况。对静态样本池的分析得到，信用卡不良贷款各期回收率呈现逐期下降的趋势，并且各期回收率受到借款人年龄、账户额度、地区、行业等相关特征的显著影响。

中债资信基于静态池每笔贷款成为不良后每月的条件回收率数据，通过统计分析方法，找到对回收率有影响的因素主要为借款人年龄、账户额度、地区、行业、是否专项分期等，对于地区、行业和是否专项分期等离散的影响因素，先通过系统聚类的方法对各因素进行归类，再根据归类后的结果对静态池进行分组；对于借款人年龄、账户额度等连续的影响因素，对分组后的每一组，通过回归分析的方法，找出这些因素与成为不良后各期条件回收率的函数关系。

第三，资产池各期条件回收率估计。

通过静态池的分析结果，依据离散变量的归类情况对资产池进行分组，将静态池相应分组下的回归分析结果应用到资产池相应分组下，再根据资产池各组连续变量的取值特点，调整得到资产池各组成为不良后各期的条件回收率，进而计算得到资产池每笔贷款的回收率。在将静态池的分析结果应用到资产池时，因为依据地区、行业、是否专项分期等进行分组，对于借款人年龄、账户额度等的差异通过函数关系进行调整，保证了在运用静态池分析结果时资产池特征和静态池特征的一致性。

受到宏观经济环境等因素的影响，静态样本池的回收率从2011年以来，呈逐年递减的趋势，在2015年底有所趋稳。根据分析静态样本池在2011年到2015年每年的回收率变化趋势，基于在封包日资产池的加权平均逾期期数与静态池加权平均逾期期数的差异，对分析得出的资产池回收率进行调整，以得出最终的资产池回收率。

（4）交易结构及信用增级措施

①交易结构

从证券的支付类型来看，优先级证券均采用过手型支付，每半年支付一次本息；从产品结构上看，采用优先级与次级两层的结构设计，没有中间档，分层结构较为简单；从信托账户设置来看，本期证券共设置了三个一级分账户，分别是"信托收款账户"、"信托付款账户"及"信托（流动性）储备账户"，在每个信托分配日，受托机构指示资金保管机构将存入可分配现金账户的账户余额以及按合同约定从其他相应的信托分账户转入可分配账户的全部金额，按照合同约定的方式偿付税费、利息与本金。

②信用增级措施

第一，优先/次级结构。本期交易采用优先/次级结构，次级资产支持证券能为优先档证券提供一定的信用支持。

第二，流动性支持。本期证券设置了内部流动性支持。对优先档证券利息支付设置了流动性储备账户，其中流动性储备账户中当期流入的金额保留下一期优先档证券利息前所应支付的税收及规费、支付代理机构费用、优先支出上限内的费用、中介机构费用及优先档证券利息之和的1.5倍，这在一定程度上降低了优先档证券的流动性风险。

（5）其他关注问题

①贷款回收率和回收时间存在不确定性

入池贷款均为信用卡个人消费类不良贷款，为纯信用类不良贷款，无保证担保或抵质押物担保等增信方式，贷款回收过程中只能依靠对借款人催收的回款支付证券本息费及相关费用，可回收空间及回收可靠性一般。在资产池估值时，虽然结合发起机构历史信用卡个人消费类不良贷款的回收情况，具体考虑了资产池逾期期限、借款人的年龄、所获得的授信额度、行业、地区、卡片是否分期等因素，并结合外部宏观环境变化进行了调整，但是资产池中每笔贷款的回收还会受到催收机构的回收能力、宏观经济环境等不确定因素影响，贷款的实际回收率和回收时间均存在一定的不确定性。

②超额奖励服务费机制

本期证券的贷款服务机构由发起机构招商银行同时担任，不同于正常类资产支持证券，不良资产的回收金额与回收时间除了取决于资产本身质量好坏，还很大程度上受贷款服务机构尽职能力、意愿与程度的影响。为了充分调动贷款服务机构的积极性，本期证券设置了超额奖励服务费机制，约定当支付次级档资产支持证券达到一定金额后将剩余部分的30%作为贷款服务机构的服务报酬。贷款服务机构除了基本服务费外，还能享受到额外的收益，回收金额越多，能分配的金额越多，能充分激励贷款服务机构尽职履责。

（6）信用卡不良贷款证券化的主要特点

入池资产均为信用类不良贷款。信用卡不良贷款证券化产品的入池资产为发起机构合法持有的不良信用卡债权，入池资产均无保证、抵押等担保措施，无法通过保证人、处置抵质押物获得回收，其回收主要依靠对借款人的清收。与通常具有一定抵质押物覆盖的对公类不良贷款相比，其单户借款人的现金流回收不确定性高。但由于信用卡类不良贷款授信额度较低，单户未偿本息余额较小，其通过借款人回收实现贷款清偿的可能性相比对公类不良贷款较高。

基础资产笔数较多，分散性较好，同质性较强。信用卡不良贷款证券化的基础资产主要由逾期90天以上的信用卡贷款组成，入池资产一般上万笔。基础资产笔数较多，分散性很好，同时信用卡类不良贷款同质性较高，使得资产池的回收情况呈现一定统计特征与规律，进而可以有效地基于发起机构历史信用卡不良贷款的回收数据，结合资产池分布特征等因素，较为合理地估计资产池未来的回收表现。

基础资产回收率与催收阶段、借款人特征、贷款特征、宏观经济状况等指标呈现较明显的相关性。历史数据显示，信用卡类不良贷款的回收率随催收阶段呈现明显的逐期递减趋势。这是由于信用卡类不良贷款按逾期时间分为归属不同委托催收阶段，随着催收阶段的递增不良贷款的可清收空间不断减少，最终形成回收率逐期递减的稳定状态。此外，从历史数据来看信用卡类不良贷款回收率可能与借款人特征，如借款人所在地区、年龄、职业、收入等；贷款特征，如逾期时间、成为不良时的未偿本息余额、信用卡种类等；宏观经济状况，如居民收入水平、就业率等诸多因素存在一定的相关性。因此，运用同质化模拟评估信用卡类不良贷款前，需要从各可能影响贷款回收率的因素入手，深入分析历史回收情况，为预测资产池回收提供一定的数据支持。

基础资产主要通过专业催收机构进行清收处置，处置费用较高。信用卡不良贷款，数量众多，借款人高度分散，债权银行自身的清收处置能力有限且成本上不经济，因此在回收过程中一般委托专业的催收机构，根据逾期时间采取不同外包策略，并支付相应的催收佣金费率。与对公不良贷款主要通过法律诉讼处置抵质押物获得资产回收的处置方式相比，信用卡类不良贷款外包催收的处置费用较高。

信用卡类不良贷款资产证券化产品抽样调查的风险。一般信用卡类不良贷款入池贷款数量较大，会计师、律师只采取抽样的方式对小部分入池贷款进行执行商定程序及法律尽职调查。虽然信用卡不良贷款从最初的信用卡申领、还款、拖欠到清收回款等过程具有较强的同质性，通过抽样尽职调查可以在一定程度上反映入池资产的总体状况，但个别初始入池资产仍可能具有瑕疵或不符合合格标准，存在一定风险。

3. 抵押类个贷不良资产支持证券（和萃2016-2）

（1）债券基本信息

和萃2016年第二期不良资产证券化信托资产支持证券发行金额为4.70亿元，预计回收总额为5.93亿元，入池资产未偿本息余额为11.55亿元。证券分为优先档资产支持证券和次级档资产支持证券。其中，优先档发行规模为3.60亿元，占比76.60%，信用等级为AAAsf，采用固定利率，发行利率为3.98%；次级档发行规模为1.10亿元，占比23.91%，未予评级，溢价2%发行，无票面利率，无期间收益。正常情况下，在分期摊还日和预期到期日按照优先档证券和次级档证券的顺序依次偿付各级证券本金。具体详细信息如表16所示。

表16　和萃2016年第二期不良资产证券化信托资产支持证券核心要素

发行总额	47 000万元	
初始起算日	2016年4月1日	
发行日	2016年6月28日	
法定到期日	2021年6月27日	
证券分档	优先档	次级
金额及占比	36 000万元 (76.60%)	11 000万元 (23.40%)
信用等级	AAAsf(中债资信)/AAAsf(联合)	无评级/无评级
发行利率	3.98%	无票面利率
发行价格	100元/百元面值	102元/百元面值
利率类型	固定利率	不适用
还款方式	过手摊还	不适用
付息频率	按半年付息	不适用
预期到期日	2019年7月26日	2021年7月26日

资料来源：中债资信根据公开资料整理。

（2）交易主要参与机构

表17　和萃2016年第二期不良资产证券化信托资产支持证券主要参与机构

参与机构类型	机构名称
发起机构/贷款服务机构	招商银行股份有限公司
受托机构/发行人	华润深国投信托有限公司
资金保管机构	北京银行股份有限公司
主承销商/簿记管理人	招商证券股份有限公司
联席主承销商	招商证券、中信建投、中金公司
登记托管机构	中央国债登记结算有限责任公司
评级机构	联合资信评估有限公司
	中债资信评估有限责任公司
会计顾问	毕马威华振会计师事务所（特殊普通合伙）
法律顾问	北京市中伦律师事务所（特殊普通合伙）

资料来源：中债资信根据公开资料整理。

（3）基础资产池及回收情况分析

①基础资产池情况

此单不良资产支持证券的基础资产为招商银行于2014年3月至2016年3月成为逾期状态的小微类贷款。入池贷款共计1 193笔，未偿本息总额为11.55亿元，入池资产贷款笔数较多，共涉及529户借款人，未偿本息余额最高为586.89万元，平均为96.85万元，前10大借款人贷款余额占比为6.03%，前20大借款人贷款余额占比为10.53%；截至2016年5月31日，入池资产均为招商银行不良贷款，且主要集中于次级类，未偿本息余额占比达到93.72%；入池资产分布于13个地区，其中重庆、昆明地区占比超过15%，未偿本金余额分别为18.96%、17.01%。

表18　和萃2016年第二期不良资产证券化信托资产支持证券主要参与机构

资产池基本情况	数值
贷款笔数（笔）	1 193
借款人户数（户）	529
抵押物所处地区（个）	13
资产池未偿本息余额（万元）	115 542.44
预计回收总金额（万元）	59 306.02
单笔贷款最大未偿本息金额（万元）	586.89
单笔贷款平均本息余额（万元）	96.85
单笔贷款平均预计回收金额（万元）	49.70
前10大借款人贷款未偿本息总额占比（%）	6.03

资料来源：中债资信根据公开资料整理。

②回收金额与回收时间分析

本单不良资产证券化产品的基础资产具有数量较多、分散度较高、同质性较强等特点，其违约分布具有较为稳定的统计特性。因此，中债资信以静态样本池的历史回收表现为基础，综合考虑静态样本池与基础资产的差异，以及未来经济形势变化、贷款服务机构尽职能力和基础资产池的自身特征等可能对基础资产信用表现产生影响的因素，来对静态样本池的统计特征进行调整，从而得到基础资产池的违约分布情况。

第一，非抽样资产池评估模型。

抵质押物市场价值估计：抵质押物的市场价值是综合考虑抵质押物类型、位置、面积、所在地经济环境、房地产市场供需情况等因素后给出的抵质押物价值的估计。本单资产证券化项目聘请深圳市世联土地房地产评估有限公司（以下简称世联评估）评估入池资产每笔抵质押物在封包期附近的市场价值。世联评估以抵质押物类型、地址等因素为主要指标寻找相似房产的近期市场成交价格，作为抵质押物的市场价值。但此价格体现的是评估时点的市场价值，由于抵质押物处置需要一定时间，其市场价值将随着当地的经济环境变化、房地产市场供求关系变化而改变。故中债资信在评估公司给出的市价评估价值上进行一定的调整，估计抵质押物在实际变现时点附近的市场价值。

抵押物的市场价值=评估价值×处置时点调整折扣

抵押物清偿价值估计：抵质押物的清偿价值是综合考虑市场价值、快速变现过程中的折价因素后给出的抵质押物最终回收价值的估计。在不良资产证券化项目中，抵质押物的最终价值，考察的是在较短时期内快速处置抵质押物资产池所能回收的现金金额。在实际处置过程中，由于抵质押物状态的不同，可能存在一些特殊因素，如权属、面积、占用情况、贷款服务机构的清收能力、快速清偿市场的流通性等，导致抵质押物的清偿价值小于其市场价值。这些因素具有个案的特异性，中债资信以发起机构提供的资产池在封包日的状态为基础，结合访谈信息、清偿市场情况等，在抵押物市场价值的基础上进行一定的调整，估计抵质押物的清偿价值。

抵押物的清偿价值=抵押物市场价值 × 流通折扣× 费用折扣 × 机构尽职能力折扣 × 权属折扣 × 处置难点折扣

回收时间估计：对于回收时间的评估需要结合贷款实际的回收方式。除已经确定且明确的还款约定外，个人经营贷款一般通过诉讼手段进行处置，所以可以依据入池贷款所处的诉讼时点推算可能的回收时间。一般地，法律环境、资产是否首封、违约后处置策略、借款人配合程度等因素也会影响个案回收时间。

回收时间=诉讼阶段对应处置时间+∑特殊因素调整时间

第二，基础资产违约分布参数估计及调整。

中债资信通过对静态样本池当期回收率分布的拟合和检验，假设拟证券化资产池的当期回收率均服从一定的分布。中债资信根据静态样本池的当期回收率分布对基础资产的回收率分布的参数进行估计。

中债资信以静态池中2011年末至2013年末小微贷款不良贷款的处置回收情况为样本，对回收率分布进行了拟合与检验。

通过国外对回收率分布的研究，选取Beta分布、Gamma分布和对数正态分布，基于静态样本池回收率数据对各分布进行拟合和检验，选取拟合度最高的Beta分布作为资产池回收率的分布。

（4）交易结构及信用增级措施

①交易结构

从证券的支付类型来看，优先级证券均采用过手型支付，每半年支付一次本息；从产品结构上看，采用优先级与次级两层的结构设计，没有中间档，分层结构较为简单；从信托账户设置来看，本单证券共设置了三个一级分账户，分别是"信托收款账户"、"信托付款账户"及"信托（流动性）储备账户"，在每个信托分配日，受托机构指示资金保管机构将存入可分配现金账户的账户余额以及按合同约定从其他相应的信托分账户转入可分配账户的全部金额，按照合同约定的方式偿付税费、利息与本金。

②信用增级措施

第一，优先/次级结构。本单交易采用优先/次级结构，次级资产支持证券能为优先档证券提供一定的信用支持。

第二，流动性支持。本单证券设置了内部流动性支持。对优先档证券利息支付设置了流动性储备账户，其中流动性储备账户中当期流入的金额保留下一期优先档证券所应支付的税收、应付未付的各项发行费用总额、中介参与机构报酬（除贷款服务机构报酬）、限额内可报销费用支出、受托人以固有资产垫付的费用、优先档证券利息的总和，同时本单证券任发起机构以外的次级档资产支持证券持有人为流动性支持机构，且根据流动性支持机构的信用等级以不同方式对证券利息及其以前的支付项差进行差额补足，这在一定程度上降低了优先档证券的流动性风险。

（5）其他关注问题

①抽样调查的风险

入池贷款由于数量较大，会计师、律师只采取抽样的方式对小部分入池贷款进行执行商定程序及法律尽职调查。通过抽样尽职调查可以在一定程度上反映入池资产的总体状况，但个别初始入池资产仍可能具有瑕疵或不符合合格标准，存在一定风险。

②超额奖励服务费机制

本单证券的贷款服务机构由发起机构招商银行同时担任，不同于正常类资产支持证券，不良资产的回收金额与回收时间除了取决于资产本身质量好坏，还很大程度上受贷款服务机构尽职能力、意愿与程度的影响。为了充分调动贷款服务机构的积极性，本单证券设置了超额奖励服务费机制，约定当支付次级档资产支持证券达到一定金额后将剩余部分的一定比例①作为贷款服务机构的服务报酬。贷款服务机构除了基本服务费外，还能享受到额外的收益，回收金额越多，能分配的金额越多，能充分激励贷款服务机构尽职履责。

（6）小微类不良贷款证券化的主要特点

小微类不良贷款涉及信用、保证、抵质押类贷款，一般抵质押物为

---

①支付完毕所有次级档资产支持证券本金之后的累计剩余资金不低于5 000万元但不高于2亿元，则超过5 000万元部分的50%为次级档资产支持证券的超额收益，其余50%为超额奖励服务费；支付完毕所有次级档资产支持证券本金之后的累计剩余资金超过2亿元，则超过2亿元部分的30%为次级档资产支持证券的超额收益，其余70%为超额奖励服务费。

住宅或商铺，处置变现能力较好，是不良贷款的主要回收来源。小微企业贷款虽为零售类贷款但由于其贷款额度一般在百万数量级，银行在放贷时为了缓释信用风险一般追加保证金、抵押等多种担保方式，且抵押物价值一般能有效覆盖资产池本息金额。同时，小微企业贷款的借款人为小型、微型企业的个体工商户主，涉及的抵押物主要为住宅或商业物业。相较于对公类不良贷款中常见的工业土地、工业厂房、设备等抵押物，住宅、商铺具有更强的变现能力与流通价值，能够为资产池提供相对可靠的回收来源，所以相比于对公类不良贷款与信用卡类不良贷款，抵押类小微企业不良贷款具有更高的预期回收水平。

基础资产笔数较多，分散性较好，具有一定同质性但仍存在个体化差异。一般小微类不良资产支持证券涉及上千笔入池资产，基础资产笔数较多，有效分散了借款人、地区、职业、年龄等集中度风险。但考虑到小微类不良贷款回收金额与回收时间会因抵质押物情况与借款人情况不同而存在较为明显差异，因此在评估该类资产回收情况时，不同于信用卡类不良贷款在回收过程中呈现极高的同质性，不能简单分析发起机构历史小微类不良贷款的回收情况，需要综合分析入池资产实际的担保情况、抵质押物回收价值、回收阶段等多方面因素判定资产池的未来回收表现。

基础资产主要通过委托催收，处置费用较高。小微类不良贷款数量较多，借款人高度分散，且单笔未偿本息余额不高，债权银行自身的清收处置精力有限且成本上不经济，因此在回收过程中一般委托外部催收机构或代理律师进行催收，并支付相应的佣金费率。与对公不良贷款相比，小微类不良贷款外包催收的处置费用一般较高。

非逐笔的抽样调查方法存在一定局限性。不良资产证券化涉及的会计、法律、估值等各环节工作多而复杂，再加上小微类不良资产证券入池笔数较多，若逐笔开展尽职调查、估值，项目耗时较长、成本较高。考虑到资产池金额分散、样本量充分、在贷款的申请、审批、还款、逾期等环节同质性较高等特点，各中介机构一般采用抽样尽职调查、评估的方式对资产池整体状态进行了解。特别地，在资产池回收价值评估方面，除现场逐笔评估抽调资产回收价值外，需要结合银行提供的贷款增信措施、预期处置方案、借款人状态、抵质押物状态、处置进度等对资产回收产生重大影响的核心因素进行综合分析，才能给出资产池整体回收率与回收时间的评估判断。但是，抽样尽职调查虽然在一定程度上反映资产池的总体状况，由于抽样尽职调查方法下中介机构未对初始入池资产的全部借款人的情况进行逐笔调查分析，尽职调查的结论是根据对抽样样本而非对全部入池资产的尽职调查工作得出，所以仍不排除存在个别初始入池资产具有瑕疵或不符合合格标准或不符合抽样尽职调查结论，从而对资产支持证券的现金流造成不利影响的情况。

（四）不良资产证券化中的法律问题

1. 不动产登记的法律问题

（1）概述

2007年10月1日开始施行的《中华人民共和国物权法》（以下简称《物权法》）奉行物权法定主义原则和物权公示主义原则，要求建立国家统一的不动产登记制度。为此，2014年11月24日国务院颁布了《不动产登记暂行条例》（2015年3月1日起施行），2016年1月1日国土资源部颁布了《不动产登记暂行条例实施细则》。不过，对于船舶、航空器和机动车辆这类特殊动产（也称为"准不动产"），则适用特定的法律制度。比如，航空器的所有权登记和抵押登记适用《中华人民共和国民用航空法》确立的相关登记制度。

不动产抵押登记制度是不动产登记制度的重要组成部分。根据现行《物权法》的规定，不是任何财产都可以设立抵押权，只有在符合法律规定的财产上设立抵押权，不动产登记机构才会予以办理抵押登记。不动产抵押登记对于不动产抵押权的法律影响主要体现在以下三个方面：①抵押权的效力。我国现行《物权法》对不动产抵押采取了登记生效主义的立法例，即第一百八十七条规定"以本法第一百八十条第一款第一项至第三项规定的财产或者第五项规定的正在建造的建筑物抵押的，应当办理抵押登记。抵押权自登记时设立"。此处"设立"的法律含义是"未登记的抵押无效，债权人对抵押物不享有抵押权"。对于动产和"准不动产"抵押，则采取了登记对抗主义的立法例，即"抵押权自抵押合同生效时设立，未经登记，不得对抗善意第三人"；②抵押权的顺位。根据我国《物权法》第一百九十九条的规定，"同一财产向两个以上债权人抵押的，拍卖、变卖抵押财产所得的价款依照下列规定清偿：a. 抵押权已登记的，按照登记的先后顺序清偿；顺序相同的，按照债权比例清偿；b. 抵押权已登记的先于未登记的受偿；c. 抵押权未登记的，按照债权比例清偿。"；③抵押权的转让效力。我国现行《物权法》不允许抵押权单独转让，抵押权只能够与其所担保的主债权一同转让。但是，对于抵押权随同主债权转让时，是否需要办理抵押权变更的登记手续，则现行《不动产登记暂行条例实施细则》针对不同类型的抵押权采取了区别对待的处理方式。

就不良资产证券化而言，除了信用卡不良资产证券化之外，其他类型的不良资产证券化多数情况下均会涉及担保物。而且，从我国的不良资产证券化实践情况来看，最为重要的担保物就是土地使用权和建筑物等不动产。因此，对于不良资产证券化涉及的不动产抵押，必须要对其合法性和有效性做出准确的法律判断，并予以充分的披露。否则，不仅会损害资产支持证券投资人的合法利益，不良资产证券化的发起机构及其他相关参与机构可能也会因此承担相应的法律责任。

（2）在不良资产证券项目的资产池里，未办理抵押登记的不动产抵押权是否有效？

在不良资产证券化项目里，存在个别这样的情况：发起银行为资产池里的借款企业提供了两笔以上的贷款，但只有一笔贷款签署了不动产抵押合同并办理了抵押登记，另外一笔仅签署了抵押合同却未办理抵押登记。此时，未办理抵押登记的抵押权是否具备法律效力？

我国现行《物权法》修改了《担保法》第四十一条的做法，即以不动产作为抵押的，抵押合同必须登记，否则合同不生效，抵押权也自然无效。根据《物权法》的规定，不动产抵押合同的效力不再取决于抵押登记，即抵押合同在合同约定的生效条件全部具备之时生效，抵押人对抵押权人承担抵押合同约定的违约责任。但是，必须要明确的是，抵押合同生效并不意味着抵押权同时生效，抵押权的"设立"必须符合《物权法》的规定。根据《物权法》规定，不动产的抵押"应当办理抵押登记，抵押权自登记时设立"（参见第一百八十七条），动产的抵押"抵押权自抵押合同生效时设立；未经登记，不得对抗善意第三人"（参见第一百八十八条）。

因此，对于不良资产证券化项目中可能存在的未办理抵押登记的不动产抵押情况，为了确保抵押权合法有效，建议发起银行在将资产池转让给证券化受托机构之前及时补充办理完毕抵押登记手续。

（3）在设立不良资产证券化的特殊目的信托时，未办理抵押登记的不动产抵押权转移是否具备法律效力？

在交易结构方面，当前我国的不良资产证券化与普通信贷资产证券化基本保持一致，即发起银行将资产池以信托方式转移至证券化受托机构及资产支持证券的名义发行人——信托公司名下，以实现发起机构信用风险的破产隔离效果。如前文所述，我国的不动产抵押权非经抵押登记不得设立。因此，就不良资产证券化项目而言，在信托转让资产池的情况下，不动产抵押权能否转让及抵押权转让是否履行抵押变更登记手续就成为最为突出的法律问题。

我国现行《物权法》第一百九十二条规定"抵押权不得与债权分离而单独转让或者作为其他债权的担保。债权转让的，担保该债权的抵押权一并转让，但法律另有规定或者当事人另有约定的除外。"据此规定，不良资产证券化项目里的不动产抵押权可以转让至信托公司名下。但是，对于该等抵押权的转让是否需要办理抵押登记，则一直存在争议。目前，普通信贷资产证券化实践中的普遍做法是，在将信托财产转让至信托公司名下之际，不办理抵押权转让变更登记，而是在信托合同约定出现特定情形（权利完善事件）时再行办理抵押变更登记。但是，对于不良资产证券化项目而言，似乎很难设定此类权利完善事件。因此，在如何处理抵押权登记的问题上，还是应当尽可能依循现有法律寻求解决办法。

我们认为，2016年颁布实施的《不动产登记暂行条例实施细则》基本解决了不动产抵押权转让的变更登记问题，但动产及准不动产的抵押权转让登记争议依然继续存在。该《不动产登记暂行条例实施细则》第六十九条规定，"因主债权转让导致抵押权转让的，当事人可以持不动产权属证书、不动产登记证明、被担保主债权的转让协议、债权人已经通知债务人的材料等相关材料，申请抵押权的转移登记。"同时，该《不动产登记暂行条例实施细则》第七十四条规定"债权人转让部分债权，当事人约定最高额抵押权随同部分债权的转让而转移的，应当分别申请下列登记……"。需要注意的是，该实施细则对普通不动产抵押权转让采取的要求是"可以"申请办理抵押权的转移登记，对于最高额抵押权则采取了"应当"办理转移登记的要求。根据我国立法机构的立法语言使用规则和使用惯例，对于"应当"事项，如果未依照相关法律要求处理，则不产生法律效力。因此，对于不良资产证券化项目而言，如果涉及最高额抵押且主债权未确定时（如果主债权确定了，最高额抵押权就转化为普通抵押权了），应当及时办理抵押权转移登记手续。如果办理登记存在实际困难，可以将此类资产排除在资产池之外，或者将涉及此类抵押权的不良贷款资产以非抵押贷款的状态转入不良资产证券化项目的资产池。

（4）在不良资产证券化法律尽职调查过程中，是否需要核查不动产登记簿？

如前文所述，国务院在2014年才正式启动建立全国范围内统一的不动产抵押机构和机制，国土资源部在2016年才颁布了指导各地不动产登记机构的工作规则。可以说，当前的不动产登记工作正处于一个新旧更替的过渡时期。在新的不动产登记制度完全建立起来之前，不良资产证券化的法律尽职调查工作必然面临各地不动产抵押部门对于同样的不动产采取不同抵押登记做法和登记文件的复杂局面。从当前不良资产证券化的实践情况来看，如何开展不动产抵押登记情况的法律核查确实是一项非常棘手的事情。

现行《不动产登记暂行条例》第二十一条第二款规定，不动产登记机构完成登记，应当依法向申请人核发不动产权属证书或者登记证明。但是，必须要指明的是，不动产登记簿与不动产权属证书的法律意义存在着本质差异。不动产登记机构核发给不动产权利人的不动产权属证书属于权利证明文书，只有存放在不动产登记机构的不动产登记簿才是不动产物权的法律依据。我国《物权法》第十七条规定"不动产权属证书是权利人享有该不动产物权的证明。不动产权属证书记载的事项，应当与不动产登记簿一致；记载不一致的，除有证据证明不动产登记簿确有错误外，以不动产登记簿为准。"

因此，对于不良资产证券化项目，为了核查和落实所涉及不动产抵押的真实法律状态，仅仅核查不动产权属证书对抵押权的记载事项是不够的，还必须核查不动产登记簿的记载事项。如果这两份文件的记载事项存在差异，特别是对于抵押权顺位的记载出现了差异，必须予以认真核查。假如核查结果是无法确认抵押权的顺位状态，或可能存在第三方对拟入池资产所涉及抵押权的顺位主张异议的法律风险，则可以将此类资产排除在不良资产证券化项目的资产池之外。

2. 抵押物处置中的法律问题

（1）概述

现行《物权法》规定了三个抵押权的实现方式，即在债务人不履行到期债务或者发生当事人约定的实现抵押权的情形下，抵押权人可以与抵押人协议以抵押财产折价或者以拍卖、变卖该抵押财产所得的价款优先受偿。另外，我国《物权法》还规定，如果抵押权人与抵押人未就抵押权实现方式达成协议的，抵押权人可以请求人民法院拍卖或变卖抵押财产。

抵押财产的折价实质是指抵押人与抵押权人协商以确定的价格用于抵消所担保的债权。如果协商确认的折价价格（我国《物权法》要求折价必须参照抵押物的市场价值）超过了未清偿债务金额，超过部分属于抵押人。但是，该折价处理抵押物的方式仅在抵押权行使的条件完全具备时，抵押权人与抵押人以协议方式执行。抵押物的变卖是指以一般买卖形式将抵押物出售给抵押权人和抵押人之外的第三人。变卖的具体操作方式可以是当事人合意变卖，也可以是法院强制变卖。抵押物的拍卖则是委托具备拍卖资质的机构依照《拍卖法》的相关规定将抵押物出售给第三人。我国《物权法》允许抵押权人直接向法院申请拍卖抵押物。当然，当事人也可以合意委托拍卖机构处置抵押物。在抵押物变卖的情况下，与抵押物有特定关系的第三人（如承租人）可以以同等条件优先购买抵押财产。但是，抵押物的拍卖可以对抗第三人（如承租人）优先购买权。另外，需要注意的是，我国《物权法》不支持在抵押合同里作出"在债务清偿期限届满债务人不履行债务人，抵押物所有权转移为抵押权人"之类的约定。

从当前我国的司法实践情况来看，虽然《物权法》对于抵押物的处置方式作出了明确的规定，但在实际执行过程中依然存在不少难以处理的复杂法律问题。就不良资产证券化项目而言，资产池里的债务人均处于财务困境，甚至已经处于破产状态或进入了破产程序，抵押物处置的法律问题就更为复杂了。因此，凡是从事不良资产证券业务的机构，包括信用评级机构和不良资产支持证券投资者，确实应当对于不良资产的处置难度和最终结果保持一个相对客观的合理预期。

（2）在抵押物不符合法律规定的情况下，可以行使抵押权吗？

从担保物权法的基本法律逻辑来看，抵押权行使的前提之一是抵押物必须是法律规定的可以抵押的财产。我国《物权法》设定了不得予以抵押的财产范围。现行《物权法》第一百八十四条规定，下列财产不得设立抵押：（1）土地所有权；（2）耕地、宅基地、自留地、自留山等集体所有的土地使用权，但法律规定可以抵押的除外；（3）学校、幼儿园、医院等以公益为目的的事业单位、社会团体的教育设施、医疗卫生设施和其他社会公益设施；（4）所有权、使用权不明或者有争议的财产；（5）依法被查封、扣押、监管的财产；（6）法律、行政法规规定不得抵押的其他财产。另外，最高人民法院颁布的《担保法司法解释》第四十八条还规定，以法定程序确认为违法、违章的建筑物设立抵押，则抵押无效。

如果不良资产证券化项目里存在上述抵押的财产，则抵押无效，信托公司作为证券化之后的不良资产的新债权人将不得处置抵押财产以偿还贷款债权。从当前我国司法实践的情况来看，抵押物所导致的抵押权无效情形主要是因为相关法律规定的理解差异。比如，如何理解"被监管的财产"，如何判断"所有权不明"，如何理解"违法违章建筑物"等。因此，在对不良资产证券化项目的拟入池资产进行法律核查时，除了查看抵押登记资料之外，对于涉嫌违反上述物权法规定的抵押物，应当仔细核查，谨慎判断抵押权是否有效或者是否可以采取补救措施以确立抵押效力。比如，根据最高人民法院颁布的《担保法司法解释》第四十九条的规定，以尚未办理权属证书的财产设立抵押，在第一审法庭辩论终结前能够取得权利证书或补办登记手续，法院可以认定抵押有效。

此外，还需要注意的一个问题是，现行法律制度对于铁路、公路、水库、涵洞等重要的不动产物权是否需要登记以及如何办理登记未做出规定。如果不良贷款证券化项目的资产池里存在此类不动产抵押，尚需结合最新立法情况及中央政策作出审慎的判断。

（3）在抵押物出租的情况下，如何行使抵押权？

在当前的不良贷款资产证券化项目上，确实存在一些不良贷款的抵押物出租给第三人的情况。有的租赁是在贷款合同签署之前就已经存在了，有的则是在抵押登记之后发生的。但是，也有一些很难判断租赁发生的具体时间，甚至无法判断租赁的真实性。现行《物权法》第一百九十条对于抵押物上存在租赁和抵押的处理方式做出了原则性的规定，即"订立抵押合同前抵押财产已出租的，原租赁关系不受该抵押权的影响。抵押权设立后抵押财产出租的，该租赁关系不得对抗已登记的抵押权。"但是，现实情况的复杂性导致法院在执行该第一百九十条时依然面临很大的挑战。

从目前司法实践的情况来看，各地法院在处理此类问题时所采取的方法不尽相同。比如，如何判断在订立抵押合同之前抵押物就已经出租给第三人了？浙江省高级人民法院对此采取的应对措施是，如果在抵押前租赁合同的当事人已经根据《中华人民共和国城市房地产管理法》第五十四条、住房和城乡建设部制定的《商品房屋租赁管理办法》第十四条和第十九条的规定办理了租赁登记备案手续的，法院认定租赁合同签订于抵押之前。此外，按照浙江省高级人民法院在《关于执行非住宅房屋时案外人主张租赁权的若干问题解答》中还规定，法院经审查发现有下列情形之一的，一般也可认定租赁合同签订于抵押之前：（1）租赁合同的当事人在抵押前已就相应租赁关系提起诉讼或仲裁的；（2）租赁合同的当事人在抵押前已办理租赁合同公证的；（3）有其他确切证据证明租赁合同签订于抵押前的，如租赁合同当事人已在抵押前缴纳相应租金税、在案涉房屋所在物业公司办理租赁登记、向抵押权人声明过租赁情况等。

因此，为了准确判断租赁对不良资产证券化所涉及抵押物的处置的影响，相关参与机构，特别是不良资产证券化项目的法律顾问，应当结合拟入池资产所涉及抵押物所在地各级法院，主要是省高级人民法院的相关文件，做出审慎判断。

（4）在抵押物为债务人唯一住房的情况下，如何行使抵押权？

对于以个人住房不良贷款作为基础资产的证券化项目，抵押权的行使很可能会遇到"唯一住房"问题，即如果抵押物是借款人的唯一住房，是否可以处置该抵押物？根据《最高人民法院关于人民法院民事执行中查封、扣押、冻结财产的规定》第七条的规定，"对于超过被执行人及其所扶养家属生活所必需的房屋和生活用品，人民法院根据申请执行人的申请，在保障被执行人及其所扶养家属最低生活标准所必需的居住房屋和普通生活必需品后，可予以执行。"也就是说，在抵押物是债务人唯一住房的情况下，可以执行该抵押物。

但是，如何认定债务人的"唯一住房"？如何认定超过了"扶养家

属生活所必需"标准？以及如果执行，如何保障债务人及其家属的"生活
所必需的房屋和生活用品"？ 从当前我国司法实践来看，各地法院的做
法依然不尽一致。比如，浙江省高级人民法院在《关于执行程序中执行一
处住房相关问题的解答》中规定，下列情形之一应认为超出"生活所必
需"，法院可以执行：（1）住房面积超过80平方米，或住房面积虽然不
到80平方米、但超过被执行人及其所扶养家属维持最低生活标准所必需
（按当地廉租住房保障相关规定）的住房面积50%以上的；（2）被执行
人及其所扶养的家属共同居住的住房面积超过60平方米，且房屋单价高于
当地住房均价的50%以上的。另外，浙江省高级人民法院还要求执行"一
处住房"，应当以申请执行人的申请作为前置条件，申请执行人应当向人
民法院出具承诺书，承诺书内容包括同意发放保障费用、提供临时住房或
临时住房租金等。

因此，为了准确判断债务人唯一住房对不良资产证券化现金流和处置
成本的影响，相关参与机构，特别是不良资产证券化项目的法律顾问，应
当结合住房所在地各级法院，主要是省高级人民法院的相关文件，做出审
慎判断。

（5）在抵押物为在建工程的情况下，如何行使抵押权？

以在建工程作为抵押物，是我国市场上一种常见的担保方式。对于
不良资产证券化而言，入池资产的借款人均为陷入财务困境的机构，其用
于抵押的在建工程所面临的无法完工的风险要远大于正常经营的企业。因
此，对于不良资产证券化里所涉及在建工程抵押的法律风险需要给予更多
的重视。

现行《物权法》第一百八十条规定，"正在建造的建筑物"可以抵
押，第一百八十七条进一步规定"正在建造的建筑物抵押的，应当办理抵
押登记。抵押权自登记时设立"。对于在建工程的抵押登记，有人认为其
法律性质属于《物权法》第二十条规定的"预告登记"，即"当事人签订
买卖房屋或者其他不动产物权的协议，为保障将来实现物权，按照约定可

以向登记机构申请预告登记。预告登记后，未经预告登记的权利人同意，处分该不动产的，不发生物权效力。预告登记后，债权消灭或者自能够进行不动产登记之日起三个月内未申请登记的，预告登记失效"。此外，现行《城市房地产抵押管理办法》第三十四条规定，"以预售商品房或者在建工程抵押的，登记机关应当在抵押合同上作记载。抵押的房地产在抵押期间竣工的，当事人应当在抵押人领取房地产权属证书后，重新办理房地产抵押登记。"因此，如果不良资产证券化项目的入池资产涉及在建工程抵押，为了有效维护资产支持证券投资人的合法利益，假如在资产支持证券存续期间，所抵押之在建工程具备了办理建筑物不动产抵押登记的条件，应当在"能够进行不动产登记之日起三个月内"及时申请办理新的建筑物抵押登记。

需要注意的是，2016年实施的《不动产登记暂行条例实施细则》第七十五条规定"当事人申请在建建筑物抵押权首次登记时，抵押财产不包括已经办理预告登记的预购商品房和已经办理预售备案的商品房。"因此，如果不良资产证券化所涉及在建工程抵押物上存在办理了预告登记的商品房和预售备案的商品房，在行使抵押权、处置抵押物时，将不得处置该两类特定房产。此外，最高人民法院《关于建设工程价款优先受偿权问题的批复》第二条规定，在建工程的承包人就其工程价款债权享有优先于在该建设工程上设立的抵押权的优先受偿权。如果入池资产的借款人存在拖欠建设工程价款的情况，抵押物的处置所得将优先用于偿还工程价款，而不是支付资产支持证券的收益。

（6）在土地使用权抵押之后形成的建筑物，抵押权人如何行使抵押权？

如前文所述，我国在2014年才开始建立全国统一的不动产登记制度。在此之前不动产涉及的土地使用权和建筑物分别在不同的政府主管部门办理产权登记和抵押登记。但是，在建筑物作为抵押物的情况下，建筑物与土地是无法分割的，难以想象在行使抵押权时不考虑土地而单独处置建筑物。因此，我国《物权法》第一百八十二条规定"以建筑物抵押的，该建筑物占用范围内的建设用地使用权一并抵押。以建设用地使用权抵押的，该土地上的建筑物一并抵押。抵押人未依照前款规定一并抵押的，未抵押的财产视为一并抵押。"因此，如果在不良资产证券化项目上，相关不动产抵押如果仅办理了建筑物（房屋）登记，未办理土地抵押登记，抵押权的有效性均依法自动延至土地使用权，反之亦然。

但是，从目前不良资产证券化的实践情况来看，比较复杂的情况是，土地使用权和地上建筑物分别抵押给不同机构。在此情况下，入池资产项下的抵押权是否有效？对此，根据物权法对抵押权登记所确立的基本原则，我们理解应当以抵押登记的时间确定这两个抵押权的优先顺序。如果证券化入池资产的抵押登记时间在先，则抵押权人有权优先处置抵押物，优先受偿。

需要注意的一个重要事项是，假如入池资产的抵押物是土地使用权，而且在办理抵押登记时该土地上不存在建筑物或仅存在部分建筑物，对于抵押之后形成的新增建筑物，抵押权人不享有抵押权。现行《物权法》第二百条规定，"建设用地使用权抵押后，该土地上新增的建筑物不属于抵押财产。该建设用地使用权实现抵押权时，应当将该土地上新增的建筑物与建设用地使用权一并处分，但新增建筑物所得的价款，抵押权人无权优先受偿。"

（7）在未取得抵押物共有人同意的情况下，如何行使抵押权？

对于以个人住房不良贷款作为基础资产的不良资产证券化项目，往往会涉及共有财产的抵押问题。比如，所抵押房产为夫妻共有财产，但抵押合同签署人仅为其中一方，此时抵押是否有效？根据《物权法》的基本理论，因夫妻、亲子或继承关系形成的财产共有关系属于共同共有。对于共同共有财产的抵押，最高人民法院颁布的《关于适用〈中华人民共和国担保法〉若干问题的解释》的第五十四条规定，"共同共有人以其共有财产设定抵押，未经其他共有人的同意，抵押无效。但是，其他共有人知道或者应当知道而未提出异议的视为同意，抵押有效。"在当前的司法实践当中，对于购房人将所购房屋抵押以取得购买贷款，如果只有夫妻一方的签字，法院可以运用"默示推定"的方法推定另一方"视为同意"。如果夫妻一方将房产抵押所获取贷款用于消费（比如，消费金融贷款），问题就更为复杂了。因此，如果以消费金融领域形成的不良资产作为不良资产证券化的基础资产，在抵押物为共同共有财产的情况下，如果没有全体共同共有人的同意或签署抵押合同，则需审慎对待此抵押的效力。

另外，对于以个人住房抵押贷款作为基础资产的不良资产证券化项目，假如仅办理了抵押预告登记，在决定该等资产是否入池时，应当确认该预告登记是否已经失效，或者已经具备了办理正式住房抵押的条件。如果预告登记已经失效，则不宜入池或充分披露该失效信息。如果预告登记依然有效且还不具备办理正式抵押登记的条件，则应当"自能够进行不动产登记之日起三个月内"及时申请办理不动产抵押申请。

（8）在同时存在保证和抵押的情况下，如何行使抵押权？

对于以普通对公不良贷款作为基础资产的证券化项目而言，普遍存在一项债权同时存在抵押和保证担保的情况。从我国不良资产处置的实践经验来看，虽然不良贷款获得清偿的程度主要依赖于抵押物，但是依然不排除保证人承担担保责任的可能性。

为了在保证担保和担保物权同时存在的情况下强化保证人的担保责任，现行《物权法》对《担保法》第二十八条（该条规定，"同一债权既有保证又有物的担保的，保证人对物的担保以外的债权承担保证责任。"）做出了修改，即第一百七十六条规定"被担保的债权既有物的担保又有人的担保的，债务人不履行到期债务或者发生当事人约定的实现担保物权的情形，债权人应当按照约定实现债权；没有约定或者约定不明确，债务人自己提供物的担保的，债权人应当先就该物的担保实现债权；第三人提供物的担保的，债权人可以就物的担保实现债权，也可以要求保证人承担保证责任。提供担保的第三人承担担保责任后，有权向债务人追偿。"因此，如果不良资产证券化项目的入池资产所涉及保证人具备履约能力，依然有必要积极依法促使保证人履行担保责任。

此外，在不良资产证券化入池资产存在第三人保证的情况，债权人需要注意不要随意放弃某些抵押权。根据《物权法》第一百九十四条的规定，债务人以自己的财产设定抵押，抵押权人放弃该抵押权、抵押权顺位或者变更抵押权的，其他担保人在抵押权人丧失优先受偿权益的范围内免除担保责任。

（9）在抵押物被其他债权人依法查封的情况下，如何行使抵押权？

对于不良资产证券化项目而言，抵押物的处置效率对于资产支持证券投资人实现投资收益意义重大。虽然最高人民法院发布的《关于适用〈中华人民共和国担保法〉若干问题的解释》第五十五条规定了"已经设定抵押的财产被采取查封、扣押等财产保全或者执行措施的，不影响抵押权的效力。"但是，我国当前的司法实践奉行"查封财产由首封法院处置"的原则。从当前我国司法实践来看，抵押权人之外的第三人对抵押权有效性提出挑战或先行查封抵押物，依然是影响抵押物处理效率的重要因素。

2016年4月12日，最高人民法院发布了《关于首先查封法院与优先债权执行法院处分查封财产有关问题的批复》（2016年4月14日起施行），要求在执行过程中，应当由首先查封、扣押、冻结的法院负责处分查封财产。但是，对于已进入其他法院执行程序的债权对查封财产有顺位在先的担保物权、优先权，如果自首先查封之日起已超过60日，且首先查封法院就该查封财产尚未发布拍卖公告或者进入变卖程序，优先债权执行法院可以要求将该查封财产移送执行。这个安排在一定程度上对于维护抵押权人的合法利益、提高抵押物处置效率起到了积极的促进作用。但是，其实际效果还有待于司法实践的检验。因此，在不良资产证券化项目上，如果拟入池资产的抵押物尚未被抵押权人之外第三人申请司法查封，建议发起银行及时对借款人提起诉讼或对抵押物采取司法查封。如果已经被抵押权人之外第三人申请了法院查封，则视该查封法院与抵押物所在地法院是否为同一个法院等具体情况来对未来抵押物的处置效率做出一个审慎的判断。

此外，现行《中华人民共和国企业破产法》第七十五条规定"在重整期间，对债务人的特定财产享有的担保权暂停行使。但是，担保物有损坏或者价值明显减少的可能，足以危害担保权人权利的，担保权人可以向人民法院请求恢复行使担保权。"因此，如果不良资产证券化项目入池资产的借款人已经进入破产程序，抵押物的处置及处置时间还将受到破产法的影响。考虑到破产程序在时间方面的难以预计性，为了不影响不良资产证券化现金流的形成预期，可以考虑将借款人进入破产程序或处于破产状态的不良资产排除在证券化入池资产的范围之外。

二、资产证券化市场风险专题

（一）租赁资产证券化的风险分析

1. 租赁资产证券化产品介绍

融资租赁是指出租人根据承租人对租赁物和供货人的选择或认可，将其从供货人处取得的租赁物按合同约定出租给承租人占有、使用，向承租人收取租金的交易活动。融资租赁与传统租赁在租金、风险转移、利率、租金支付方式、维修责任和租期结束后的物件归属等诸多方面均有所不同，一句话概括，传统租赁本质上是融物行为，而融资租赁更侧重于融资功能。

表19　融资租赁与传统租赁主要异同

	融资租赁	传统租赁
租金的含义	资金的使用价格	物品的使用价格
租金计算方法	占用融资成本的时间	租赁物使用时间
风险转移	转移了与资产所有权有关的全部风险和报酬	仅转移资产使用权
物件的选择	承租人（客户）自由选择	出租人购买，承租人选择使用
租赁合同期限	中长期（1年以上）	一般多是短期使用

续表

	融资租赁	传统租赁
利率	以基准利率为基础，可灵活变动	租金是租赁物的使用费，不存在利率
租金支付	可根据承租方未来现金流灵活制定	固定模式
维修责任	承租人	出租人
保险	承租人按约定购买	出租人购买
租期结束后的物件归属	承租人购买	归还出租人
留购价格	一般是象征意义的价格	市场公允价格

资料来源：公开资料，中债资信整理。

　　融资租赁的具体操作模式多种多样，包含直接租赁、售后回租、转租赁、杠杆租赁、委托租赁、联合租赁等多种模式，目前最为常见的为直接租赁和售后回租，其中，直接融资租赁有三方参与者，分别是供货商，承租人和出租人。出租人根据承租人的请求向承租人所指定的供货商购买设备。承租人和出租人签订租赁协议，出租给承租人的同时收取财务顾问费用，并且按照约定的租息率定期收取租金。它以出租人保留物品的所有权和收取租金为条件，承租人在租赁期内获得物品的占有、使用和获益的权利。租赁期满，出租人向承租人转移设备的所有权。而售后回租的参与方只有两方，出租人和承租人。承租人向出租人转移设备所有权，出租人支付购买设备款项。承租人向出租人按期支付租金和财务顾问费用，租赁期满，出租人再向承租人转移设备所有权。售后回租可以解决企业流动性不足问题，帮助企业盘活现有资产，还可以用来改善财务状况和资金结构、改善银行信用条件。目前国内租赁业务的主要形式为售后回租，大体占总业务量的70%。

　　按监管机构和自身性质的不同，融资租赁分为金融租赁和融资租赁（此处为狭义），其中，金融租赁是由银监会监管的非银行金融机构，融资租赁是由商务部监管的一般企业。金融租赁主要由各大银行设立，在经营规模、市场地位、资本势力、融资渠道、资本充足率等方面较融资租赁均具有优势（二者对比详见表20）。

表20　金融租赁公司与融资租赁公司的对比（2016.9）

	金融租赁公司 （55家）	外资融资租赁公司 （6 139家）	内资融资租赁公司 （198家）
企业性质	非银行金融机构	一般企业（准金融机构）	一般企业（准金融机构）
监管部门	银监会非银部	商务部外资司	商务部市场体系建设司、国家税务总局
适用规定	《金融租赁公司管理办法》	《融资租赁企业监督管理办法》	《融资租赁企业监督管理办法》
股东背景	商业银行或大型企业	中外合资、中外合作和外商独资	一般内资企业
股东要求	1.最近1年的营业收入不低于50亿元人民币；2.最近2年连续盈利；3.最近1年年末净资产率不低于30%；4.主营业务销售收入占全部营业收入的80%以上。	外国投资者的总资产不得低于500万美元；高级管理人员应具有相应专业资质和不少于3年的从业经验。	1.健全的内部管理制度和风险控制制度；2.高级管理人员应具有不少于三年的租赁业从业经验；3.近两年经营业绩良好，没有违法违规记录；4.具有与所从事融资租赁产品相关联的行业背景。
注册资本	最低1亿元	不低于1 000万美元	不低于17 000万元
主要业务领域	飞机、船舶、大型设备设施等	中小型设备设施	中小型设备设施
资本充足率	资本净额不得低于风险加权资产的8%。	风险资产一般不得超过净资产总额的10倍。	风险资产不得超过资本总额的10倍。
融资渠道	可以吸收股东存款，债券，同业拆借	股东增资、借款	股东增资、借款
监管指标	单一客户融资集中度：不得超过资本净额的30%。单一客户关联度：不得超过资本净额的30%。集团客户关联度：不得超过资本净额的50%。同业拆借比例：不得超过资本净额的100%。	无	无

资料来源：中债资信整理。

融资租赁在满足承租人融资需求的同时，与银行信贷相比，还具有以下优势，第一是租赁期限长，期限一般为3~5年，可长达15~20年，能较好改善承租人债务期限结构；第二是资金可灵活使用，一般没有投放限制；

第三是交易结构灵活，能够根据客户需求，采取多种方式灵活安排交易结构，如：共同承租人、设备预付款融资、委托购买等；第四是租金支付灵活，根据企业现金流情况灵活安排租金支付，包括等额本息、等额本金、前高后低、前低后高、设置宽限期、不均衡还款等多种还款方式；第五是价格可自由议定，价格组成包括利率、租赁手续费、保险费等一次性费用。委托租赁的价格由委托方与承租人协商确定；第六是改善财务指标，控制或降低资产负债率、调整费用结构、提高ROA、资产周转率、递延纳税，获得现金时间价值、减少应收账款，加快现金回笼；第七是促进销售，为下游客户购买设备提供融资来源，扩大或稳定市场份额，一般适用于厂商系的租赁公司；第八是融资租赁对租赁物享有物权，出现问题时租赁公司可以回收、处理租赁物，因而在办理融资时对企业资信和担保的要求不高，对客户的要求可以比银行更低、更灵活。从上述优点中可以发现，融资租赁尤为适合中小企业融资，因此近年取得了较快发展，租赁合同余额从2006年的80亿元增长至2016年9月底的49 500亿元。

在融资租赁行业快速发展的同时，行业的资金需求也急剧加大。公开数据显示，已开业金融租赁公司总资产与实收资本的比例由2008年底的3.12倍扩大到2015年底的12.65倍，全行业资产负债率也普遍在80%以上。因此，补充资金成为行业发展的迫切需求。融资租赁行业的外部融资渠道主要包括银行借款、信托、发债、资产证券化等，与金融租赁可以通过吸收股东存款、同业拆借等方式融资相比，融资渠道较窄，主要依赖于银行借款、信托贷款、发行债券等，以银行借款为主。而银行借款通常成本高、期限短，且在贷款规模、融资用途等方面存在诸多限制。而资产证券化方式则能够通过结构化手段使债项获得比主体更高的信用等级，进而降低企业融资成本。同时资金用途灵活，企业能较大程度自主安排资金的使用，因此近年融资租赁资产证券化取得了快速发展，成为今年企业资产证券化的第一大品种。

（1）租赁资产证券化的现状

租赁资产证券化是租赁公司将租赁资产打包出售给SPV，通过真实出售、破产隔离和信用增级过程，SPV以基础资产产生的现金流向投资人发行资产支持证券。2015年9月国务院办公厅68号文《国务院办公厅关于加快融资租赁业发展的指导意见》，69号文《国务院办公厅关于促进金融租赁行业健康发展的指导意见》，从顶层设计的角度，指出允许符合条件的金融租赁公司和融资租赁公司通过资产证券化的方式筹措资金。因此，近年租赁ABS快速发展，发行规模由2013年的11.14亿元增长至2016年底的1 201.92亿元，租赁ABS在整个ABS市场中的占比也迅速扩大，由2013年的3.98%上升至2016年底的13.97%。目前银行间、交易所和ABN三个市场中，交易所租赁ABS规模最大，截至2016年底为1 031.37亿元，占全部租赁ABS市场的85.81%。在发起人层面，租赁ABS市场集中度较高，前10大发起机构发行规模累计占比为49.29%。

图17　2012—2016年租赁ABS发行规模及ABS市场发行规模

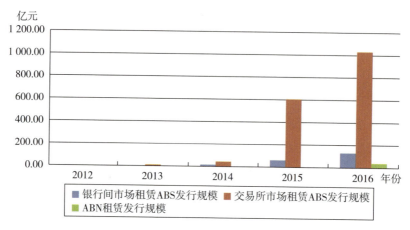

图18　银行间、交易所、ABN各市场租赁ABS发行规模

表21　截至2016年底主要发起机构市场占有率

发起机构	市场占有率
远东租赁	16.99%
中国联通	5.33%
平安国际租赁	5.32%
汇通信诚租赁	5.16%
聚信国际租赁	4.09%
融和租赁	3.02%
金美租赁	2.53%
海亮租赁	2.30%
海通恒信	2.28%
远东宏信	2.27%

（2）租赁ABS的特征

租赁ABS产品与CLO产品最为类似，但在集中度、期限、证券发行利率、证券利率类型、摊还方式等方面，存在有自身特性，此外，不同市场发行的租赁ABS产品在上述方面同样存在差异。整体来看，与CLO相比，租赁ABS集中度明显较高，其中，单一项目中，CLO平均借款人数量为63

户，而交易所租赁ABS为10户（剔除汽车租赁项目），银行间租赁ABS为18户，ABN市场租赁ABS为25户。在加权平均贷款剩余期限方面，租赁ABS产品整体长于CLO，风险暴露期相对较长。在证券发行利率方面，交易所租赁ABS发行利率也相对高于其他三类产品。同时，利率类型方面，交易所ABS产品固定利率占比显著高于其他三类产品。在摊还方式方面，交易所ABS摊还型证券所占比重也相对高于其他三类产品。

表22　租赁ABS的特征

基础资产特征	融资租赁 该类型产品均值		金融租赁 该类型产品均值		ABN 该类型产品均值		CLO 该类型产品均值	
平均借款人	868，剔除汽车租赁后中位数约10户		18		25		63	
单个借款人平均借款金额（万元）	114.93		11 376.82		7 481.70		6 370.25	
加权平均贷款剩余期限（年）	3.15		3.05		3.74		1.61	
当前加权平均贷款年利率	9.03%		5.28%		6.71%		5.15%	
当前加权平均贷款剩余期限（年）	2.86		2.66		3.25		1.49	
年化违约率	0.01%		0.00%		0.00%		0.01%	
年化提前偿还率（年）	0.45%		1.82%		6.84%		13.23%	
证券特征	优先A	优先B	优先A	优先B	优先A	优先B	优先A	优先B
发行证券总数	749	142	18	9	4	2	310	176
平均分层占比（%）	80.12%	14.13%	78.41%	9.07%	78.48%	7.42%	79.56%	9.77%
平均利率	4.74%	6.25%	3.81%	4.88%	3.77%	5.21%	4.26%	5.21%
平均期限（年）	2	2.92	1.75	2.39	2.81	3.3	1.31	2.16
固定利率证券所占比（%）	95.38%	93.41%	27.22%	13.41%	43.64%	43.64%	32.89%	16.39%
浮动利率证券所占比（%）	4.62%	6.59%	72.78%	86.59%	56.36%	56.36%	67.11%	83.61%
摊还型证券所占比（%）	45.86%	15.14%	33.32%	13.41%	36.95%	0.00%	24.35%	3.47%

　　租赁资产证券化的交易结构与信贷资产证券化相似，但租赁资产证券

化内部，银行间产品和交易所产品的交易结构又有区别，其中交易所产品的增信措施较多，除优先/次级结构、超额抵押、现金流储备账户等惯用增信措施外，多数交易所产品还存在原始权益人差额支付承诺、担保、回购承诺、保险、购买次级产品等多种内外部增信措施。交易所租赁ABS之所以设置较多增信措施，与融资租赁客户进入门槛偏低、客户资质相对偏弱有关。

表23　增信措施具体释义

增信措施	具体方式
原始权益人差额支付承诺	一般由原始权益人（发起人）出具《差额支付承诺函》，并且承诺在SPV存续期间，如果在每一期基础资产预期收益分配前的资金确认日，发现专项计划账户中的资金余额不能支持该期优先级资产支持证券的利息和本金，则由原始权益人按要求将该期资产支持证券的利息、本金和其他资金余额差额足额支付至专项计划的账户中。
回购承诺	由原始权益人（发起人）针对SPV提供的一种外部增信。一般触发回购条款的事项会在产品成立之前进行约定，回购可以针对基础资产池中单一的基础资产，例如"狮桥三期资产支持专项计划"中约定，租赁租金未按约定偿还时，原始权益人需要求按照初始基础资产入池标准提供用于替换的基础资产，若不能提供则需对违约的基础资产按照应收融资租赁贷款余额进行回购。
担保	1.差额支付承诺担保：在发生担保启动事件后，如差额支付承诺人无法足额支付资金，则由担保人提供补足。2.对专项计划的担保：对专项计划资金按时足额支付专项计划费用、优先级资产支持证券的各期预期收益和/或全部未清偿本金余额承担无条件不可撤销连带保证责任担保。
承租人履约保证金保险	每一笔入池资产的承租人都需要交纳保证金，若承租人违约，保证金可用于抵扣部分未偿租金，在一定程度上减少资产池的损失。 由保险公司对资产池提供保险，根据评级公司要求的资产池中需要补充的信用风险金额确定保险金额，一般为5%~15%。
购买次级产品	发起人或其他关联方购买次级证券，相当于为优先级证券的投资者提供了一定的信用担保。

资料来源：公开资料，中债资信整理。

2. 租赁资产证券化风险事件概述

2016年10月，联合信用调降了渤钢租赁资产支持专项计划的债券信用级别，成为租赁ABS领域的首单降级事件。该计划于2015年8月25日设立，该资产支持专项计划是以基础资产产生的现金流为还款来源，以优先级/次级分层机制、原始权益人的差额支付承诺和担保人渤海钢铁集团有限公司（以下简称渤钢集团或集团）对专项计划资金按时足额支付专项计划费用、优先级资产支持证券的各期预期收益和/或全部未清偿本金余额承担无条件不可撤销连带保证责任担保来提供综合信用支持的固定收益产品。该计划涉及租赁合同共计5笔，承租人2户。该专项计划优先级资产支持证券分为三档产品，即渤钢租01、渤钢租02和渤钢租03，各档产品均为固定利率，按季付息、到期一次性还本。渤钢租01已于2016年7月12日到期，渤钢租02于2017年1月10日到期，渤钢租03预计于2017年10月10日到期。

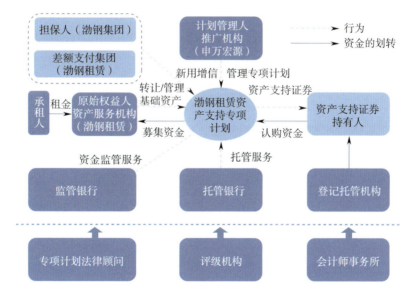

资料来源：公开资料，中债资信整理。

图19　渤钢租赁交易结构

表24　该期优先级资产支持证券发行、上市及兑付概况

证券名称	成立日	上市日	发行规模（万元）	票面利率	预期到期日
渤钢租01	2015.8.25	2015.9.30	2 000	5.50%	2016.07.12
渤钢租02	2015.8.25	2015.9.30	19 000	5.70%	2017.01.10
渤钢租03	2015.8.25	2015.9.30	19 000	5.80%	2017.10.10

渤钢租01于2016年7月12日到期，其本息得到按时足额兑付。渤钢租02于2017年1月10日到期，本息未按时支付。渤钢租03未到期，其中，自2016年5月以来，两个基础资产承租人相继无法偿还租金，基础资产的租金由原始权益人代偿。截至2016年12月31日，专项计划监管账户应于2016年10月30日及2016年11月12日分别收到由天钢支付的回收款85 791 781元及102 125 000元尚未收到。由于发生对资产服务机构、原始权益人、计划管理人或者基础资产有重大不利影响的事件，因此该专项计划触发加速清偿事件。目前该计划已停牌。

表25　基础资产池概况

初始评估基准日	
资产池合同未偿租金余额（万元）	48 408.56
承租人户数	2
合同笔数	5
单笔合同最大未偿租金余额（万元）	12 450.83
单户承租人最大未偿租金余额（万元）	31 033.14
加权平均合同利率（%）	8.46
加权平均租赁合同期限（月）	28.70
加权平均租赁合同剩余期限（月）	24.45
单笔租赁合同最长剩余期限（月）	29.69
单笔租赁合同最短剩余期限（月）	19.04

表26　截至2016年12月27日逾期租赁款明细

项目编号	项目名称	应收租金日	应收租金金额	实际回收日	实际收回租金金额	逾期原因	期末逾期金额
渤融租20141006	无	2016年10月30日	85 000 000	其中5 000 000元于2016年11月30日回收，其余尚未回收	其中5 000 000元于2016年11月30日回收，其余尚未回收	天钢债务重组暂时无法支付	80 000 000
渤融租20141101	无	2016年11月12日	100 000 000	尚未回收	尚未回收	天钢债务重组暂时无法支付	100 000 000

表27　截至2016年12月27日期末租赁款逾期情况

	期初租金余额	期末租金余额	占比	合同数	占比
逾期7~15天（含）	0	0	0	0	0
逾期15天~1个月（含）	0	0	0	0	0
逾期1~3个月（含）	185 000 000	180 000 000	97.3%	2	40%
逾期3~6个月（含）	0	0	0	0	0
逾期6个月	0	0	0	0	0

3. 租赁资产证券化风险关注

（1）过度依赖原始权益人自身信用水平

虽然租赁资产证券化的外部增信措施较多，但诸如原始权益人差额支付承诺、回购承诺等增信措施却使证券的偿付对发起人主体信用水平的依赖明显增加，制约了资产证券化真实出售和破产隔离作用的发挥，进而影响资产出表，在这种情况下，资产证券化变为了单纯的融资行为，在释放资本空间、提升流动性方面的作用无法实现。同时，原始权益人自身信用水平与证券基础资产的信用风险息息相关，原始权益人差额支付承诺的触发的条件为基础资产的当期回收款不足以支付当期应付本金和利息，这种情况很大程度是由于入池基础资产信用质量下降所导致。基础资产信用质量的下降也将一定程度引发原始权益人自身主体信用品质的恶化，进而降低其对证券的信用增级效力。此外，若增信措施中同时设有原始权益人差额支付承诺和担保，则担保人通常与原始权益人存在较强的相关关系，如母子公司、兄弟公司等，原始权益人信用品质的弱化将较大程度上影响担保人信用品质，进而降低担保方的增信效力。

以渤钢租赁资产支持专项计划项目为例，证券自2015年8月设立，2016年5月以来，该项目入池的2笔基础资产承租人相继无法偿还租金，基础资产的资金由原始权益人代偿。而该项目原始权益人/差额支付承诺人为渤海钢铁集团（天津）融资租赁有限公司（以下简称渤钢租赁），担保人为渤钢集团，二者为母子公司关系，渤钢租赁的实际控制人为渤钢集团，相关性很大。渤钢集团于2010年由天津四家钢铁企业整合而成，整合后开始大规模举债扩张，但恰逢钢铁行业景气度大幅下滑，集团的债务危机于2016年开始显现，旗下子公司的经营均受到较大影响。渤钢租赁业务主要集中在渤钢集团内部，受集团债务危机影响，其应收融资租赁款及关联方往来款的回收面临较大风险，资产质量恶化，自身偿债压力加大，将显著影响对证券的差额支付能力。其担保人渤钢集团由于自身陷入债务重组，其保证效力也将大受影响。可见，基础资产、原始权益人、保证人相关度过高，原始权益人/保证人信用水平弱化带来的风险不容忽视。

（2）部分基础资产潜在信用风险较大

首先是产能过剩类行业，近年煤炭、钢铁等行业受"去产能"、"去库存"等供给侧改革政策影响，行业景气度明显弱化，信用风险不断暴露，行业运行压力加大。未来在经济运行基本面和行业供需格局没有明显改善的情况下，产能过剩类行业景气度将仍然较差。目前租赁资产证券化项目入池基础资产的行业分布中，产能过剩类行业占有一定比例，受行业信用品质弱化影响其基础资产的信用风险或将加大。截至2016年12月31日，银行间租赁ABS产品中，占比前二大分别为水利等公共设施管理业、电力燃气等供应业，二者分别占比29.90%和27.80%，合计占比为58.60%，制造业为第三位，占比为16.8%。交易所ABS产品中，占比前二大分别为制造业与卫生和社会工作，分别占比23.9%和14.1%，合计为

38%，电力燃气等供应业占比为第三位，占比为12.5%。从行业分布可以看出，产能过剩行业在交易所ABS市场中更为集中，因此交易所ABS市场受产能过剩行业的冲击将更大。

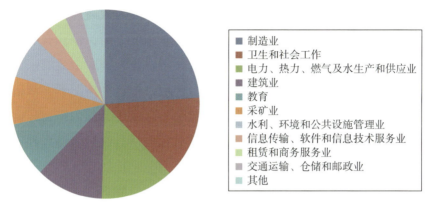

图20 交易所ABS行业分布

- 制造业
- 卫生和社会工作
- 电力、热力、燃气及水生产和供应业
- 建筑业
- 教育
- 采矿业
- 水利、环境和公共设施管理业
- 信息传输、软件和信息技术服务业
- 租赁和商务服务业
- 交通运输、仓储和邮政业
- 其他

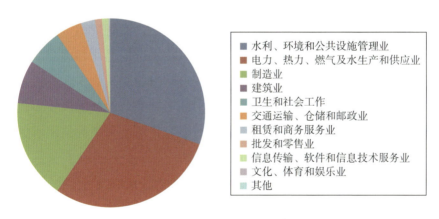

图21 银行间ABS行业分布

- 水利、环境和公共设施管理业
- 电力、热力、燃气及水生产和供应业
- 制造业
- 建筑业
- 卫生和社会工作
- 交通运输、仓储和邮政业
- 租赁和商务服务业
- 批发和零售业
- 信息传输、软件和信息技术服务业
- 文化、体育和娱乐业
- 其他

以渤钢租赁为例，入池基础资产承租人仅有2户，分别为天津钢铁和天津铁厂，均为渤钢集团的原属子公司。受钢铁行业景气下行及渤钢集团债务重组的影响，其资金流动受到限制，还款途径和能力均受到影响，后期应付租金的偿付面临很大不确定性。该项目基础资产所属行业风险大，集中度很高，行业风险、集中度风险和诸如债务重整等极端事件引发的压力可能突破原模型中设置的压力条件，使证券偿付面临较大的不确定性。

其次是地方政府融资平台类行业，近年融资租赁公司类平台业务兴起，业务模式为城投公司通过售后回租的方式向租赁公司融资，租赁物通常为城投公司的管网等资产。《国务院关于加强地方政府性债务管理的意见》（国发〔2014〕43号，以下简称43号文）印发之后，模式有所变化，通常为学校、医院等通过售后回租向租赁公司融资，同时由政府一级平台为交易提供担保，资金交由当地政府平台使用。在这种情况下，承租人仅作为融资通道，该笔业务的信用风险与政府平台的还款能力密切挂钩。虽然受43号文影响，一些租赁公司已经将授信标的从县级政府提高到市级政府，并根据GDP等指标相应设置授信额度，但由于在经济下行、房地产政策收紧的情况下，诸多融资平台不具有持续造血能力，未来的还款能力并不确定。近期，已有多家租赁公司的平台类业务遭到当地财政局撤回担保承诺函，理由是违反了《预算法》与43号文。失去了政府的隐性担保，租赁公司平台类业务面临的信用风险将大幅上升。而融资租赁资产证券化中，医疗、教育类基础资产占了很大比重，在资产证券化相关交易文件中可以发现，部分医疗、教育类入池基础资产对应的租赁物实际价值较低，但以较高的估值开展了售后回租业务，印证了其平台业务的属性。在政府担保力度减弱的情况下，平台类租赁资产证券化基础资产的信用水平将受到很大影响，未来证券偿付面临较大风险。

最后是汽车金融领域，近年融资租赁作为新的汽车金融模式发展较快，但部分融资租赁公司业务开展不规范，存在误导客户签订合同、违规租赁盗抢、涉案车辆等现象。由于汽车租赁资产证券化入池资产数量很多，通常在万笔以上，对基础资产逐一尽调的难度很大，且诱签合同现象较难调查，因此在汽车租赁资产证券化项目中，一旦存在有较大法律瑕疵的入池资产，则对应现金流获付的时间及金额将存在较大不确定性，进而对证券的信用水平将造成一定影响。

（3）部分项目存在资金混同与挪用风险

为切实防范专项计划资产与原始权益人其他资产混同以及被侵占、挪用等风险，《证券公司及基金管理公司子公司资产证券化业务管理规定》要求管理人应当建立相对封闭、独立的基础资产现金流归集机制。执行中，一般在日常经营收款账户之外，再设立一个监管账户和一个专项计划账户。监管账户为资产服务机构在监管银行开设的专门用于接收基础资产产生的回收款的人民币资金账户。专项计划账户为管理人以专项计划的名义在托管银行开设的账户，证券的一切货币收支活动均在此账户中进行。基础资产回款定期由收款账户划转到监管账户，再由监管账户划转到专项计划账户，不能直接由收款账户划转到专项计划账户。但在实际运行中，存在租赁资产证券化项目在现金流归集环节未设立监管账户的现象，使得基础资产与原始权益人的资金存在较大混同风险。也存在保证金未转付至专项计划账户的现象，保证金账户资金是否被挪用的信息无法获知，虽然有权利完善事件的设置，但在资产服务机构降级之前仍然存在保证金挪用风险。

（4）租赁物权入池存在法律瑕疵，且租赁物变现困难

法律上，租赁合同存续期间，租赁物的所有权归出租人所有。如果将租赁租金打包出售给SPV，其相关租赁物的物权理论上也应当一并转移至SPV。但在实务中，目前发行的租赁ABS的交易文件一般规定，基础资产是指由委托人为设立信托而根据《信托合同》信托予受托人的每一笔融资租赁债权及其附属担保权益。融资租赁债权系指由委托人依据租赁合同对承租人享有的租金请求权（包含本金、利息以及相当于税金部分的款项等），且该等融资租赁债权根据《信托合同》被信托予受托人。附属担保权益是指与融资租赁债权有关的、为委托人的利益而设定的任何担保或其他权益，包括但不限于抵押权、质权、保证债权、押金/预付租金、与租赁物件或融资租赁债权相关的保险单及由此产生的保险金、赔偿金以及其他收益。此处可以发现，在多数情况下，租赁物所有权没有纳入到基础资产的范围之中，而是作为可能的增信措施为债权提供保障，用于提升资产池回收率。操作层面上，租赁ABS项目中的所有权的转移一般在权利完善

事件触发之后，同时涉及租赁物所有权的转移登记，约定［"委托人"应当尽最大努力配合"受托人"办理"租赁物"所有权转移登记手续，相关费用由"委托人"承担。"委托人"、"受托人"采取"权利完善措施"，相应的"租赁物"所有权自"委托人"转让至"受托人"后，如"承租人"根据"租赁合同"的约定行使留购权的，"资产服务机构"应配合"受托人"办理"租赁物"所有权转移至相应"承租人"的转移登记手续（如有），但"租赁合同"项下的相关义务仍由"委托人"承担］。

关于租赁物权在实操中不入池的原因，主要由于租赁合同的法律关系复杂，在现有的制度框架下，法律、会计、税收等相关问题及有关出具发票问题、租赁物权利登记问题等实操问题，还存在争议空间，具体操作方案还未能最终明确，所以高昂的交易成本和潜在的权利间隔风险导致业内只能采取变通做法，仍由租赁公司持有租赁物所有权。但从投资人保护角度看，租赁物所有权不入池将使得违约事件发生时投资人损失更多，主要是无法拿到处置租赁物的回收款部分。

此外，即使作为增信措施为债权提供保障，多数租赁物的回收价值也很低。目前融资租赁ABS中，入池租赁资产对应的租赁物类型多数为机器设备或城投相关的市政管网资产，该类设备拆分难度大、普适性不强且没有成熟的流动市场，因此变现价值往往较低。

（5）租赁资产证券化信用风险加大，金融租赁整体信用表现将更为稳健

在当期宏观经济结构化调整的形势下，经济面临较大的下行压力，租赁资产证券化中基础资产、发起人、担保人等违约风险均有所加大。同时，目前整个市场发展时间很短，未经历完整的经济周期，因此在产品发起设立的过程中，相关压力参数的设置可能不够完善，或进一步导致租赁资产证券化产品违约风险暴露。整体而言，租赁资产证券化产品面临的信用风险加大。但在这种情况下，不同租赁资产支持证券的信用表现将呈现分化。基础资产无潜在法律瑕疵、分散度高，发起人自身从事的业务领域

风险低、经营实力强、风控能力好、财务表现稳健，担保人与发起人相关性弱的项目，整体上面临的信用风险更小，反之违约风险更高。整体而言，金融租赁资产证券化项目虽然存在基础资产集中度高等问题，但由于金融租赁公司在监管强度、自身股东背景、经营实力、客户获取能力、融资成本和风控水平等方面整体优于融资租赁公司，因此金融租赁资产证券化产品的信用表现将更为稳健。

（二）收益权资产证券化的风险分析

1.收益权资产证券化产品介绍

2005年12月，我国第一只收益权资产支持证券"莞深高速公路收费权益专项资产管理计划"顺利发行，此后，收益权资产支持证券项目不断增加。2016年，我国新发行385只企业资产支持证券，其中，收益权资产支持证券的发行产品数为84只，占企业资产支持证券总数的21.82%；从发行金额上看，收益权资产支持证券为889.82亿元，占企业资产支持证券发行总金额的19.22%，收益权类产品已成为结构融资领域的重要组成部分。

根据基础资产的特性，企业资产证券化分为债权类资产证券化和收益权类资产证券化，对应的企业资产分别为债权资产和收益权资产。其中，收益权类资产是企业拥有的对未来通过某种业务经营产生的现金流享有收益的权利，该类资产依附于一个或多个经营实体或独立的实物资产（如收费路桥、水电气公用事业、物业租金、公园景区等）而获取经济利益，其未来现金流的名义金额难以确定。资产证券化产品要求尽可能独立、稳定、真实、可评估预测的现金流的资产作为基础资产，但在收益权类产品中，经营实体或实物资产的运行情况又或外部经济环境的变化情况将在很大程度上影响到未来现金流是否稳定，相较债权类产品具有较高的不确定性。

由于目前我国监管部门对于资产支持证券的发行仅进行形式性审查、对于收益权类基础资产的选择仅通过列举"负面清单"的方式予以限制，因此基础资产资质的优劣、未来发展的成败完全由投资者、资产管理人自行评估，产品风险由投资者承担。有鉴于此，下文将试图通过今年市场上的具体案例事件，分析收益权类基础资产的潜在风险。

2. 收益权资产证券化风险事件概述

本节将对2016年资产支持专项计划市场上发生的信用风险事件及相关产品进行介绍，并对收益权类资产证券化中可能蕴含的风险点进行剖析，为发行人和投资者的风险把控提供参考，并协助市场不断完善收益权类资产证券化的产品设计，促进整个资产证券化市场的健康发展。

（1）大成西黄河大桥通行费收益权专项资产管理计划违约事件

大成西黄河大桥通行费收入收益权专项资产管理计划（以下简称大成西专项计划）于2014年5月29日成立。2016年5月，大成西专项计划发生违约，作为首单违约ABS，在市场引起强烈震动。下文将对该专项计划的原始权益人、担保人、交易结构、增信措施进行介绍，并对可能的违约原因进行分析。

①原始权益人介绍

鄂尔多斯市益通路桥有限公司（以下简称益通路桥）于2008年4月30日经内蒙古达拉特旗工商行政管理局批准，由内蒙古东达蒙古王集团有限公司（简称东达集团）和内蒙古东达房地产开发有限公司共同出资组建的有限责任公司。益通路桥的初始注册资本为人民币11 800.00万元，东达集团持有该公司90%的股份，是该公司的实际控制人。

益通路桥作为东达蒙古王集团为实现大成西黄河大桥特许经营权而成立的控股公司，大成西黄河公路大桥的实际运营单位，在特许期内负责大桥及引线的管理、运营、维修、维护和大修，在区域内具有排他性和垄断性。根据集团与内蒙古自治区政府的协议约定和集团的相关决议，益通路桥拥有大成西黄河大桥的收费权，收费年限为28年，且特许期内，大成西黄河大桥上下游10公里范围内不得新增修建同向或同作用的公路桥梁和浮桥。

益通路桥的经营业务比较单一，主营业务即为对大成西黄河大桥的日常运营收费。根据联合信用评级有限公司《大成西黄河大桥通行费收入受益权专项资产管理计划2015年度跟踪评级报告》中披露的财务数据，截至2014年底，益通路桥资产总额为7.70亿元，较上年底增长70.46%，股东权益1.87亿元，债务总额为5.83亿元，后者较上年大幅增长107.57%，资产负债率为75.74%，较上年提升13.54%；2014年实现营业收入0.81亿元，净利润0.16亿元，较上年大幅下降66.96%，净资产收益率为8.98%，经营性现金为净流出4.51亿元，各项指标相比去年均存在负面变化。总体来看，2014年，益通路桥收入下降，资产负债率较高，盈利能力一般。

②担保人介绍

本专项计划中，内蒙古东达蒙古王集团有限公司对原始权益人的差额支付承诺提供无条件不可撤销的连带责任保证担保。东达集团是内蒙古农业产业化国家重点龙头企业，经过近20年的快速发展，现东达集团主要经营新型农牧业、路桥建设与运营和贸易流通业，辅以房地产业、酒店业，主要利润来源于路桥经营、农牧业和酒店服务业。其中贸易流通业为2014年新增业务。东达集团主营业务突出，农牧业、贸易流通业和路桥建设与经营是其收入的主要来源，分别占营业收入的43.33%、35.86%和10.96%，合计超过90%。在资本结构方面，东达集团资产总额为169.20亿元，负债总额为97.17亿元，较上年增长28.94%，以流动负债为主，资产负债率为57.43%，较上年提升5.60%。

2014年，东达集团实现营业收入35.51亿元，同比下降18.07%，主要是由于农牧业收入及路桥建设与经营业收入下降所致；从收入板块来看，2014年，东达集团实现农牧业收入同比下降43.32%，路桥建设与经营收入同比下降68.37%，后者主要是由于煤炭行业景气度下行导致东达集团运营的路桥客货运周转量下降。从毛利率来看，2014年，农牧产业毛利率较上年小幅下降，为15.27%；酒店服务业毛利率则有所提升，为95.60%；贸易流通业毛利率与行业平均水平基本符合，为2.42%；路桥建设与经营毛利率为74.96%，较上年小幅提升3.57%。受农牧业毛利率下降及贸易流通业毛利率低的影响，2014年，东达集团业务综合毛利率有所下降，由上年的39.67%下降到22.10%。综上所述，东达集团营业收入有所减少，盈利水平下降，偿债能力也有所下滑。

③基础资产情况

大成西黄河大桥位于鄂尔多斯市达拉特旗与包头市土默特右旗之间。大桥全长8 003米，其中大桥长度1 529米，引线长度为6 474米（北岸2 209米，南岸4 265米）。大桥桥宽12米，桥梁设计荷载为公路一级。引线采用二级公路标准，设计行车速度80公里/小时，路基宽12米，行车道宽2×3.75米，沥青混凝土路面。

大成西黄河大桥的前身为大成西田家圪旦黄河浮桥，该浮桥由鄂尔多斯市东安路桥有限责任公司经营（与益通路桥同受东达集团控制）。大成西黄河大桥于2011年10月建成通车后，浮桥于2011年底拆除。

大成西黄河大桥不仅是包头市公路"三纵六横九出口"路网规划的重要组成部分，更是土默特右旗县乡公路发展"一环两纵四横六出口八连接"主体框架的核心部分，该项目是土默特右旗南北连通的主要干线，是包头市东南地区与鄂尔多斯市经济往来重要枢纽。它的建成，促进了萨拉齐镇作为全国110个小城镇建设试点之一，作为包头市东部重要卫星城的发展步伐，也促进了公路两侧经济带的迅速崛起，显著改善了土右旗南部的投资环境，加快了当地沙地、沙丘和黄河一带盐碱下湿地的综合改造治理，加快了当地农、牧、林、渔、副业的综合开发。同时对进一步加深与南岸旗区的经济、政治、文化交流合作，深化国道110线、国道109线在黄河两岸内蒙古西部金三角腹地地区的交通和战备功能，具有十分重要的意义。

资料来源：百度地图。

图22　大成西黄河大桥地理位置

专项计划成立后，基础资产即为益通路桥根据政府文件及相关协议安排，因建设和维护大成西黄河大桥所获得的自专项计划成立起未来六年内特定时期（2014年1月1日至2019年12月31日六个完整年度内每年3月1日至12月31日）的大桥通行费收入收益权。益通路桥将基础资产转让给计划管理人，根据交易文件约定将大桥收费权质押给计划管理人。

④交易结构

大成西专项计划的原始权益人为鄂尔多斯市益通路桥有限公司，计划管理人为中原证券股份有限公司，发行优先级证券共计5亿元人民币，分为14益优01~06共6档，均获得联合信用评级有限公司给予的AA+级的信用评级，优先级资产支持证券在专项计划存续期内对整个专项计划收益享有优先的约定利益。

次级资产支持证券的规模为0.3亿元，全部由原始权益人益通路桥自持，次级证券的收益，只有在优先级资产支持证券项下的本金和预期收益全部支付后，并在专项计划期满时，才能由次级资产支持证券投资者享有。

表28　大成西专项计划证券发行情况

证券名称	发行规模（万元）	规模占比（%）	预计期限（年）
14益优01	5 000	9.43	1
14益优02	7 000	13.21	2
14益优03	8 000	15.09	3
14益优04	9 000	16.98	4
14益优05	10 000	18.87	5
14益优06	11 000	20.75	6
14益优次	3 000	5.66	6
总计	53 000	100.00	—

资料来源：中债资信根据公开资料整理。

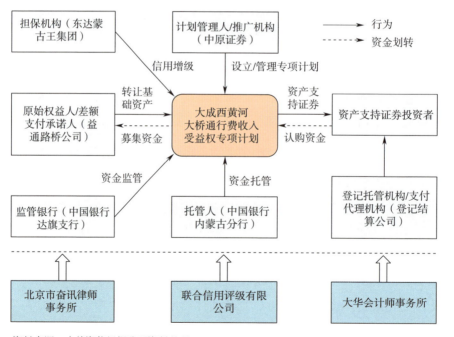

资料来源：中债资信根据公开资料整理。

图23　专项计划交易结构图

在正常情况下，计划管理对专项计划的可供分配资金作如下分配：

a.专项计划应支付的税（如有）；

b.资产支持证券上市初费、上市月费、登记注册费、兑付兑息费和相关资金划付费用；

c.计划管理人的管理费、计划管理人代付的有控制权的资产支持证券投资者大会的召开费用（如有）、托管人的托管费、跟踪评级费、其他中介机构费用（如有）；

d.优先级资产支持证券当期预期收益；

e.优先级资产支持证券当期应付本金；

f.次级资产支持证券本金和收益（在优先级本金和收益全部偿付完毕后）。

⑤信用增级方式

专项计划安排了分层结构、原始权益人和担保人提供的增信措施，具体包括：

a.优先/次级分层结构。优先级和次级分别占总发行规模的94.34%、5.66%。次级资产支持证券的分配顺序在所有优先级资产支持证券之后，即当专项计划将所有品种的优先级证券的预计收益与本金全部分配完毕后如有剩余才对次级证券进行分配。

b.原始权益人承担差额补足义务。鉴于原始权益人同意无偿代为收取大成西黄河大桥车辆通行费，为保证原始权益人在特定期内的运营管理水平、规避其道德风险，原始权益人同意对基础资产的收费的最低金额做出承诺，在任意一个资金确认日，若在前一个特定期间内，基础资产产生的通行费收入低于当期应付资产支持证券本金、利息及相关费用之和，则原始权益人承诺进行差额补足。

c.担保人为差额补足义务提供不可撤销连带责任保证。在任何一次分配的启动担保日，按照规定的分配顺序，专项计划账户中资金余额在启动差额支付后，仍不足以支付该次分配对应的税、费用及优先级证券预期支付额，则担保人须于该日启动连带担保责任，并与规定的划款日前将相应金额的资金划付至专项计划账户，直至账户内资金余额足以支付上述款项。担保人对本应付款项不得以任何理由做抗辩、抵消或扣减请求。

d.管理人在加速清偿事件发生时可宣布所有证券全部提前到期并要求原始权益人回购基础资产。如果在分配当期发生加速清偿事件，计划管理人应于该次分配的公告日向原始权益人发出基础资产回购指令，并与当日按中国证监会规定的方式公告回购事项，各档资产支持证券均于该日提前到期，计划管理人于该日对专项计划进行清算。

⑥事件分析

如前所述，大成西专项计划投资的标的也即购买的基础资产是大城西黄河大桥的特定时期的收益权。相比于债权合同列示的确切还款金额，通常收益权类资产未来的现金流数额具有一定的弹性。一般认为高速公路等收费权的收益权这类资产可以产生稳定的现金流，因为特定区域内的高速公路具有排他性，车流量稳定或稳定增长的前提下，则收取的费用自然也是稳定而可观的。而这种假设是否客观正确，直接决定了基础资产是否能够产生资产证券化产品所必需的稳定现金流。

一般说来，影响车辆通行费收入的主要因素有两个方面：通行车流量、车辆通行收费标准。根据2012年专项计划发行时点的估计，对于通行车流量指标，a.考虑到大成西黄河大桥所在地是国内发展较快的地区，是重要的能源基地，煤炭及其他矿产资源运输需求必须经过黄河后由公路或铁路运往各地，大桥车流量理应有较好的保障；b.为保证一定地理范围内的唯一性地位，东达蒙古王集团与政府签订的BOT协议里明确规定特许经营期间该大桥上下游10公里内不再建设其他桥梁；c.该大桥的工程可行性研究报告里指出大桥的建造标准为日均通行19 880辆车次，而2012年时日均流量尚不足5 000辆，因此不存在通行能力不足的风险。另一方面，对于车辆通行收费标准，a.内蒙古自治区人民政府和内蒙古自治区发展和改革委员会对大成西黄河大桥设立收费站和通行收费标准批复明确了收费期限为28年，并颁发了收费许可证，不存在收费突然中止的风险；b.对于重载货车，计重收费是合理而经济的方式，益通路桥及政府部门均不存在主观调整收费标准的意愿。综上因素，在2012年，原始权益人对未来大桥的通行费收入增长较为乐观，且差额支付承诺和担保人的存在，可对现金流形成支撑，缓解基础资产产生现金流不足的风险。

可是，考虑到大成西黄河大桥是本专项计划中唯一涉及的底层基础资产，专项计划的兑付情况极度依赖大桥的运营表现，而该大桥的通行费收入又主要依赖于当地煤炭运输的需求，因此煤炭行业的整体景气度和周边煤场的运营状况都会高度影响大成西黄河大桥的通行费收入。自2014年起，我国宏观整体经济形势面临严峻考验。在区域方面，2014年，鄂尔多斯全市地区生产总值、规模以上工业增加值、固定资产投资三项指标的同比增幅较去年均有所下滑，由此可见鄂尔多斯市经济发展有所放缓。在行业方面，像钢铁、煤炭、化工等原有重资产重能源的行业出现严重不景气，由图24可见，自2012年至今，中国煤炭市场景气指数持续小于30，表示市场状态持续过冷，国内煤炭行业明显处于不景气状态；国内煤炭行业供求平衡指数显示在过去相当漫长的一段时间内煤炭供给都处于供过于求的状态（指数在-20附近），短期内全国煤炭市场供大于求的态势难以改变，市场下行压力依然较大；内蒙古原煤产量持续下降，累计值同比自2013年起均为负值，集中在5%~10%之间波动。受累于煤价下挫、煤炭滞销的经济环境，通行该大桥的煤炭运输车辆比以往明显稀少，大桥自然难以按照预期收到足够的通行费。2014年，大桥实现通行费收入8 075.32万元，同比下降35.08%；其次，大城西黄河大桥还面临着西侧国道高速公路和东侧省道的高度分流；最后，大桥北岸的大城西煤场正在进行环保改造也造成了一定影响。综上原因，过桥费收入的显著降低，造成了收益款无法填补专项计划利息的结果。

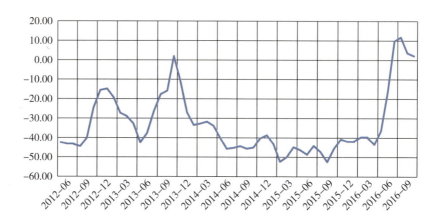

注：数值区间对应市场状态：<-30过冷，（-30，-20]很冷，（-20，-10]偏冷，（-10，10]正常，（10，20]偏热，（20，30]很热，>30过热。

资料来源：Wind，中债资信整理。

图24　中国煤炭行业景气指数

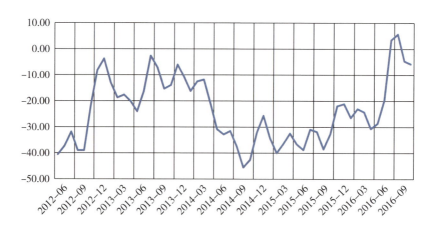

注：数值区间对应市场状态：<-30严重过剩，（-30，-20]供过于求，（-20，-10]供应偏松，（-10，10]供求平衡，（10，20]供应偏紧，（20，30]供不应求，>+30严重短缺。

资料来源：Wind，中债资信整理。

图25　中国煤炭行业供求平衡指数

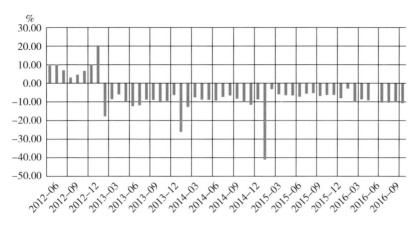

资料来源：国家统计局及内蒙古安监局，中债资信整理。

图26　内蒙古原煤产量累计同比（％）

在对该ABS进行评级时，虽然已经意识到计划发行的前几年煤炭下游行业进入去库存周期，需求疲软，煤炭价格震荡走低，对原始权益人基础资产经营带来一定不利影响，但是该计划却没有对这一现象保持足够的重视与警惕，它对煤炭行业未来形势的预估出现了偏差。发起人和相关机构预计中西部地区煤炭企业有望迎来快速发展，将有利于通行费收入提高。过于乐观的判断，使得预测的通行费现金流入与实际形势发展不符；信用增级措施如优先级/次级结构和差额补足，也未能给予足够的保护，最终导致专项计划优先级证券的违约。

在专项计划担保人方面，虽然东达蒙古王集团是鄂尔多斯市乃至内蒙古自治区知名的民营企业，具有一定实力，但其数项主营业务均比较依赖鄂尔多斯市本地经济环境，区域集中度明显，在当地经济受煤炭市场影响出现下滑时，营业收入随之下降，而营业成本及财务费用却持续上升，导致其担保能力明显下降，最终无法扭转大成西专项计划的违约。

（2）永利热电电力收费权资产支持专项计划评级下调事件

2016年8月，根据鹏元资信评估有限公司出具的针对永利热电电力上网收费权债权和供用热合同债权资产支持专项计划（简称永利电专项计划）的2016年跟踪评级报告，该专项计划尚未兑付完毕的优先级证券的信用级别从初始评级时的AA+被下调至AA。考虑到ABS本身有着天然的评级跃升属性，即随着时间的推移，现金流回收的不确定性因素逐渐减少，资产评级可能向AAA信用级别靠近，永利电专项计划作为今年为数不多的评级下调事件，引起了市场的注意。

①原始权益人介绍

浙江永利热电有限公司（以下简称永利热电）主要是从事热电联产业务，业务主要产品是电力以及蒸汽。根据鹏元资信评估有限公司《浙江永利实业集团有限公司2016年公开发行公司债券信用评级报告》中披露的财务数据，截至2015年12月31日永利热电资产总额为12.16亿元，负债总额为8.51亿元，企业资产负债率为69.98%。2015年，永利热电实现业务收入1.94亿元，净利润3 680.75万元，规模与2014年大体持平，其中电力销售收入1.10亿元，较上年提高12.47%；蒸汽销售（供热）收入0.72亿元，较上年降低14.60%，主要是由于永利热电调整其业务比例所致。在供热方面，永利热电的供热客户以绍兴县杨汛桥镇的印染纺织等工业企业为主。由于热电联产项目具有供热半径的特征，在已建成的热源点周围将禁止再建设热源点，因此公司目前的供热业务具有一定的区域垄断性，2015年毛利率维持上年水平，为17.07%。在发电业务方面，公司主要按照绍兴市电力局下达的计划电量指标并网发电，公司电力除少量自用以外，主要销售给绍兴市电力局，2015年上网供电量有所增长，但平均上网价格同比有所降低，电力销售毛利率为同比降低5.11%。其他小型业务收入如燃料销售（主要是利用其煤炭采购的价格优势，将煤炭再分销给当地小型用煤企业）的规模较小，对公司盈利的影响较低。

②证券概况

2015年8月，永利热电电力上网收费权债权和供用热合同债权资产支持专项计划（以下简称永利电专项计划）于2015年8月21日成立，优先级证券共计4.5亿元人民币，分为永利电01~06共6档，均获得AA+的信用评级，次级证券规模为0.5亿元。

表29　永利电专项计划证券发行情况

证券类型	发行规模（万元）	规模占比（%）	预计期限（年）
永利电01	7 000	14.00	0.5
永利电02	7 000	14.00	1
永利电03	7 500	15.00	1.5
永利电04	7 500	15.00	2
永利电05	8 000	16.00	2.5
永利电06	8 000	16.00	3
永利电次	5 000	10.00	3
总计	50 000	100.00	—

资料来源：中债资信根据公开资料整理。

在增信方面，除了常规的优先级/次级分层的信用增级措施外，作为原始权益人的浙江永利热电有限公司承诺履行每期利息、费用等的差额支付义务，保障永利电专项计划优先级资产支持证券按时足额兑付，此外，其母公司浙江永利实业集团有限公司承诺履行其担保义务，保障上述优先级证券不出现兑付风险。

③事件分析

产品基础资产为永利热电现有客户3年内特定供电、供热合同对应的收益权。永利热电为热电联产企业，拥有3台锅炉和4台汽轮发电机组。其供电客户为绍兴市电力局（根据协议电力局将购买其全部发电量），供热客户主要为杨汛桥镇及周边区域的印染纺织等工业企业，用户行业集中性较强。并且在近年来，首先，随着宏观经济下调，当地规模以上的大纺织业近年产值及利润同比增速持续下滑，产能有所降低，如图27柯桥区的纺织生产景气指数显示，2015年全年及2016年上半年期间，当地纺织生产总体处于下降趋势，由此带来的结果是工业用电及用热量缩减；其次，在2015年期间，上网电价历经数次下调，也影响了永利热电的利润率；最后，由于环保政策日益严格，周边地区主要用热用户正进行搬迁或技术改造，供热收入有大幅下降的风险。

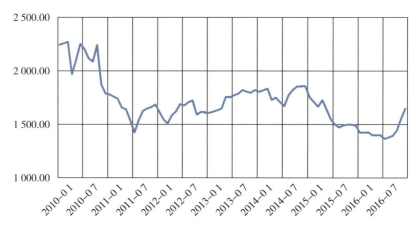

资料来源：中国柯桥纺织指数，中债资信整理。

图27　柯桥纺织生产景气指数

在交易结构方面，约定了永利热电提供差额支付，但考虑到永利热电几乎全部收入已入池，永利热电依靠其他渠道收入来为已入池业务提供差额支付的空间很小。另外，该专项计划由永利集团提供担保，永利集团是主营业务为针纺织品销售、印染加工的民营企业，2015年主营业务毛利均较低，除投资收益外其他业务均处于亏损状态，且短期偿债压力较大，其履行担保的能力相应下降。

综合各方面因素，由于永利热电的经营状况恶化导致市场对该收益权专项计划未来的现金流收入较为悲观，以及增信措施给予的保护有限，鹏元资信最终对永利电专项计划给予了向下调级处理。

3. 收益权资产证券化风险关注

对于以收益权作为基础资产的资产证券化而言，考虑到其特征与债权类有明显不同，因此需要重点关注的风险点也大相径庭。除了在专项计划存续中较为常见的参与机构（包括计划管理人、监管银行和托管人等）违规风险、日常交易的技术风险和操作风险、评级下调风险、交易中面临的流动性风险以及任何政治、经济、自然环境不可抗力因素之外，更应当考虑如下几个方面的风险特征：

（1）现金流预测偏差风险

收益权类资产证券化产品还本付息的来源为基础资产产生的现金流，基础资产的稳定性越差，预测过程中产生的偏差就越大，若向下的偏差无法被现有增信措施所弥补，则会影响到整个资产支持证券的本金和收益的实际兑付。

①宏观经济与行业经济风险

基础资产的表现，与整体经济环境息息相关。通常而言，经济运行具有周期性的特点，受其影响，专项计划的现金流情况可能发生波动，资产支持证券的收益水平也会随之发生变化，从而产生不确定性。虽然资产证券化将某一块能产生相对持续稳定现金流的资产从主体信用中脱离出来，通过信用增级手段，使之高于其主体信用，但其基础资产的风险仍是存在的。例如，在大成西专项计划一例中，煤炭行业的不景气、地方经济的不景气直接导致了大桥通行费收入的骤减，从而产生违约；在永利电专项计划一例中，纺织行业整体走低，对收益的影响也是直接而显著的；再如，在某些以保障房的销售收入为基础资产专项计划中，房地产的销售受行业政策影响非常大，因此给现金流的预测带来较大难度。对经济运行周期性的考虑，"两高一剩"（高污染、高耗能及产能过剩）行业的风险也远大于其他行业，这不仅直接作用于这些行业的投资项目，也会通过产业链对其上下游等相关行业、产业发挥影响更加广泛的联动性作用。上述案例充分显示出行业和地域因素对收益权类专项计划的现金流影响之大。因此，对资产证券化产品的设计、评级、投资，均不能脱离对经济环境风险的研判。

②基础资产集中性风险

通常债权类资产证券化的基础资产往往是由多笔甚至很多笔资产组成，是资产"池"的概念，而收益权类的资产证券化，其基础资产往往可能依附于唯一的经营实体或实物资产，如上文案例中提到的收费桥梁，以及诸如主题公园、机场、路产等类型的基础资产，其单一体量较为庞大，附带的收益权规模也较大。因此，对于以该类收益权为基础资产的资产证券化，集中度非常高，无法稀释单笔资产不稳定性所带来的风险，也无法分散该基础资产所在地区或所处行业的经济风险，使得该专项计划的成败与该单一经营实体或实物资产的运行情况高度相关，一荣俱荣，一损俱损。在大成西专项计划中，大成西黄河大桥是唯一的基础资产，当大桥周边经济或煤炭行业状况变差，整个专项计划不可避免地受到影响。

③政策与法律风险

如果国家对于特定类别收费权的政策导向出现变化，则将影响该类别下基础资产的收费模式或金额，并对资产支持证券的本金和收益偿付产生巨大的影响。尤其是在当下供给侧改革的背景下，去产能不是一蹴而就的短期过程，国家陆续针对"两高一剩"行业出台了相关政策进行控制和缩减。在此背景下，如果资产证券化的基础资产处于这些相关行业，将可能面临来自国家或地方政策导向的压力，从而对其收费预期产生极大的不确定性。另外，对于一些公共设施和基础设施收费权，如水电缴费、交通运营收费等，也可能存在由于地方政策或法律因素而造成收费规则调整。

④基础资产运营成本风险

理论上讲，大多数收益权类产品基础资产的未来现金流，并未计算应当扣除的基础资产日常运营所消耗的成本。若该部分成本未在产品的相关文件中做相应安排，则有可能影响原始权益人的正常运营，进而影响基础资产未来现金流的额度及稳定性。比如，某电力上网收费权资产支持专项计划中，原始权益人的运营成本主要包括燃料成本、日常经营开支等，若这些开支相关的风险未得到有效缓释，未来成本上升将影响现金流的有效流入规模。

因此，对于收益权类资产证券化产品，其发行可通过以下几个方面措施来缓解现金流预测偏差的风险：首先，判断主体企业经营的稳定性，随市场和经济环境的抗波动性，并尽量选择稳定性较好的基础资产，从源头上降低基础资产现金流的不确定性；其次，提高各期现金流入对当期应付本息的覆盖倍数；然后，也可考虑通过流动性储备账户等措施，适当沉淀部分资金在资产证券化产品托管账户中，尽量降低各期利息支付发生断档的风险。在运营成本方面，可考虑由三种方式规避相关风险：a.由原始权益人母公司或担保公司来承担上述成本；b.专项计划中说明采用净收入的方式计算未来现金流；c.在资产支持专项计划中设计专门的账户储备一定的资金来应对成本开支。另外，如果原始权益人不能提供强有力的理由进行支持预测现金流的增长率或稳定性，比如明确的政府规划文件等，则预测基础资产未来现金流时，应在历史现金流的增长率基础上保守考虑；产品设计和测算时，需要考虑交易结构中是否有针对相应风险的缓释措施，如果没有，则须考虑极端情况下基础资产未来现金流的损失情况。

（2）基础资产抵质押风险

对于收益权类专项计划，收益权依附于特定的基础资产，任何基础资产特性的变动，都可能会引起其附属收益权价值的变动；另外，虽然部分专项计划中也采取了将收费权质押提供担保，但收益权的质押并不等同于基础资产的抵押。因此在设计收益权类资产证券化产品时，需要同时提示收益权以及底层基础资产的抵质押风险：

①收益权处于抵质押状态的风险

未来收益权是否处于抵质押状态是该类资产证券化产品评级中的首要考虑因素。因为收益权无法分割，不能实现部分收益权的转移，若收益权处于抵质押状态，会给专项计划带来很大的法律风险。对此，专项计划管理人应在相关文件中明确约定，产品成立时须及时解除收益权的抵质押。

②产生收益权的固定资产被处置的风险

即使收益权未被抵质押，如果产生收益权的固定资产处于抵质押状态，在债权人或担保权人依据相关合同收回或处置该固定资产的情况下，会使专项计划面临较大的风险。因此需专项计划通过交易条款的特殊设置缓释该风险。例如，某公园入园凭证资产证券化项目设置了风险控制机制："如果土地使用权因设置抵押担保且主债务人无法偿还债务而导致抵押的土地使用权被处置（包括但不限于折价、拍卖或变卖等），从而导致任一主题公园无法继续经营并销售入园凭证时，专项计划提前终止"的条款。若专项计划提前终止，则应将专项计划账户内的资金用于支付专项计划费用、资产支持证券本金及相应预期收益，如账户内金额不足，则原始权益人应对差额部分予以补足。考虑到处置抵押物可能为建立在该抵押物之上的后续经营活动带来巨大的不确定性，因此该提前终止条款及相应措施的设置，有利于保护投资者，增强资产证券化产品的安全性。

（3）资金监管风险

①资金归集风险

部分专项计划的基础资产未来现金流需经过原始权益人的账户进入专项计划专用账户，其中可能会涉及原始权益人是否将基础资产现金流挪作他用等道德风险。

在风险防范措施方面，主要采用监管银行的设置，其主要作用是对收款账户进行监督管理，并根据专项计划文件的约定负责将收款账户中的资金向专项计划账户中进行划拨。如大成西专项计划设计的条款："原始权益人应确保在专项计划存续期间不可撤销地授权同意将基础资产产生的通行费收入划入通行收入专用账户。对通行费收入专用账户的变更或撤销需征得计划管理人的同意。"以及"原始权益人无条件授权监管银行在专项计划存续期间内每一自然月前5个工作日内将基础资产资金归集账户中收取的上一个自然月通行费收入全额划付至专项计划账户。在此安排下，特定期间内每个自然月结束后的第一个工作日，原始权益人必须以传真形式向计划管理人和监管银行发送上一自然月的大桥通行费收入的月度统计表。"借此能够有效地核对销售基础资产对应现金流的情况。如果缺失监管银行，则可能会影响产品未来现金流归集的可靠性和安全性，从而对产品的本息兑付产生不利影响。

②资金混同风险

资金混同风险是收益权类资产证券化中经常会出现的风险。如果对基础资产收入不加以区分归集，就会导致用于支付基础资产现金流的补贴收入与原始权益人其他项下的收入混同在一起的情况，从而使上述项目在没有相应的风险缓释措施的情况下面临较大的资金混同风险。在某公园入园凭证资产证券化项目中，计划管理人针对资金混同风险设置了相应的缓释措施，具体条款如下："原始权益人不得将三个主题公园入园凭证销售收入以外的款项划入资金归集账户。"以保证资金归集账户的独立性，以及"计划管理人与托管人可以随时查看原始权益人的销售信息系统，了解基础资产的销售情况和收入情况。"通过上述风险缓释措施的设定，从一定程度上降低了该专项计划的资金混同风险。

（4）破产隔离风险

基础资产产生的现金流高度依赖原始权益人持续经营能力，原始权益人信用风险对资产支持证券有很大影响。原始权益人并不能将收益权类基础资产像债权类基础资产一样完全转让给专项计划，仍然负有继续收取资产收益的义务与职责，因此无法实现基础资产与原始权益人的破产隔离。同时通常情况下原始权益人转让给专项计划的是收益权，而产生收益权的财产（例如高速公路路产）并未转移给专项计划。总体来说，基础资产并未能实现与原始权益人的破产隔离，因此基础资产产生现金流的稳定性与充足性仍高度依赖于原始权益人的持续经营能力，原始权益人自身信用风险对资产支持证券有很大的影响。

另一方面，很多收益权类产品都设计了如下条款：（1）原始权益人承诺，在专项计划存续期内，当基础资产不足以覆盖优先级资产支持证券本息时，由原始权益人对差额部分进行补足；（2）原始权益人购买本专项计划的全部次级资产支持证券，在专项计划存续期内，原始权益人不能将次级资产支持证券转移给计划管理人或其他投资者，且在每一期优先级资产支持证券项下的本金和预计收益完全偿付完毕后，原始权益人才能享有剩余收益。这些条款使得基础资产并没有与原始权益人完全独立，且原始权益人须对基础资产可能发生的损失进行全额补偿，因此，原始权益人面临的风险没有因基础资产转移发生实质性改变，原始权益人保留了基础资产几乎所有的风险和报酬转移。按照《企业会计准则第23号——金融资产转移》中对金融资产转移的相关规定，转让的基础资产不符合终止确认的要求，原始权益人应当继续确认该资产，并将收到的对价确认为负债。目前尚无有效措施规避该风险。

因此，若原始权益人在证券存续期间发生破产，不仅将无法兑现差额支付承诺，也会给基础资产的经营管理质量造成明显的损害，并进而影响证券本息的偿付。

（三）公司信贷类资产支持证券（CLO）的风险分析

1. CLO产品介绍

公司信贷类资产支持证券（CLO）是指金融机构作为发起机构，将对公信贷资产信托给受托机构，由受托机构以资产支持证券的形式发行证券，以基础资产所产生的现金流支付资产支持证券本息的结构性融资活动。随着我国金融市场的发展，信贷资产证券化产品结构日趋合理。同时，随着人民银行"注册制"的推出，交易商协会各类产品的信息披露指引落地，以个人住房抵押贷款、个人汽车抵押贷款、个人消费贷款等为基础资产的证券化产品逐渐成为市场的后起之秀。尽管2016年CLO产品发行规模较2015年有所下降，但其仍是目前国内信贷资产证券化的主流产品。截至目前CLO累计发行量为7 420.66亿元，约占信贷资产证券化产品发行规模的66.64%。

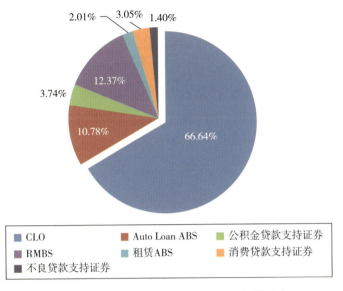

图28　信贷资产证券化产品累计发行规模分布

2 . CLO风险事件概述

自2016年以来，受到总体需求恢复较为疲弱的影响，中国经济工业生产持续放缓，投资增速放缓，经济增速持续下滑，可能对入池贷款信用水平和损失程度产生负面影响。同时，随着ABS市场的蓬勃发展，带来基础资产的进一步丰富，使入池资产质量下降，违约风险逐步提升。自2015年以来，债券市场违约事件频发，我们对债券市场违约主体涉及银行间市场资产证券化产品进行了梳理。

2015年11月11日中国山水水泥集团有限公司（以下简称中国山水）发布公告，称其将无法于2015年11月12日或该日之前取得足够资金以偿付境内债务。中国山水全资子公司的信贷资产为"天元2015年第一期信贷资产证券化信托资产支持证券"的入池资产，该笔信贷资产额度占入池资产总规模的11.89%，若借款人发生违约，将对资产池现金流的预期回收状况和资产支持证券中各档证券的信用资质造成较大的负面影响。"天元2015年第一期信贷资产证券化信托资产支持证券"（天元一期）的受托人中融国际信托之后发布公告称，经与贷款服务机构沟通，天元一期资产池内的中国山水2亿元人民币一般流动性资金贷款，已于11月13日提前还本付息，贷款已归集至贷款服务机构的资产证券化专户。随着该笔贷款的提前偿还，天元一期并未产生实质性风险。

2016年3月，媒体曝出上海云峰（集团）有限公司私募债券违约、银行贷款逾期，构成实质性违约。在已发行的CLO产品中有三单项目涉及上海云峰及其子公司，分别为兴银2015年第一期、兴银2015年第三期、晋元2015年第一期。三单项目的基础资产中均存在上海云峰实际控制子公司银行贷款入池，且均由上海云峰提供保证担保；中债资信通过与贷款服务机构沟通确认，上述三笔贷款已分别于2015年1月、10月、11月到期正常偿还，未发生借款人违约引发保证人代偿情况。

表30　上海云峰涉及CLO项目基础资产情况

项目名称	涉及借款人名称	未偿本金余额（万元）	未偿本金余额占比（％）	贷款发放日	贷款到期日	担保方式	担保机构名称
兴银2015年第一期CLO	上海云峰集团国际贸易有限公司	5 000	1.01	2014/11/3	2015/11/2	保证	上海云峰
兴银2015年第三期CLO	上海云峰（集团）警虹经济发展有限公司	10 000	1.21	2014/10/27	2015/10/26	保证	上海云峰
晋元2015年第一期CLO	山西陆合煤化集团有限公司	30 000	12.55	2014/1/17	2015/1/16	保证	上海云峰

资料来源：中债资信整理。

2016年11月，上海清算所网站公告称河北省物流产业集团有限公司2015年度第二期短期融资券未足额付息兑付现金。目前所有已发行CLO产品中，有两单CLO项目涉及河北省物流产业集团，分别为盛世2015年第一期和龙元2015年第三期。两单项目的基础资产中均存在河北省物流产业集团实际控制子公司银行贷款入池，且均由河北省物流产业集团提供保证担保。其中，盛世2015年第一期项目涉及的贷款已于2016年1月到期，中债资信今年跟踪评级报告中已说明情况。龙元2015年第三期项目涉及的贷款于2016年5月到期，中债资信查阅了受托报告，报告披露所涉及贷款已正常兑付。且从项目整体情况来看，盛世2015年第一期CLO证券优先档及龙元2015年第三期CLO证券优先A档已全部兑付，未出现逾期。河北省物流产业集团违约事件并未波及相关CLO产品。

表31　河北物流涉及CLO项目基础资产情况

项目名称	涉及借款人名称	未偿本金余额（万元）	未偿本金余额占比（％）	贷款发放日	贷款到期日	担保方式	担保机构名称
盛世2015年第一期CLO	河北冀物金属回收有限公司	5 000	1.14	2015/1/16	2016/1/15	保证	河北省物流产业集团
盛世2015年第一期CLO	河北冀物金属回收有限公司	5 000	1.14	2015/1/19	2016/1/15	保证	河北省物流产业集团
龙元2015年第三期CLO	河北华通金属材料有限公司	1 500	0.59	2015/6/3	2016/5/7	保证	河北省物流产业集团
龙元2015年第三期CLO	河北华通金属材料有限公司	5 000	1.96	2015/6/1	2016/5/12	保证	河北省物流产业集团

资料来源：中债资信整理。

2016年12月，债券市场违约事件频发，涉及大连机床集团有限责任公司、中国城市建设控股集团有限公司以及博源控股集团有限公司。经中债资信排查，发现两单项目涉及上述违约事项的债券发行主体：其中开元2016年第一期信贷资产支持证券项目涉及大连机床集团有限责任公司的1笔贷款，入池资产的借款人为大连华根机械有限公司，该公司为大连机床的子公司，且大连机床为该笔入池贷款提供了保证担保，经与国家开发银行人员核实，该笔贷款已结清；渤银2014年第一期CLO涉及中城建，入池资产的借款人为四川资阳雁城城市基础设施建设有限公司，该公司为中城建关联公司，且中城建为该笔入池贷款提供了保证担保，根据渤银2014年第一期信贷资产证券化受托人报告（第八期），渤银2014年第一期CLO优先档和次级档均已偿还，中城建涉及的3笔贷款均已结清。

表32 大连机床、中城建所涉及CLO项目基础资产情况

项目名称	涉及借款人名称	未偿本金余额（万元）	未偿本金余额占比（％）	贷款发放日	贷款到期日	担保方式	担保机构名称
开元2016年第一期CLO	大连华根机械有限公司	30 000	4.73	2015/10/29	2016/10/28	保证+抵押	大连机床有限责任公司
渤银2014年第一期CLO（已结项）	四川资阳雁城城市基础设施建设有限公司	2 000	1.05%	2011/2/17	2015/11/30	保证	中国城市建设控股集团有限公司
渤银2014年第一期CLO（已结项）	四川资阳雁城城市基础设施建设有限公司	5 000	2.61%	2011/2/18	2015/11/30	保证	中国城市建设控股集团有限公司
渤银2014年第一期CLO（已结项）	四川资阳雁城城市基础设施建设有限公司	8 000	4.18%	2010/12/23	2015/11/30	保证	中国城市建设控股集团有限公司

资料来源：中债资信整理。

虽然近两年公开债券市场违约事件频发，但所涉事主体并未波及银行间资产证券化产品，均未发生风险事件。除了公开债券市场违约事件涉事主体，在本年度跟踪及项目风险排查过程中，也发现有个别CLO项目出现基础资产逾期和违约现象。

《爽元2015年第一期信贷资产证券化信托受托机构报告第1期》显示，入池资产出现一笔逾期及两笔违约情况，共涉及金额7 200万元。但贵阳银行在证券存续期内对上述三笔贷款均顺利进行了全额回收，并于2016年5月26日将优先档本息兑付完毕，并未对优先档证券产生实质性风险。

另外，截至2016年10月19日，富瑞2015年第一期信贷资产支持证券资产池中两笔贷款存在逾期情况，逾期未偿本金金额共计3 600万元。根据《富瑞2015年第一期信贷资产证券化信托季度受托机构报告第06期》和富滇银行提供的资产池信息表，截至2016年9月30日，优先A档证券本息已经完全兑付，优先B档证券本金也已确认于10月26日兑付；因此在证券最近一个兑付日10月26日，优先档证券本息将全部兑付完毕，并未受到基础资产逾期影响。

除以上两个优先档证券全部兑付完毕的CLO项目，"九通2015年第一期信贷资产证券化信托"于2016年10月披露的第四期受托人报告显示，入池资产出现一笔资产逾期61~90天，涉及金额8 000万元。该报告显示期末贷款余额65 718.11万元，逾期资产占期末贷款余额的12.17%，当期期末优先A档证券已偿付完毕，优先B档证券期末余额17 476.35万元，次级档证券期末余额40 969.74万元，超额抵押金额7 272.02万元（包含资产池逾期贷款8 000万元）。由于已到优先档证券的偿付后期，优先B档证券获得次级档证券提供的信用增级量为69.72%。同时，中债资信通过组合信用风险模型、现金流压力测试模型以及大额违约测试模型对本期证券进行了测算。以上模型测算结果均显示优先B档证券仍可以通过信用等级为AA+sf的压力测试，结果显示，该笔基础资产的逾期并未对优先档证券产生实质性影响。

另外，在本年度跟踪期间，"浦发2015年工程机械贷款资产证券化信托资产支持证券"基础资产池出现了逾期与违约情况：截至2016年5月31日，入池384笔贷款中，拖欠84笔，涉及4 739.07万元，历史累计违约2笔，涉及金额85.70万元；"浦发2015年工程机械贷款资产证券化信托资产支持证券"是国内首单以工程机械贷款为基础资产的信贷资产证券化项目，基础资产为浦发银行向811名个人发放的902笔工程机械贷款。贷款客户为通过各类工程机械设备参与相关工程或道路等基建设施建设的个体工商户，其购买的工程机械设备生产厂商分别为"中联重科股份有限公司"

和"徐工集团工程机械股份有限公司"。该资产证券化项目入池资产第一还款来源为借款人的经营收入，由于目前国内宏观经济波动，借款人经营收入不稳定，导致该项目历史累计逾期567笔，涉及金额55 146.20万元。但是本项目设置了较强的担保措施，有效降低了工程机械贷款发生违约的概率。首先，每笔入池资产均设有保证金，浦发银行有权在三个工作日内使用保证金冲抵逾期本息。另外，若借款人违约状态持续达90天，浦发银行有权要求中联重科和徐工集团一次性垫付到期应付未付款项或履行回购义务。上述担保措施在很大程度上保障了贷款本息的正常偿付，绝大多数逾期贷款在90天内得到了有效偿付。

通过以上风险事件梳理，我们可以发现在当前经济持续处于下行区间的背景下，可以凸显出宏观经济乏力对于微观企业信用品质造成的不利影响。由于我国信贷资产支持证券还处于初级发展阶段，发起机构出于减少证券发行后基础资产逾期或违约产生的声誉风险等方面考虑，更倾向于将其所发放信贷资产中优质部分打包发起资产支持证券。虽然基础资产经历了层层筛选，但是依然有发生贷款逾期或违约现象。细究资产池贷款逾期原因，除了基础资产借款人经营不利外，当前经济总体需求持续下降，投资增速放缓，经济发展脱实向虚等宏观不利因素均对借款人的还款能力产生了不利影响。2015年以来，银行业金融机构贷款不良率持续攀升，债券市场信用风险事件频发均提醒着中国企业信用品质的弱化趋势，企业信用风险的提升，可能会导致CLO产品的违约势头加剧。尤其对于抗风险能力较弱的个体工商户，若没有较强的担保措施，其打包组成的CLO产品的信用风险会很高。

3. CLO产品风险因素分析

在2014—2016年总计发行的210单CLO产品中，为尽可能反映CLO产品入池借款人特点，本文剔除深农商2015年第一期信通小贷资产支持证券等3单特殊类型产品，经数据清理选取样本数据，获得借款人样本总量7 669个，发起机构涉及61家金融机构，涵盖38个中债资信二级行业，入池资产主体分布于全国31个省份及直辖市。

（1）借款人信用分析

借款人信用风险对入池贷款违约风险有着重要影响，如果借款人信用等级越高，其偿还债务的能力越强，入池贷款发生违约的风险越低，资产池信用质量越高。从2012—2016年已经发行的CLO产品统计来看，入池借款人信用等级跨度较大，从AAA级别一直到B-级别，借款人信用级别中枢在BBB-附近，入池借款人信用等级处于一般水平。

入池借款人信用等级为中债资信级别，呈类正态分布，入池借款人信用等级涵盖B- ~ AAA+所有子级，加权平均信用等级在BBB-附近（占比12.70%），信用质量一般。

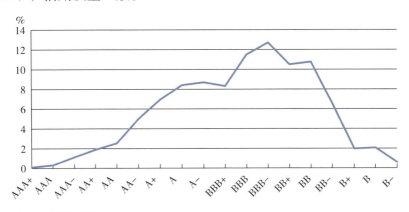

资料来源：中债资信整理。

图29　入池借款人级别分布

从时间序列看，2012—2016年，入池借款人信用等级的分布形态较为相似，均为中间高两头低，信用中枢从2012年的A+，移到2013年的BB/BB+、2014年的BBB-/A-、2015年的BBB/BBB-，再到2016年的BBB-/BB。其中2012年信用中枢较高主要是受益于当年国开行入池借款人质量较好（开元某项目中43家借款人级别在A-及以上数量占比83.72%）；2013年信用中枢大幅下滑主要是当年农发行和民生银行发行的CLO产品借款人质量较差（BB-及以下借款人占比42.59%）；2014年出现两个中枢级别，其中位于BBB-的中枢级别主要是当年城商行和农商行开始发行CLO产品拉低整体级别表现所致；2015年，CLO发行量出现高速增长，实体经济乏力等因素导致中枢级别与2014年相比略有下滑；2016年信用级别继续下滑，并有两个中枢级别，其中BB级别中枢主要是部分城商行借款人质量较差所致。整体上，随着CLO发行主体范围的不断扩大和资产证券化产品发行数量不断增加，尤其是城商行和农商行的加入，入池借款人信用中枢有所下移。未来资产证券化规模将继续保持一定增速增长，预计未来信用中枢级别将保持相对稳定。

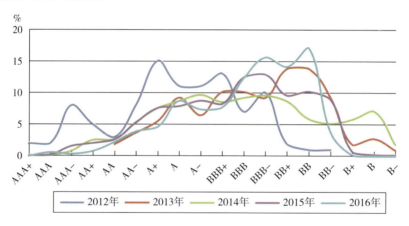

资料来源：中债资信整理。

图30　入池借款人信用级别时间分布

（2）集中度分析

行业集中度和地区集中度等集中风险，将增加资产之间的相关性，同时增大资产池的整体集中违约风险，进而影响违约分布和损失分布形态。

同行业企业往往受相同的市场需求和原材料价格波动影响具有较高的相关度，同一地区的企业也较易受到相同经济因素影响而发生资产价值的同向波动。如果资产池中行业、地区集中度较高，当该行业、地区出现违约后对资产池整体会产生较大的不利影响，进而有可能会影响证券的及时足额偿付，所以在评估资产池集中度时通常要关注行业集中度和地区集中度等集中风险。

总体来看，入池借款人前五大行业集中在建筑、金属、非金属与采矿、运输、城投建设和贸易公司与经销商行业，近年来行业分布集中度有所波动，但整体上仍处于较高水平。

从2014—2016年三年数据来看，入池借款人涵盖38个中债资信二级行业，其中25个行业样本量大于等于100个，前五大行业集中在建筑、金属、非金属与采矿、运输、城投建设和贸易公司与经销商行业。主要是资产证券化发展初期发起机构倾向选择质量相对较好的资产，前五大行业中电力、运输行业信用品质较高，金属、非金属与采矿，建筑和机械与设备制造行业信用品质虽一般，但入池借款人多为行业内大型国有企业，市场地位较高，资产质量较好。随着时间推移，入池借款人前五大行业年度分布呈一定差异，电力、建筑和金属、非金属与采矿等行业的占比逐渐下滑，这与行业出现产能过剩、信用品质下滑有关。2016年前五大行业集中度为40.82%，与去年同期相比下降2.42个百分点，但集中度仍然较高。

2016年前五大行业为城投建设、贸易公司与经销商、建筑、机械与设备制造和运输，占比分别为11.35%、9.84%、8.48%、6.51%和4.64%，同比上升2.87%、3.89%、-0.99%、1.94%和-6.43%。在所有涉及的38个中债资信二级行业中，2016年占比上升幅度最大的行业为贸易公司与经销商行业，同比上升3.89个百分点，占比下降幅度最大的行业为金属、非金属与采矿业，同比下降4.58个百分点。

2017年预计建筑行业投资增速将会小幅回落，行业景气度有所下降，同时大型建筑企业竞争优势加强，集中度进一步提升。建筑行业竞争较激烈，各施工领域竞争格局相对稳定，行业集中度持续小幅提升。建筑企业账款占款较高，流动性压力较大，流动性风险是影响企业信用品质高低的重要因素。在信用品质方面大型企业整体信用品质较高，中小型房建企业将面临更大的风险暴露，信用品质较差；PPP相关基建子领域企业及多元化企业将面临较为宽松的融资环境，信用品质相对较高；而矿山及冶炼工程企业整体信用品质仍较差。

2017年，预计金属、非金属与采矿业去产能工作将继续推进，行业产能或继续小幅缩减，同时宏观经济增速将进一步放缓，国内行业需求或将小幅下滑，出口增速或延续放缓，但产能利用率或小幅上升，去产能和兼并重组有望进一步提高行业集中度，但推进难度均较大。财务风险方面，行业盈利预计与2016年持平或小幅下降，债务负担仍将较重，偿债指标仍较差，重点关注债券融资渠道受阻及债券融资成本高企的企业流动性变化情况。信用品质分化方面，企业环保及装备技术水平、区位、降本增效潜力、产品结构及融资能力等因素是影响企业信用风险分化的重要因素。伴随行业去产能推进及环保限产常态化，环保及技术水平不达标的企业将面临淘汰风险。而在行业景气难有明显改善的预期下，债券到期集中且融资渠道紧张、成本高企的企业将面临较大流动性压力，而降本挖潜力度较大、产品抗价格波动能力较强的企业竞争优势将凸显。

2017年运输行业需求增长中枢随着经济增速下移而整体继续下移，公路运输行业投资增速将维持低速增长水平，全球海运量将维持低速增长，运力过剩情况仍较为严重，预计行业仍处于底部徘徊。子行业方面，干散货受全球经济增速放缓、大宗商品需求增长乏力影响，预计需求增速仍处低位，运力增速虽进一步放缓，但行业内供需格局未有实质改变，行业景气度仍将低位震荡。干散货市场集中度受益于国内外航运企业整合有所提升，但整体看集中度仍处低位，竞争依旧激烈；油运子行业方面，全球油品运输需求增速下滑、运力投放仍较大，供需关系有所恶化，预计行业景气度将震荡下行。国内油运市场经历一轮整合后，市场格局将保持稳定，而国外市场整合需求仍较大，行业内集中度仍较低；集运子行业方面，亚洲区域内航线需求增速提升或将带动集运市场需求继续保持增长，但增速仍有所放缓，运力过剩依旧，行业供需关系无实质性改善，行业景气度仍将维持低位。信用品质方面，干散货和集运子行业预计信用品质维持低位，油运子行业供需关系有所恶化，预计行业景气度震荡下行，信用品质将有所下滑。国内航运企业整合将从市场地位、多元化经营、运营效益等方面加速航运企业信用品质分化：具有市场份额高、资源配置优化、成本控制力强、政策支持力度大的航运企业将具有相对更强的抗风险能力。

2017年城投行业融资需求仍将旺盛，融资规模将继续维持高位。城投建设行业总体流动性风险很低，基建投资仍是托底经济增长的最主要力量。在灵活稳健的货币政策和积极的财政政策下，市场融资环境宽松，地方政府债务置换规模扩大，市场利率持续下行，为城投企业创造了极为宽松的融资环境。但是城投企业自身具有现金流获取能力较弱，外部融资依赖度高的特点，同时，有受宏观因素以及债务认定政策的影响，未来城投企业获得政府支持力度将降低。未来我们仍需关注城投行业上述风险。

2017年贸易公司与经销商行业风险将进一步加剧，在内外需求下滑、价格波动风险加剧、产业链上下游资金占用加大以及外部融资环境恶化等不利因素限制下，企业信用品质分化加大，尤其是价格波动剧烈、贸易风险敞口大等风险特征突出的业务模式将面临更高的风险暴露概率。同时受制于较弱的风险控制能力，企业经营亏损、长期高杠杆运行、流动性压力大的企业面临的信用风险将加剧。

资料来源：中债资信整理。

图31　全部样本借款人[①]行业分布

---

① 图31列示借款人数量前25名的行业分布情况。

表33 近年来入池借款人行业分布集中度

单位：%

2014年		2015年		2016年		总计	
前五大行业	集中度	前五大行业	集中度	前五大行业	集中度	前五大行业	集中度
金属、非金属与采矿	11.78	运输	11.08	城投建设	11.35	建筑	9.49
建筑	10.47	建筑	9.47	贸易公司与经销商	9.84	金属、非金属与采矿	8.06
机械与设备制造	7.34	城投建设	8.48	建筑	8.48	运输	7.89
电力	6.50	金属、非金属与采矿	8.26	机械与设备制造	6.51	城投建设	7.84
运输	5.61	贸易公司与经销商	5.95	运输	4.64	贸易公司与经销商	6.68
合计	41.70	—	43.24	—	40.82	—	39.95

资料来源：中债资信整理。

未来随着资产证券化规模的不断扩大，证券化资产将逐步覆盖全行业，各行业资产绝对数量有望大幅增加，行业分布结构逐步趋向均衡，行业集中度将有所下降，预计建筑、城投建设、贸易公司与经销商和运输等重点行业仍将保持较高比重。

从地域分布来看，入池借款人地域分布受经济发展水平影响大，前五大地域分布与当地经济发展水平相关度较高。

入池借款人整体地域分布受所属地区经济发展水平影响大，前五大地域分别是江苏、浙江、山东、广东、湖南，集中度为46.73%，排名与2015年、2016年全国各省份GDP排名重叠度较高，除湖南省位列第8位外，其余四个省份同样位列前四名，前五大入池借款人地域分布与当地经济发展水平相关度较高。

2016年前五大地区分别为江苏、浙江、山东、广东和四川，与总样本地域分布大致相同，占比分别为14.83%、13.62%、7.97%、7.27%和2.88%，同比变化4.97个、3.48个、-2.26个、-2.43个和-4.23个百分点。在所有涉及的全国31个省份及直辖市中，2016年占比上升幅度最大的地区为江苏省，同比上升4.97个百分点，占比下降幅度最大的行业为湖南省，同比下降4.23个百分点。

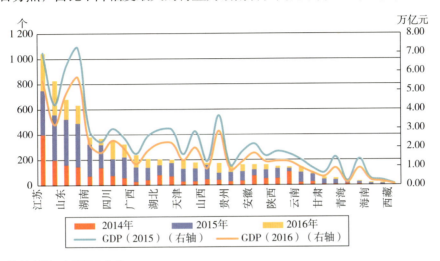

资料来源：中债资信整理。

图32　入池借款人地域分布[①]

表34　近年来入池借款人地域分布集中度

单位：%

2014年		2015年		2016年		总计	
前五大地区	集中度	前五大地区	集中度	前五大地区	集中度	前五大地区	集中度
江苏	18.84	山东	10.23	江苏	14.83	江苏	13.65
浙江	9.44	浙江	10.15	浙江	13.62	浙江	10.85
山东	7.62	江苏	9.86	山东	7.97	山东	8.92
广东	6.97	广东	9.70	广东	7.27	广东	8.31
北京	6.59	湖南	7.10	四川	6.96	湖南	5.01
合计	49.46	—	47.04	—	50.66	—	46.73

资料来源：中债资信整理。

---

① 2016年GDP为2016年1~9月数据。

（3）账龄分析

入池资产账龄较长会增加借款人的违约成本，到期期限较短有利于减少违约可能性。

如果入池资产中无拖欠记录的加权平均账龄越长，说明该借款人的历史信用表现越好，相应其违约成本较高，有利于借款人对剩余未偿贷款的偿还。从分布上来看，加权平均账龄在1年以内项目占比最高。从发行趋势上来看，相比2015年，2016年所发行项目的加权平均账龄有降低的趋势。

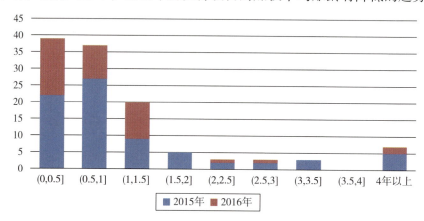

资料来源：中债资信整理。

图33　入池资产加权平均账龄分布

入池资产加权平均到期期限越小，未来经济的波动对借款人影响程度则会越低，其违约可能性则越小。从分布上来看，近年所发行的项目加权平均到期期限集中在1~2年左右，到期期限短也降低了违约的可能。从发行趋势上来看，2016年所发行的项目相比2015年加权平均到期期限有所减小。

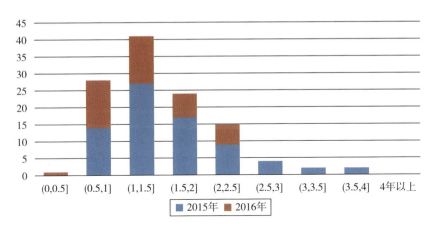

资料来源：中债资信整理。

图34　入池资产加权平均到期期限分布

（4）担保与抵质押

第三方担保和抵质押物等担保措施能在一定程度上增加资产池的回收率，进而影响资产池损失分布。

保证人对贷款损失降低的程度取决于保证人的担保力度、借款人和保证人各自的信用风险、借款人和保证人的关联程度等。其中，担保力度取决于担保性质、担保金额、担保期限、保证人的信用水平、保证人履约意愿和能力等。保证人的信用水平越高，说明其自身的担保能力和偿债意愿越强。借款人和保证人之间的关联程度越低，同时各自违约的概率越低，则保证人对贷款损失程度降低的效果越明显。如果入池资产中抵质押类贷款占比较多并且抵押物价值对贷款的覆盖倍数较高，那么如果贷款违约后借款人和保证人无法偿还贷款，可以通过清收抵质押物来减少贷款的损失。但是，也应该考虑入池资产债权相应附属担保的抵质押权利或质权是否办理了相应的权利转移登记，如果没有办理则存在受托人无法对抗善意第三人的风险。

三、资产证券化创新产品专题

（一）ABN的创新

2016年所发行的资产支持票据相比之前有了较大的创新，主要体现在引入了特殊目的信托以实现"破产隔离"和"真实出售"的资产证券化要求；在其中一单产品中设计了循环购买结构，在之前静态型资产支持票据的基础上又开拓了新的产品类型；此外还发行了银行间市场首单央企应收账款100%出表ABN，对央企融资新模式进行了探索。

1. 信托型ABN

信托型ABN与之前所发行的ABN最大的区别在于引入了特殊目的信托，发行机构将基础资产信托给该特殊目的信托，以实现"破产隔离"和"真实出售"。相较于之前普遍采用的"特殊目的账户"的结构，特殊目的信托的构架能够更好地隔离发行机构对入池资产的控制和影响，从而在形式和实质上更好地体现ABN资产证券化的本质特征。2016年公开发行的五单ABN均为信托型（其中九州通医药集团股份有限公司2016年度第一期信托资产支持票据同时也是循环型ABN）。下文将挑选其中有代表性的项目介绍。

（1）中电投融和融资租赁有限公司2016年度第一期信托资产支持票据

①基本情况

中电投融和融资租赁有限公司2016年度第一期信托资产支持票据（本节简称资产支持票据或票据）的发行机构中电投融和融资租赁有限公司（本节简称融和租赁）主营业务为融资租赁、租赁、向国外购买租赁财产、租赁财产的残值处理及维修、租赁交易咨询和担保、与主营业务有关的租赁保理业务，业务主要集中在风电、水电、光伏发电、煤炭、化工、矿产等行业。资产支持票据的基础资产为融和租赁与11个承租人签署的12笔租赁合同。资产支持票据发行总规模为16.0108亿元，采用优先次级结构发行，优先A级信用评级为AAA级，优先B级信用评级为AA+级，次级未评级。

表35　中电投融和融资租赁有限公司2016年度第一期信托资产支持票据核心要素

中电投融和融资租赁有限公司2016年度第一期信托资产支持票据	
发行总额（亿元）	16.0108
发行起始日	2016/11/7
发行利率	优先A1（3.5亿元，1.2年，3.66%）
	优先A2（6亿元，2.69年，3.80%）
	优先A3（1.72亿元，2.69年，4.00%）
	优先B（0.85亿元，2.69年，4.20%）
利率类型	固定
信用等级	优先A级AAA 优先B级AA+
付息频率	每年付息4次（1月、4月、7月、10月）
还本方式	1.优先A1级、优先A2级资产支持票据按约定金额摊还本金；2.优先A3级、优先B级过手偿付本金
收益来源	租赁合同
主要参与方	委托人/资产服务机构：中电投融和融资租赁有限公司 受托人/发行载体管理机构：兴业国际信托有限公司 资金保管银行：兴业银行股份有限公司 主承销商：兴业银行股份有限公司/中国建设银行股份有限公司

资料来源：中债资信根据公开资料整理。

②基础资产特点分析

本次基础资产为发起机构或其控股子公司因与承租人（即债务人）签订租赁合同，将租赁物租赁给承租人，从而形成了融和租赁依据租赁合同对承租人享有的融资租赁债权及其附属担保权益。入池资产全部为融和租赁的正常类融资租赁资产，租赁模式全部为售后回租；入池资产虽然集中度较高且部分保证人与承租人具有关联关系，但考虑到入池资产的整体信用水平和发起机构的信用审核和后续管理能力，总体上看基础资产的信用违约风险处在可控水平。

③交易结构分析

本期票据由兴业信托作为受托人以全部入池资产为财产设立信托，由兴业银行作为资金保管机构开立人民币资金账户作为信托账户，并在信托账下设立收益账和本金账，用于接收核算收入回收款和本金回收款。

④项目特点

本项目采用特殊目的载体的结构方式，由受托人在资金保管机构为信托设立信托账户，并开立收益账和本金账用于接收核算收入回收款和本金回收款，由于融和租赁作为资产服务机构代为收取回收款，若在资产服务机构在任期间出现破产申请情况，存在资产服务机构自身财产与回收款混同风险，为缓释此类风险，交易结构中设置了与资产服务机构主体长期信用等级相关的回收款转付日变更设置情况。

本期交易在设立时未办理入池资产租赁物的权属变更登记手续，存在信托财产无法实现破产风险隔离的一定可能性，本期票据在交易结构中设置了权利完善事件等触发事件应对措施，对上述物权风险有一定的缓释作用。

（2）远东国际租赁有限公司2016年度第一期信托资产支持票据

①基本情况

远东国际租赁有限公司2016年度第一期信托资产支持票据（本节简称资产支持票据或票据）的发起机构远东国际租赁有限公司（本节简称远东租赁）主营业务为融资租赁、经营租赁、顾问咨询、贸易经济、工程等产业综合运营服务，是目前国内业务规模最大的独立机构类融资租赁公司之一。资产支持票据的基础资产为远东租赁与49个承租人签署的51笔租赁合同。资产支持票据发行总规模为20.68亿元，采用优先次级结构发行，优先A级信用评级为AAA级，优先B级信用评级为AA级，次级未评级。

表36　远东国际租赁有限公司2016年度第一期信托资产支持票据核心要素

远东国际租赁有限公司2016年度第一期信托资产支持票据	
发行总额（亿元）	20.68
发行起始日	2016/6/17

续表

远东国际租赁有限公司2016年度第一期信托资产支持票据	
发行利率	优先A（17.574亿元，3.27年，3.75%） 优先B（1.873亿元，3.76年，5.99%）
利率类型	固定
信用等级	优先A级AAA 优先B级AA
付息频率	每年付息4次（3月、6月、9月、12月）
还本方式	优先A级、优先B级均采用过手摊还方式偿付本金
收益来源	租赁合同
主要参与方	委托人/资产服务机构：远东国际租赁有限公司 受托人/发行载体管理机构：平安信托有限责任公司 资金保管银行：中国民生银行股份有限公司上海分行 主承销商：国家开发银行股份有限公司/渤海银行股份有限公司

资料来源：中债资信根据公开资料整理。

②基础资产特点分析

基础资产为发起机构或其控股子公司因与承租人（即债务人）签订租赁合同，将租赁物租赁给承租人，从而形成了远东租赁依据租赁合同对承租人享有的融资租赁债权及其附属担保权益。本次入池资产大多设有保证金支持，其合计占未偿本金余额的11.60%，在入池资产发生兑付风险时，该保证金账户可较好地保障优先级资产支持票据的安全偿付。

③交易结构分析

第一，设立信托为特殊目的载体。本期票据由平安信托作为受托人以全部入池资产为财产设立信托，由民生银行作为资金保管机构开立人民币资金账户作为信托账户，并在信托账下设立收益账、本金账和保证金账，用于接收核算收入回收款、本金回收款和保证金。

第二，回收款转付。远东租赁作为资产服务机构，在租赁合同项下每一笔租金到期前，对应收的租金进行测算，督促承租人在到期日按时足额支付租金，并在承租人支付租金或其他款项时，办理相应还款手续及账务处理。远东租赁应将前一回收款转付期间收到的回收款（不包括回收款产生的利息）扣除执行费用后的款项划转至信托账户。

④增信措施

本期票据信托账项下开立保证金账户，在权利完善事件发生前，委托人代为管理保证金，无须将保证金转付至信托账户，但应按照合同约定对保证金进行管理和运用。当需要用保证金抵扣应付款项时，资产服务机构应于回收款转付日将该抵扣的款项作为回收款转付至信托账户。若发生权利完善事件，资产服务机构应在权利完善事件发生之后5个工作日内将其持有的全部保证金转付至信托账户。

⑤项目特点

本项目采取了特殊目的载体及保证金账户的结构，由受托人在资金保管机构为信托设立信托账户，并开立收益账、本金账和保证金账用于接收核算收入回收款、本金回收款和保证金。保证金账户在权利完善事件发生前由资产服务机构代为管理和运用，在需要的情况下，保证金可用于抵扣相应应付款项并在回收款转付日作为回收款转入信托账户。在权利完善事件发生后，保证金应由资产服务机构在权利完善事件发生后的5个工作日内全部转付至信托账户，且在权利完善事件消失后，保证金不再划回至资产服务机构的账户，同时，若资产服务机构按租赁合同的约定要求承租人或第三方补充保证金的，应要求承租人或第三方直接将补充的保证金划入信托账户，一旦发生信用风险事件，该交易结构设置可在一定程度上降低信托财产损失。

2. 循环购买型ABN

相较于传统静态型ABN，循环购买结构设置了循环购买期，在违约事件发生前不摊还资产支持票据的本金，而是将到期的现金流入用于购买符合起初设定标准的资产，从而增加了利息支付和推迟了本金的支付。2016年所发行的循环性ABN为九州通医药集团股份有限公司2016年度第一期信托资产支持票据。

九州通医药集团股份有限公司2016年度第一期信托资产支持票据。

（1）基本情况

九州通医药集团股份有限公司2016年度第一期信托资产支持票据（本节简称资产支持票据或票据）的发起机构九州通医药集团股份有限公司（本节简称九州通）主营业务为药品、医疗器械等产品的批发、零售连锁及医药工业（药品生产和研发），是目前中国最大的民营医药流通企业。资产支持票据的基础资产为九州通与510家二级以上公立医院产生的560笔应收账款。资产支持票据发行总规模为10亿元，采用优先次级结构发行，优先级信用评级为AAA，次级未评级。

表37　九州通医药集团股份有限公司2016年度第一期信托资产支持票据核心要素

九州通医药集团股份有限公司2016年度第一期信托资产支持票据	
发行总额（亿元）	10
发行利率	4.10%
发行起始日	2016/06/27
优先级信用等级	AAA
优先级发行金额（亿元）	7.77
利率类型	固定
付息频率	按年付息
本金支付方式	1.未发生违约事件：在预计到期日或信托终止日后的第五个工作日或信托终止事由发生日后的第三个工作日或新增本金兑付日；2.发生违约事件：付息日，且若有已回收现金形态的信托财产进入信托专户的，受托人有权增加分配次数，并以拟分配信托利益之日为新增的本金兑付日
收益来源	应收账款
循环购买条件	1.循环购买期尚未届满；2.委托人未发生实质违反信托合同项下约定义务的行为；3.委托人未发生丧失清偿能力事件；4.资产服务机构未发生实质违反资产服务协议的行为；5.差额补足方未违约
循环购买期	自信托生效日（不含该日）起至下述较早的日期（含该日）止：1.第10个循环购买日（循环购买日为自信托生效日起每满三个月的月对日）；2.违约事件发生日
循环购买规模	以循环购买日信托专户项下的可支配资金为限
循环购买标准	同初始基础资产的合格标准

资料来源：中债资信根据公开资料整理。

（2）基础资产特点分析

基础资产为发起机构或其控股子公司因向医院（也即债务人）出售药品、医疗器械等而形成的应收账款债权，相关交易基于长期合作关系而滚动发生；根据北京市海润律师事务所出具的《北京市海润律师事务所关于九州通医药集团股份有限公司2016年度第一期信托资产支持票据的法律意见书》，发起机构及其下属公司对债务人享有应收账款债权，其债权合法、有效，基础资产的转让行为合法有效。

（3）交易结构分析

①循环购买

本期资产证券化票据采用了循环购买的方式。循环购买的资产须符合初始基础资产的合格标准，其购买规模以循环购买日信托专户项下的可支配资金（指信托专户项下资金总额扣除已届支付时限的信托费用、信托利益及其他负债后的余额）为限。同时，一旦发生违约事件，循环购买期即结束，否则，循环购买期为自信托生效日（不含该日）起至第10个循环购买日（循环购买日为自信托生效日起每满三个月的月对日）为止。

②增信措施

本项目由发起机构九州通提供差额支付承诺，对分配日前第7个工作日（如发生信托终止事由，则为信托终止事由发生当日）信托专户内可供分配资金金额与信托项下满足于该分配日分配应付未付的税费、应付未付的保管费、应由信托财产承担的信托报酬及其他信托费用以及优先级资产支持票据的应付未付预期信托利益所需资金的差额承担差额补足义务。

（4）项目特点

本项目采用了循环购买及差额支付的结构，在基础资产不发生违约的前提下，既增加了投资人的利息收入所得，也为发行主体提供了更长期的资金以供使用。此外，发起机构提供的差额补足承诺也为资产支持票据提供了外部支持。

本项目为首单循环结构的资产支持票据，也是首单医药企业应收账款类资产支持票据，既为以后的类似循环类产品提供了发行思路和借鉴，也拓宽了民营医药企业的融资渠道，有利于增强同类企业的竞争实力和优化其投融资环境。

3. ABN助力"三去一降一补"的创新

2016年发行的中国中车股份有限公司2016年度第一期信托资产支持票据（本节简称本期票据）发行主体是中国中车股份有限公司，主承销商是浙商银行股份有限公司，受托机构是中航信托股份有限公司，发行规模24.12亿元，其中，优先级占比94.98%，中诚信国际信用评级有限责任公司给予AAA评级，次级占比5.02%，未给予评级。本期票据的优先级发行利率为3.54%，起息日为2016年12月27日，期限为1年。

本期票据是国内首单央企应收账款100%出表的ABN产品，也是国内首单"一带一路"政策背景下的ABN产品。本单产品的成功发行，是银行间市场交易商协会为服务中央提出的供给侧结构性改革大局，主动贯彻落实中央"三去一降一补"的重点任务，在严格防范风险，强化底线思维的原则上，利用资产证券化的模式和通道，丰富改革任务的"工具箱"，优化央企的财务结构，推动"去库存、去产能、去杠杆"，助力央企降低"两金"及负债率。

2016年12月市场利率上行幅度较大，本期票据在发行市场环境不利的时间窗口以较低的发行成本成功发行，体现了银行间市场为央企"降成本"所产生的巨大作用，为发行机构节省了大量财务成本，减轻了央企的财务负担，同时也拓宽了央企的融资通道。

本次票据的募集资金主要用于补充发行机构子公司的营运资金。根据发行材料，相对应的子公司有中车青岛四方机车车辆股份有限公司、中车唐山机车车辆有限公司、中车长春轨道客车股份有限公司和中车株洲电力机车有限公司。其资金均用于关系国计民生的重要行业和关键领域，体现了银行间市场服务于实体经济的重要作用。

（二）循环购买型车贷资产证券化

1. 产品概述

循环购买型资产支持证券是指在传统的信贷资产支持证券中加入循环购买的交易安排，将证券存续期分为循环购买期与证券摊还期。信托成立后首先进入循环购买期，信托回收款将用于支付信托产生的税、优先级费用和证券利息，不对证券本金进行摊还，并将剩余的信托回收款，或者仅本金部分的回收款用于购买新的资产。循环购买期结束后，将信托全部回收款按照税、优先级费用、证券利息、其他费用及证券本金的顺序进行摊还。

循环购买型资产支持证券的基础资产可以是各类标准化信贷资产，如果依据资产本身的特性可以分为循环贷款和非循环贷款（主要包括全额摊还以及部分摊还贷款）。循环贷款是指贷出机构以授信额度而非贷款金额的方式对借款人进行授信，借款人只是在额度内按需使用授信，每一次还款和贷款无须再经过贷出机构审核，这类贷款以个人信用卡贷款为主，部分企业流动资金贷款以及部分个人消费贷款可能也以循环贷款的形式发放。而非循环类贷款就是普遍意义上的一次授信、固定额度的贷款，包括个人房贷、车贷、企业信贷等。

循环结构可以用于循环资产和非循环资产的证券化。循环资产循环结构产品包括信用卡应收账款证券化产品等，非循环资产循环结构产品包括循环型公司信贷资产证券化、循环型汽车贷款证券化产品等。循环结构能够将期限较短的贷款用于支持期限较长的证券，解决基础资产期限和证券期限错配的问题，并且可以通过循环结构实现后续资产的持续出表，同时发起机构的融资规模可通过循环结构进一步扩大。这样的结构设计不仅为发起机构提供了更加便利的融资渠道和会计出表通道，而期限更长的ABS产品能够吸引更多种类的投资人，有利于降低发起机构的发行成本。

截至2016年底，循环购买型汽车贷款资产支持证券在国内已有一定的实践经验，银行间市场目前已有三单成功发行的产品，分别为招商银行发行的和信2015年第二期汽车分期资产证券化信托资产支持证券（以下简称"和信2015-02")、上汽通用汽车金融发行的融腾2016年第一期汽车抵押贷款资产支持证券(以下简称"融腾2016-01")以及大众汽车金融(中国)发行的华驭第五期汽车贷款资产支持证券(以下简称"华驭五期")。交易所市场也有类似结构的产品成功发行,不过披露的基础资产类型为个人消费贷款,可能包含汽车抵押贷款以外的其他消费型贷款,考虑到交易所市场的产品在发起机构与基础资产类型上与银行间发行的产品可比性较弱,此处不再赘述。

以上述三单为例,循环型车贷ABS的基础资产有以下几个方面的特点:第一,资产的集中度较低,入池资产笔数很多,单笔贷款入池金额较小,从初始入池资产和受托报告中的特征统计分布可以看出,基础资产在借款人、地区等方面有良好的分散程度。从表4可以看出,入池贷款均在6万笔以上,且前20大借款人的余额占比均在0.5%以下,个别借款人的信用表现对整体资产池的影响十分微弱。从地区集中度来看,三单产品分别涉及26个、31个和31个省市,最大地区占比分别为15.99%、12.92%与8.07%,地区分散度较好,能有效降低因个别区域经济波动给资产池带来的信用风险。

表38　初始入池资产池概览

	和信2015-02	融腾2016-01	华驭五期
初始起算日	2015/7/1	2015/11/30	2016/10/31
贷款笔数	63 421	83 644	71 248
单笔贷款最大未偿本金金额(万元)	85.81	29.13	183.16
单笔贷款平均本金余额(万元)	8.32	3.59	5.75
前10大借款人贷款余额占比(%)	0.13	0.08	0.27
前20大借款人贷款余额占比(%)	0.24	0.15	0.44
涉及省市个数	26	31	31
最大地区余额占比(%)	15.99	12.92	8.07

第二,基础资产信用质量很好,以上三单均是发起机构发放的个人汽

车贷款，借款人的还款能力和还款意愿处于较好水平，发起机构同类资产的历史逾期、违约表现较好。

和信2015-02、融腾2016-01以及华驭五期的入池借款人加权平均年龄为33岁至36岁之间，该年龄段借款人多处于职业与收入的上升期，同时家庭状况较为稳定。且借款人的加权平均收入债务比分别为6.59倍、3.73倍以及3.10倍，说明借款人收入对剩余债务的覆盖程度较好，借款人整体质量较好。

表39　借款人情况

	和信2015-02	融腾2016-01	华驭五期
借款人加权平均年龄	35.17	33.11	35.78
借款人加权平均收入债务比	6.59	3.73	3.10

同时，通过发起机构提供的历史数据、经中债资信整理可以发现，发起机构的同类资产（信用卡分期贷款或者汽车抵押贷款）的历史逾期率处于很低水平，三单产品的月新增违约率分别为0.05%、0.16%、0.12%，且90天以内的逾期贷款回收率分别为50%、50%及40%，贷款的逾期率和损失率均处于很低水平。

表40　发起机构历史数据反映的资产质量

	和信2015-02	融腾2016-01	华驭五期
发起机构个人汽车贷款业务的历史月新增违约率	0.05%	0.16%	0.12%
发起机构的历史回收率	50.00%	50.00%	40.00%

注：此处统计的历史新增违约率口径为逾期30天以上的贷款。

2．交易结构分析

从普通意义上来说，循环型车贷ABS的交易结构有以下几个特征：

第一，未来基础资产的现金流具有不确定性。在循环交易结构下，基础资产产生的现金流在循环期内将用于购买新的标的资产，这些新入池的资产在期限、利率、信用质量等方面都较难预测，进而造成了基础资产产生的现金流较难预测。

第二，贷款的合格入池标准以及循环期内购买标的资产的标准对证券的信用质量具有较大影响。合格标准一般从多个维度对新购买资产的特征做出规定，合格标准越严格、规定越全面，未来基础资产特征将能更准确地圈定在一定范围内。

持续购买资产除了单笔需要满足持续购买入池标准之外，交易文件规定持续购买资产池或者持续购买后的基础资产池还需符合的某些关键风险特征和收益特征的约束，这样条款的设置一方面减少了买卖双方因为标准不一致而拖延或暂停持续购买的效率风险，另一方面也可以确保持续购买操作后资产池的关键风险收益特征与初始起算日原始资产池的关键风险收益特征基本一致，由此动态资产池的未来现金流确定性更高，预期的持续购买率能有一定程度的保障，收益率也能最大限度地得以实现。

表41　持续购买资产标准

持续购买资产池	
国外典型案例	(a) 持续购买资产池中合同期限超过75个月的资产余额不超过2%，合同期限处于73～75个月的资产余额不超过10%，且至少22.5%的资产合同期限小于或等于60个月； (b) 持续购买资产池二手车贷款占比不应超过40%； (c) 持续购买入池借款人的加权平均FICO评分应不低于630分； (d) 持续购买资产池中借款人FICO评分低于580分的贷款占比应小于12.5%； (e) 持续购买资产池的加权平均贷款价值比应小于或等于110%； (f) 持续购买资产池的加权平均利率应至少为7.8%。
和信2015-02	(a) 单个城市涉及的汽车分期未偿本金余额之和不超过该次循环入池的全部汽车分期未偿本金余额的20%； (b) 每次循环入池的全部汽车分期的加权平均年化手续费率不低于5%； (c) 就每次循环入池的全部汽车分期而言，按照卖方对借款人的内部信用评分标准，第1组评分借款人占比不低于70%。

	持续购买资产池
融腾2016-01	(a) 每次持续购买资产池的所有抵押贷款于持续购买基准日的加权平均利率与初始资产池于该日的加权平均利率差异幅度应在5%之内； (b) 每个持续购买资产池于持续购买基准日的未偿本金余额与当月受托机构/买方向发起机构/卖方支付的购买价款差异幅度应在0.2%之内； (c) 每个持续购买资产池于持续购买基准日按照经销商所在地区分类，单个省、市、直辖市的抵押贷款未偿本金余额占比不超过该持续购买资产池未偿本金余额的15%。
华驭五期	持续购买的单笔资产需满足初始入池资产合格标准。

从国内外的对比来看，国外对于持续购买资产的标准更加严格，分别从贷款、抵押物和借款人三个方面的风险特征做出了严格的约束，涉及的特征要素包括贷款初始合同期限、抵押物性质、借款人的信用评分、贷款初始价值比以及贷款利率等。而国内的设置，更多是从贷款的地区集中度和贷款利率两个方面进行约束，在初始入池合格标准里可能还有关于借款人年龄、初始合同期限以及贷款金额的上限等方面限制，整体而言，资产未来信用质量的不确定性相比国外产品更加显著。

从和信2015-02、融腾2016-01以及华驭五期三单产品的交易结构来看，还具有以下几个共同特点：

参与机构的尽职能力将在较大程度上影响到基础资产的信用质量。

在国外的实践中，很多循环型ABS都是主动管理型ABS，SPV和专业的再投资机构可以在一定限制下自由管理基础资产，使资产池的信用质量保持在一个稳定的水平，同时通过再投资、再购买实现收益。但从国内的实践经验来说，多是由发起机构提供一个规模较小的备选清单，受托机构的选择能力和选择范围较小，不能达到国外主动管理SPT的水平。

在和信2015-02和融腾2016-01的交易中，发起机构在持续购买前都应提供超过实际购买金额的备选资产池清单，由受托机构进行筛选。在和信2015-02中，受托机构有权根据可用于回收款金额、招商银行提供的备选资产清单以及招商银行的汽车分期资产的整体质量决定当期是否进行购买或者购买的规模。此外，受托机构还会对备选资产清单进行一轮筛选，挑选满足合格标准和持续购买条件的资产，并确认购买。在融腾2016-01中，受托机构还将对发起机构提供的备选资产池进行抽样尽调，确认抽样样本符合入池的合格标准，然后，受托机构将根据持续购买条件二次筛选出1倍的拟入池清单，然后确认购买。在上述案例中，受托机构的管理能力和意愿将会对资产池未来表现带来一定的不确定性。

在华驭五期项目中，并未对发起机构和受托机构的具体职责、提供的资产清单进行细化的约束，仅仅在交易文件中约定——在持续购买前提条件全部满足的情况下，发起机构向受托机构交付转让通知以及有关每笔资产、每个借款人相关信息的资产清单，由双方加盖公章确认，由受托机构向发起机构支付对价，完成标的资产的购买。即是，发起机构签署转让通知时保证"发起机构为业务经营之目的善意地信托持续购买资产"且拟买入资产的"陈述与保证在持续购买初始起算日是真实的、有效的"，但上述陈述和保证并不对发起机构挑选资产的权限进行约束，其管理意愿和挑选资产的能力将会对资产池未来表现带来一定的不确定性。

信用触发机制较为完备，能在特定情况下结束持续购买或者调整现金流支付顺序，以保证优先级证券正常还本付息。

提前摊还事件是指在触发后，交易将结束持续购买并对证券本金进行摊还。国内银行间已发行的三单产品，其主要触发条件包括两类：第一，资金使用效率低下，在实际操作中可能出现本金拆借收入以缓释流动性风险的情况，或者发起机构合格资产规模不足，或者其他原因导致无法按交易文件进行持续购买或者无法足额购买，多余的回收款将停留在信托账户中，既无法过手偿付给投资人，同时也不利于发起机构持续融资；第二，资产池信用质量恶化或参与机构尽职能力恶化，以致触发加速清偿事件或者违约事件，国内市场处于初级发展阶段，设置这样的触发机制有利于防控证券的信用风险。

表42　信用触发机制——提前摊还事件

	提前摊还事件
和信2015-02	自最近一次持续购买对应的持续购买日起3个月未购买任何资产； 某一持续购买日（但第一个持续购买日除外）日终，信托账户已收到但尚未用于持续购买或者分配的本金回收款总额超过前一收款期间期末资产池未偿本金余额的10%。
融腾2016-01	自最近一次持续购买对应的持续购买日起连续2次未持续购买任何资产； 某一持续购买日（但第一个持续购买日除外）日终，扣除当期购买价款后信托账户已收到但尚未用于持续购买或者分配的回收款余额超过前一收款期间期末资产池未偿本金余额的5%； 发生任一违约事件； 发生任一加速清偿事件。
华驭五期	(a) 发生贷款服务机构替换事件； (b) 持续购买储备余额在连续两个支付日总额超过折后本息余额的15%； (c) 在发行日后的连续三个支付日之后的任一支付日，A级证券超额担保实际比例被确定为低于12.5%； (d) 发起机构不再是大众汽车金融服务股份公司或其继承人的关联方； (e) 发起机构未能履行其在信托合同第3条项下的回购义务； (f) 信用增级条件生效；或者 (g) 发生止赎事件。
国外案例	如果连续三个月，可用金额与持续购买对价间的差额超过了初始资产池未偿本金余额的0.1%。

　　在加速清偿的设置中，和信2015-02和融腾2016-01两单的设置较为类似，包括了一些与参与机构尽职履责相关的条款，主要包括：（a）发起机构发生任何丧失清偿能力事件；（b）发生任何贷款服务机构解任事件；（c）贷款服务机构未能按时、足额付款或划转资金；（d）需要更换受托人、贷款服务机构或必须任命后备贷款服务机构而在规定时间内无法找到合格的继任者，或后备贷款服务机构停止提供服务，或后备贷款服务机构被解任时未能规定任命继任者；（e）发起机构或贷款服务机构未能履行或遵守任何主要义务且无法补救或规定时间内未得补救；（f）发起机构在交易文件中提供的任何陈述、保证存在虚假记载、误导性陈述或重大遗漏；（g）发生对贷款服务机构、发起机构、受托人或者资产池、抵押贷款、抵押权、附属担保权益有重大不利影响的事件。

　　除此之外，部分交易还将反映基础资产质量的指标作为触发的条件，例如累计违约率、累计损失率以及严重拖欠率等。在加速清偿条款触发后，一般停止持续购买，并且停止支付贷款服务机构的后端服务费以及次级收益，为优先档证券提供一定的支持和保护。

表43　信用触发机制——加速清偿事件

加速清偿事件	
和信2015-02（同时包括上文中列举的条款）	(a)　自信托生效日起一年内（含一年），某一收款期间结束时的累计违约率超过1.5%。或自信托生效日起满一年后（不含一年），某一收款期间结束时的累计违约率超过3.0%； (b) 在优先档资产支持证券预期到期日无法足额偿付其未偿本金；
融腾2016-01（同时包括上文中列举的条款）	(a)　在交割日后的相应周年年度内，某一收款期间结束时的累计违约率超过与之相对应的数值：第一年1.76%；第二年及以后3.52% (b)前三个连续收款时间的平均严重拖欠率超过1.76%； (c)　发生违约事件中所列的(d)或(e)项，且有控制权的资产支持证券持有人大会尚未决定宣布发生违约事件；
华驭五期	（信用增级条件） (a)　在2017年9月之前或在此期间内的任一支付日，累计损失率超过1.2%；或者 (b)　自2017年10月开始，但在2018年5月之前或在此期间内的任一支付日，累计损失率超过1.6%；或者 (c)　在任一支付日，累计损失率超过2.0%。
国外案例	无（但是在现金流支付顺序中对持续购买期和摊还期作出了不同的规定，在一定程度上能加强在基础资产恶化的情况下对优先级证券的保护）

　　三单产品在违约事件的触发方面，主要包括以下几类情形：无法支付优先档证券利息、在法定到期日无法偿还优先级证券本金，或者其他参与机构重大不利情形且无法补救。一般违约事件触发后，受偿顺序的改变只为将优先级证券的损失程度降到最低。此时，本金账和收入账合并，在支付完必需的税费和优先级费用后，按照证券的优先顺序，逐级偿付利息和本金。

　　而这三单产品也有差异化的交易结构安排，具体如下：

　　融腾2016-01设置了优先A-1级证券，由累积的超额利差在持续购买期内对该档证券的本金进行摊还。正常情况下，在持续购买期内，转入收入分账户的回收款在扣除费用、优先级证券利息以及次级期间收益后，转入本金分账户支付优先A-1级证券本金。在持续购买期结束后，若优先A-1级证券余额不为零，则按照优先A-1级证券、优先A-2级证券和次级证券的顺序依次偿付各级证券本金。由于融腾2016-01的入池贷款加权平均利率为12.97%，大幅高于各级证券加权平均利率以及信托相关税费和相关参与机构服务费率之和，存在很高的利差，同时优先A-1级证券的发行规模仅占总入池资产规模的6.67%，循环购买期内形成的利差足以支持该档证券的本金摊还。

华驭五期在交易结构方面与其他产品相比有较大的创新，主要体现在折后本息余额确定发行金额、在持续购买中引用折现的概念和折价的增信手段、还款顺序和持续购买规模的确定中引入了超额担保目标比例的概念、红池和黑池的转换模式。

第一，根据折后本息余额确定证券发行金额。华驭五期的证券发行金额是将入池贷款在各个剩余摊还期间计划偿还的本息金额用特定的折现率折现到初始起算日并减去初始超额抵押后的金额，所用的折现率包含预计的发行利率、贷款服务机构费用、利息收入税等，因此，如果证券发行利率和相关费用等较入池贷款加权平均利率高，则折后本息余额较未偿本金少，相反，折后本息余额较未偿本金多，虽然此种发行方式可降低因为发行利率不确定导致的利差风险，但是相对于未折现确定发行额的证券而言，其初始超额抵押相对较小。

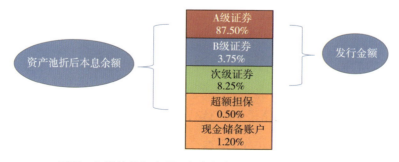

图35　证券的发行金额、超额抵押及现金储备账户结构

　　第二，在持续购买中引入折价的增信手段，持续购买期内证券获得的信用支持不减弱。该证券设立时，初始入池资产折后未偿本息余额总额的0.5%将作为初始超额抵押，发起机构也将于信托设立日或之前向信托账户注入相当于初始起算日折后未偿本息余额总额1.2%的现金储备，该现金储备的余额在持续购买期内保持不变。初始超额抵押以及现金储备为证券提供了一定的信用支持。

　　华驭五期交易文件中规定，持续购买标的资产的转让对价等于持续购买标的资产的折后本息余额乘以（1−持续购买资产超额担保比例），本期证券规定持续购买资产超额担保比例为1.7%。这样的折价购买机制能够累积形成一定的超额抵押，使资产池在不断变化的同时，优先级证券获得的信用支持始终保持在一定水平。

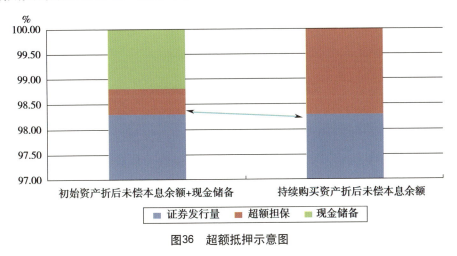

图36　超额抵押示意图

　　第三，还款顺序中引入了超额担保目标比例的概念，摊还顺序为非完全顺序支付。华驭五期的交易结构在正常的证券本金偿付状况下，劣后受偿的证券将会伴随优先级证券同时获得本金的支付，较完全顺序支付的证券而言，各优先级证券所能获得的信用支撑将相应减少。如果入池贷款损失不断增加，增信条件被满足，A级证券和B级证券的超额抵押比例将增大到100%，进而转化为完全顺序支付的证券，对优先受偿证券的信用保护程度也随之加强。

持续购买期结束后，证券进入摊还状态，而在优先级证券的本金偿付中需要满足一定规则，即各个优先级每一期的目标余额确定需要满足一定的规则，下面以支付优先A级证券的本金为例加以说明（如图37所示）：

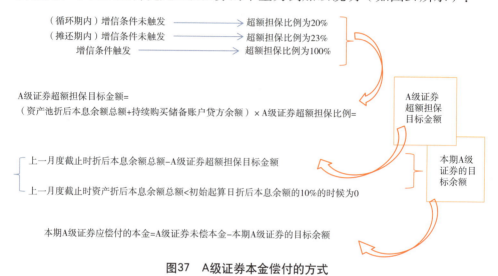

图37　A级证券本金偿付的方式

第四，持续购买的规模确定时引入了超额担保目标水平的概念。在持续购买期内，基础资产的回收款在分配完毕税费、优先级费用、优先级证券利息及对现金储备账户进行补足后，将A级证券的可分配回收款与A级证券的现金部分作比较，不超出A级证券现金部分的回收款将用于持续购买；其中，A级证券现金部分等于A级证券当前余额增加至"A级证券目标折后本息余额总额"所需的金额乘以1减去持续购买资产超额担保比例。若仍有盈余，则视为B级证券的可分配回收款，与B级证券的现金部分作比较，不超出现金部分的回收款用于做循环购买。

在资产池有大量还款的情况下，如果可分配回收款全额用于持续购买，则资产池的规模将显著上升，由于证券的本金不变，超额抵押的规模及占比也将持续上升，以致优先级证券获得的信用增级量超过预设的"目标超额担保水平"，资金的使用效率会显著降低。因此，这样的设置可以在资产池有大量还款的情况下降低持续购买的规模，甚至提前终止持续购买、开始摊还各档证券本金，既避免了购买水平不足的风险，同时也提高了资金的使用效率。

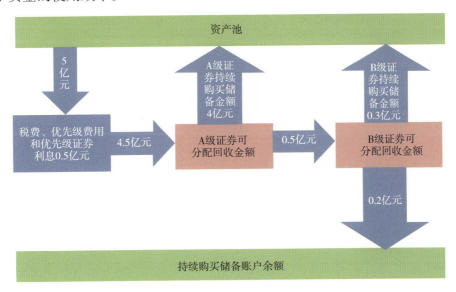

图38 持续购买安排示例

第五，红池和黑池的转换模式。由于汽车贷款的本金通常偿还速度较快，在经过一段时间后，资产池的整体特征有可能与最初资产池状态有所差别，并且在用折现率确定资产池发行规模的机制下，需要先知道证券的发行利率，因此，华驭五期采用红池和黑池的模式，总体来看，两个资产池在分散性、剩余期限、入池标准等总体特征方面具有较大的一致性，保证资产池的属性基本相同。在最初项目测算分层、申报监管、证券营销阶段需要确定一些相关参数所用的资产池为红池，证券发行后根据发行利率重新挑选一个资产池作为证券的基础资产，即为黑池。因为两个资产池的总体特征、发起机构发放贷款的历史表现等相似度极高，因此，对两个资产池的评级通常也基本一致。

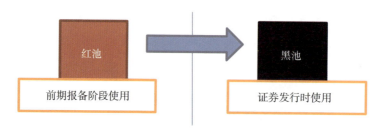

图39　红池和黑池的转换

第六，设置了现金储备账户，用于缓释流动性风险。发行人于信托生效日向现金储备账户存入等于初始资产池折后本息余额总额1.2%的现金储备金，并在持续购买期内维持该水平不变；在持续购买期结束后储备金账户余额将保持在初始资产池折后本息总额的1%与上一收款期间结束后资产池未偿折后本息余额1.2%中的较高者。该部分储备金主要用于支付税、费用、各优先级利息的款项金额，如果在优先级证券的法定到期日，可用资金不足以支付应付的税费、优先级费用、各优先级证券的利息及本金，则将从现金储备账户中提取全部金额，用于支付以上款项。

3. 评级思路和方法的创新

与传统的静态车贷ABS产品相比，循环结构使证券投资人面临更长期限的风险暴露，以及资产质量和信用表现的不确定性风险，评级关注的要点主要集中在更长的风险暴露期以及循环购买标准对基础资产信用质量的影响。

但在欧美地区，循环车贷ABS相比静态结构更加常见，国际三大评级机构的评级经验对国内开展循环车贷ABS的评级具有较大的参考意义。例如，三大评级机构都非常关注循环购买标的资产的合格标准，另外还有集中度或者其他方面的限制。穆迪和标普还额外关注了资产池的参数条件。

表44　国际三大评级机构对循环购买关注的要素

一级要素	二级要素	穆迪	惠誉	标普
合格标准	循环购买标的资产的合格标准	√	√	√
	集中度限制		√	√
	交易文件中对持续购买的限制	√		
	最小或加权平均持续购买资产池利率			√
	贷款期限			
资产池参数条件	贷款周转率	√		
	收益率			√
	违约率			√
	净损失率			√

汽车抵押贷款是属于非循环型资产，即后续入池借款人与初始借款人并非同一批，在信用质量上可能存在一定的差异。这就要求评级机构在持谨慎态度时要结合实际情况，综合考量交易结构的安排、发起机构的经营能力等要素，对后续入池资产的质量进行充分的评估和把握。评估循环型车贷ABS基础资产组合信用风险的要素可以总结为以下几点：

循环购买资产的合格标准——一般来说，对合格标准的界定越严格，未来信用历史表现的波动性越小。购买资产的合格标准不仅影响违约或逾期对现金流入的削弱，同时也影响后续资产池的生息能力，以及基础资产的利息收入对证券的支持作用。但是如果合格标准过于严格，可能将导致后续无法进行足额的持续购买，因而资金使用效率下降或引发提前摊还事件。

贷款期限——贷款的期限决定了风险暴露时间的长短，同时，入池资产的贷款期限越长，每期还款越少，贷款的周转率越低，每一期回收款流入越少。

集中度限制——较好的分散度可以降低个别借款人风险或者个别的区域风险。

以上要素主要影响基础资产现金流入，流出端对证券违约风险影响的要素还包括现金流支付顺序、各类增信措施以及证券端利率和费用。综合来看，可以将以上评级要素分解为几个核心指标，评级机构在构建组合信用风险模型以及现金流压力测试时，可根据宏观、行业以及公司的实际情况设置这几个核心指标并设置合理的压力条件。

收益率：由初始入池资产的利率水平和持续购买合格标准条款共同决定，若持续购买合格标准未作详细规定，则需参考发起机构近期同类资产的收益率水平及趋势，作为对持续购买资产合格标准的预估。一般来说，资产收益率越高，累积的超额利差越厚，对资产池产生的损失的覆盖程度越好。对于可以运用本金与超额利差共同进行循环购买的交易，收益率越高，购买资产越多，后续产生的收益更高。

违约率：逾期或者违约将直接减少资产池的现金流入，为证券端的偿付带来不确定性。

购买率：指多大比例的回收款将用于循环购买，这与发起机构的合格资产规模以及交易文件中相关设置有关。如果购买水平不充足，过多现金停留在信托账户中，将触发提前摊还事件，对证券造成不利影响。

回收率及回收时间：回收率反映了违约资产的损失程度，回收时间决定了延缓收款可能产生的多余利息支出，以上两者都将对证券的本金及收益带来不确定性。

提前还款率：指在预期摊还计划前还款的金额占比，一方面提前还款将带来本金的加速偿还，提高资金的周转，但同时提前还款的部分在未来将不会产生收益，从而降低资产池的整体收益水平。

证券发行利率及优先级费用：是项目流出端的一部分，它与资产端收益水平的差异决定了超额利差的厚度，从而决定了利息回收款对证券的支持程度。

举例来说，评级机构将考察循环结构下的现金流入和流出，以判断证券的违约风险。现举例说明流入端的测算方式，假设某项目于2017年1月1日封包，首次持续购买日在2017年1月31日，根据历史数据以及评级机构的标准可假设核心参数设置如下：月新增违约率为0.1%，提前还款率为

0，月还款率为5%，收益率为6%，回收率为50%，回收时间为3个月，并且仅用本金账户（正常回收以及违约回收的本金部分）进行循环购买，则该项目前几期的现金流入可以模拟如下：

表45　循环项目现金流入设置

日期	现金流入							
	期初余额	违约额	正常本金回收款	提前还款额	利息回收款	逾期回收本金	购买额	期末余额
2017/1/1	30 000.00	——	——	——	——	——		30 000.00
2017/1/31	30 000.00	30.00	1 498.50	——	1 798.20	——	1 483.52	29 955.02
2017/2/28	29 955.02	27.96	1 396.60	——	1 675.92	——	1 382.63	29 913.09
2017/3/31	29 913.09	30.91	1 543.91	——	1 852.70	15.00	1 543.32	29 881.59
2017/4/30	29 881.59	29.88	1 492.59	——	1 791.10	13.98	1 491.50	29 850.62
2017/5/31	29 850.62	30.85	1 540.69	——	1 848.83	15.46	1 540.58	29 819.67
2017/6/30	29 819.67	29.82	1 489.49	——	1 787.39	14.94	1 489.39	29 789.75

在此实例中，由于利息回收款不参与循环购买，只要其能覆盖证券端的优先级费用和证券利息，则可假设本金回收款将在购买率的假设下被用于持续购买。同时，评级机构在模拟循环购买期内的现金流出时，将通过交易文件规定的现金流支付顺序、流动性风险缓释措施以及各优先级费用以及证券利率等参数，模拟证券利息的兑付情况；在摊还期内，则将模拟证券本金和利息总体的偿付情况。

4. 循环购买型产品的会计问题

在理论层面，循环结构出表面临着几个重要障碍：（1）发起机构如果自留的次级比例过高，或者较高比例的风险集中在次级证券部分，则会对出表的风险和报酬测试构成实质性障碍。（2）在循环购买结构中，由于循环购买期内转出方收到的现金将用于持续购买新的标的资产，而不是将回收的投资本金及时分配给投资者，因此不满足转出方将收取的现金流及时支付给资产转入方的条件，即不满足"不进行再投资，不发生重大延误"的条件，也是资产出表的主要障碍。（3）发起人在收到回收款之后，可能会有一定程度的混同使用，无法满足"转出方无法使用其收取的现金"的条件。但实际操作中，某些项目通过交易结构的特殊设计，也实现了循环结构类产品的会计层面出表，例如银行间市场发行的和信2015-02，是典型的通过关键的交易条款设置，通过了资产出表的各项测试。

循环购买的出表问题主要涉及《企业会计准则第33号——合并财务报表》以及《企业会计准则第23号——金融资产转移》，先对发起人是否控制该特殊目的实体做出判断，以确定是否应将此特殊目的实体并入发起人合并财务报表范围，然后基于合并或者不合并的判断，按《企业会计准则第23号——金融资产转移》进行资产终止确认分析。

首先，应根据《企业会计准则第33号——合并财务报表》判断发起人是否应合并特殊目的信托。该文件第八条明确指出，控制是"投资方享有的权利使其目前有能力主导被投资方的相关活动"，或"投资方通过参与被投资方的相关活动而享有可变回报"，或"投资方是否有能力运用对被投资方的权利影响其回报金额"。 即判断发起人是否控制信托计划的关键是判断其行使的决策身份是"主要责任人"还是"代理人"。影响的方面主要包括：次级证券的持有比例（该比例下风险敞口的大小），以及转出方是否提供一定程度的担保或者回购承诺、差额补足等。

表46　是否合并SPT 的判断

	和信2015-02	融腾2016-01	华驭五期
发起人持有次级份额	持有次级档资产支持证券规模的5.02%	发起机构自行全部持有次级资产支持证券	次级资产支持证券由发起机构全部持有
发起人是否控制SPT	否	是	是
是否合并信托	否	是	是

其次，应根据《企业会计准则第23 号——金融资产转移》进行过手测试。该文件第四条指出，如果企业金融资产转移，应满足两种情形：（1）将收取金融资产现金流量的权利转移给另一方。（2）将金融资产转移给另一方，但保留收取金融资产现金流量的权利，并承担将收取的现金

流量支付给最终收款方的义务，同时满足3个条件。简单来说，分别为：①转出方无须垫付。②转出方不能出售该金融资产或作为担保物，但可以将其作为对最终收款方支付现金流量的保证。③转出方无法使用其收取的现金或者利用该现金获利，并且应当及时支付给最终收款方。

对于循环结构来说，第一个条件不太容易实现，但可以通过特殊条款的设置来满足第二个条件。和信2015-02项目中规定，是否进行循环购买由特殊目的信托决定，卖方只是提供可持续购买资产的备选清单，相当于放弃了"再投资"的权利。同时，交易设置了提前摊还事件，约定若3个月内未购买任何资产则应进入摊还期，即自由现金流可以在3个月内对投资者进行支付，满足了不发生"重大延误"的过手测试要求。因此该项目的会计意见书中表示，该交易"同时符合过手测试对于金融资产转移的三个要求"，通过了过手测试。但华驭五期项目在过手测试中，"大众汽车金融由于持续购买结构的安排，不满足有义务将收取的现金流量及时支付给最终收款方。按照合同约定进行再投资的，应当将投资收益按照合同约定支付给最终收款方的条件，因而不满足终止确认的条件，大众汽车金融将不能终止确认汽车抵押贷款债权资产。"

最后，在满足了过手测试的基础上，通过风险报酬转移测试，判断转出方是否保留了金融资产所有权上几乎所有的风险和报酬。实务中常使用标准差统计作为确定发起机构已经转让和保留变化程度的基础。因此，通常对被转让资产现金流金额和时间的情景进行预测，并计算转让前后此类金额的现值，通过风险报酬转移比例来衡量风险报酬的转移程度。在实践中通常认为通过资产证券化转移了超过90%的风险和报酬则可认为其已经转让了几乎所有的风险报酬。

和信项目的会计意见中表示，在比较了转移前后由于金融资产未来现金流量净现值及时间分布的波动所面临的风险，认为发起人已经转移了入池资产所有权上几乎所有的风险与报酬，因此可以终止确认有关金融资产。

（三）信用风险缓释工具嵌入ABS创新

1. 概述

2010年10月29日，中国银行间市场交易商协会发布《银行间市场信用风险缓释工具试点业务指引》，正式推出了信用风险缓释工具（CRM），被称为中国版的"CDS"。CRM以信用风险缓释合约（CRMA）、信用风险缓释凭证（CRMW）为核心产品，同时还包括用于管理信用风险的简单的基础性信用衍生产品。CRMA是指交易双方达成的，约定在规定的期限内，信用保护买方按照合同的规定向信用保护卖方支付信用保护费用，由信用保护卖方就约定的标的债务向信用保护买方提供信用保护的金融合约。CRMW是将CRWA简化成一种标准化的产品，由第三方为持有人就公开发行的标的债务提供信用风险保护的有价凭证，并可以在市场中销售、流通、交易。CRM的主要作用就是为将拥有信用风险资产的信用保护买方将风险转移给信用保护的卖方，转移、剥离了他自身资产的信用风险。

自2010年10月交易商协会推出CRM以来，截至2012年底，共有16家交易商达成了47笔CRMA交易，本金合计40.4亿元，此后一直没有达成新的CRMA交易。CRMW问世至今总计有7家机构创设了10只CRMW产品，本金合计15.4亿元。中信建投证券2016年第一期信用风险缓释凭证（以下简称"16中信建投CRMW001"）是2011年3月最近一次信用风险缓释凭证创设五年后再度出现的该类产品，也是首次以不良资产支持证券作为标的债务的CRM。

不良资产支持证券中基础资产的借款人已经出现不同程度的违约，无法按照既定的还款计划偿付本息，证券本息偿付资金来源于资产的处置回收，具有较大的不确定性。目前实际项目中，不良资产支持证券的发行规模往往会低于入池资产的未偿本息余额，发起机构会以一个与投资者基本达成一致的预计回收金额为基础，扣除掉一些发行成本与必要的费用后的金额作为发行金额，这就形成一定的超额抵押[①]，在一定程度上降低了证券偿付的风险，但是由于每笔不良资产的回收金额与回收时间受多重因素的影响，且目前我国缺乏完整经济周期下各类不良资产回收情况的历史数据，对资产回收估计具有较强的主观性，实际的回收金额与回收时间会存在一定的偏差，因此证券偿付仍然存在一定的信用风险。2006年，在政策的催化下，重整资产证券化产品开始发行，2006—2008年共发行了4单产品，开启了我国不良资产证券化的先河，2009年以后，我国不良资产证券化业务停摆。2016年年初，时隔8年，人民银行牵头部署不良资产证券化重启工作。虽然不良资产证券化产品在我国问世已经10年，但由于产品数量少、规模小，相当一部分投资者并没有投资该类产品的经验，认知有限。不良资产证券本身的信用风险以及对该类产品认知有限不利于投资者对该类产品的认购。

将CRMW嵌入到不良资产证券化，由投资者支付一定的比例的信用保护费用，当不良支持证券出现支付违约时，按照约定由信用保护卖方承担损失，支付给投资者相应的金额。在信用保护卖方以及不良资产支持证券同时违约的情况下才造成买方的损失，若只有一方发生，买方不会遭受损失。同时，由于信用卖方往往是信用等级较高的商业银行以及信用等级很高的金融机构，这些机构拥有雄厚的资本以及高超的信用管理能力，其违约概率较小。因此，对购买了CRMW投资者而言，CRMW起到了较好的风险转移和规避的作用。

2. 典型案例分析

中信建投证券2016年第一期信用风险缓释凭证。

（1）信用风险缓释凭证基本信息

"16中信建投CRMW001"由中信建投证券股份有限公司，以农盈2016年第一期不良资产支持证券（以下简称"16农盈1"）优先档资产支

[①] 超额抵押=未偿本息余额/证券发行金额。

持证券作为标的债务，创设金额面值8亿元人民币，起始日为2016年8月31日，到期日为2021年7月26日。凭证完成初始登记后，次一工作日可在银行间市场交易流通。

表47　"16中信建投CRMW001"凭证创设条款

创设机构	中信建投证券股份有限公司
凭证全称	中信建投证券股份有限公司2016年度第一期信用风险缓释凭证
凭证认购机构	经中国银行间市场交易商协会备案的信用风险缓释工具核心交易商或信用风险缓释工具交易商
标的债务	农盈2016年第一期不良资产支持证券化优先档资产支持证券
标的实体	农盈2016年第一期不良资产证券化信托
起始日	2016年8月31日
到期日	2021年7月26日
名义本金总额	8亿元
凭证创设方式	簿记建档
付费方式	前端一次性付费
凭证创设价格	通过簿记建档方式确定
结算方式	实物结算或现金结算（满足一定条件时）
信用事件	支付违约

资料来源：中债资信根据发行说明书整理。

（2）标的债务基本信息

"16中信建投CRMW001"以"16农盈1"优先档证券作为标的债务，"16农盈1"是农业银行作为发起机构，由中信信托面向全国银行间债券市场机构以簿记建档方式于2016年7月29日发行，发行总规模30.64亿元，其中优先档证券20.62亿元，占比67.30%，法定到期日为2021年7月26日。

表48　"16农盈1"产品核心要素

发行总额	306 400.00万元	
发行日	2016年7月29日	
法定到期日	2021年7月26日	
证券分档	优先档	次级
金额及占比	206 200.00万元 (67.30%)	100 200.00万元 （32.70%）
信用等级	AAAsf(中债资信)/ AAAsf(中诚信)	无评级/无评级
发行利率	3.48%	无票面利率
利率类型	固定利率	不适用
还款方式	过手摊还	不适用
付息频率	按半年付息	不适用
预期到期日	2019年7月26日	2021年7月26日

资料来源：中债资信根据发行说明书整理。

"16农盈1"入池资产就是由农业银行合法所有且权属明确的不良贷款。入池资产的未偿本息余额为107.27亿元，共涉及204户借款人的1 199笔贷款，单户借款人平均余额为5 258.18万元。入池资产以次级、可疑类的贷款为主，次级、可疑类贷款的未偿本息余额占比分别为40.78%、58.94%。资产全部来自浙江、山东、江苏三个地区，涉及17个地级市，以浙江地区为主，浙江地区入池资产的未偿本息余额为59.82%。借款人主要分布于制造业、批发和零售业、房地产业。77.92%的入池基础资产含有抵质押物，抵质押物主要包括土地使用权、房产使用权、机械设备、存货、应收账款、在建工程等，其中以土地使用权和房产使用权为主。回收主要包括借款人还款、保证人代偿以及抵质押物变现，抵质押物的变现是证券本息偿付的主要来源。资产池预计可回收的现金为437 281.13[①]元，回收率为40.77%，前三年预计累积可回收34.38亿元，占预期总回收金额的78.62%。

---

① 发行说明书中评估机构披露的结果。

"16农盈1"发行金额为30.64亿元，由优先档和次级档证券组成，优先档采用过手偿付型，每半年付息一次。除了优先级/次级、超额抵押等信用增级措施外，还设置了内部流动性储备以及外部流动性支持缓解流动性风险。

（3）信用事件及其结算

"16中信建投CRMW001"约定每个支付日、法定到期日或出现信托目的已经无法实现、信托依法判定为撤销或终止、相关监管部门依法作出信托终止的决定、信托财产全部实现并清算完毕等任一情形后的在10个工作日内，"16农盈1"优先档证券的应付本息未偿得到足额支付，且未足额支付的本息金额累计超过人民币500万元，发生支付违约，触发信用事件。

"16中信建投CRMW001"约定采用实物结算的方式，若在实物结算日由于标的债务已注销，无法进行实物交割时，则可采用现金结算方式作为替代的结算方式。

（4）重点关注问题

①标的债务的信用风险

不良支持证券本息的偿付来源于不良资产的回收，若不足以支付当期证券利息或法定到期日无法偿付证券本金，证券将发生违约。虽然在评估每笔入池资产的回收率时考虑了借款人自身、保证人以及处置抵质押物的回收情况，但是资产池中每笔贷款的回收还会受到贷款服务机构的回收能力、处置过程中的司法环境等实际不确定因素影响，贷款的实际回收率和回收时间均存在一定的不确定性。

②CRMW的信用风险

CRMW作为信用风险缓释工具目的是用来缓释信用风险，但自身也存在一定的信用风险。在CRMW中，投资者为信用的需求者，信用保护卖方为信用的提供者，投资者对风险进行转移，信用保护卖方并不拥有对标的债务的监督权。虽然投资者拥有监督权，但由于风险已经转移和剥离，可能会对标的债务的监督管理的积极性减弱，有可能导致标的债务违约风险加大。随着标的债务违约增加，CRMW实方受经济环境以及自身经营状况的影响也不可避免地会有违约的发生。

（四）交易所市场REITs的创新

1. REITs基本概念及特点

房地产投资信托基金（Real Estate Investment Trusts，REITs）是一种筹集众多投资者的资金用于取得各种收益性房地产或向收益性房地产提供融资的集体投资计划或投资机构。它通常以发行受益凭证的方式将投资者分散的资金汇集成一定规模的资产，投资于房地产及相关资产，通过专业化经营管理获得收益，并按出资比例向投资者分派收益。从本质上看，是将房地产行业的收益和风险直接嫁接到资本市场的融资手段，是商业地产利用资本市场直接融资和退出的主流工具和平台。

一般来说REITs具有以下特点：首先，REITs具有筹集资金、分散风险的功能。它既解决了中小投资者无法进入房地产业这个资本密集型产业的难题，又为房地产业开拓了新的融资渠道，将流动性较差的房地产资产转化成了更具流动性的证券，满足了投融资双方的不同需求；其次，REITs具有投资针对性强、管理专业、收益率高的特点。REITs总资产的投资组合必须以房地产、现金、政府证券为主。例如，美国的房地产基金规定，REITs必须将至少75%的资产投资于与房地产有关的业务。REITs将房地产资产组合交由房地产投资的专业人士经营管理，且多数基金明确规定将90%以上的利润分红给股东，这些因素为股东获得稳定的高收益率创造了条件。另外，REITs享有的税收优惠是REITs发展的重要动因。根据《美国国内税收法案》规定，如果REITs每年将大部分盈利以现金分红方式回报给投资者，则免征公司所得税。这就有效地避免了双重课税，为提高经营效率提供了有利条件。

2. REITs分类及运作模式

根据资金投向和收入来源的不同，可将REITs分为权益型REITs、抵押型REITs和混合型REITs三种，其中权益型REITs占主导地位。权益型

REITs要求投资组合中具有超过75%的资产直接投资于现存房地产或即将开发的收益型房地产，如购物中心、公寓、办公楼、仓库等。该类REITs的主要收入来源是租金收入和房地产的增值收益。抵押型REITs是指专门向房地产所有者或开发企业发放抵押贷款，或者专门购买房地产抵押证券的REITs，其收入来源主要是抵押贷款或抵押证券的投资利息。这类REITs的价格变动与利率有密切联系。混合型REITs是权益型REITs和抵押型REITs的结合。投资标的既包含房地产本身，也包含房地产抵押贷款；它既是权益投资人，也是抵押贷款经营者。

表49 权益型、抵押型及混合型REITs的特征对比

	权益型	抵押型	混合型
投资形态	直接参与房地产投资、经营	作为金融中介赚取利差	二者混合
投资标的	房地产本身	抵押债券及相关证券	二者混合
影响收益的主因	房地产景气与否及经营业绩	利率	二者混合
投资风险	较高	较低	居中
类似的投资标的	股票	债券	二者混合

资料来源：《房地产投资信托运营》。

REITs按组织形式可分为公司型REITs和契约型REITs。公司型REITs是由具有相同投资理念的投资者依法组成，投资于特定对象、以盈利为目的的股份制投资公司。公司型REITs与保管机构建立信托关系，这是公司型REITs中唯一的信托关系。同时，公司型REITs往往通过董事会聘请专业化房地产管理公司或投资顾问负责管理资产并进行投资。契约型REITs是投资者与基金管理公司签订信托契约而形成的投资信托基金。它依据信托法设立，在整个契约型REITs中存在两个信托关系，一个是基金管理公司与保管机构的信托关系，另一个是基金管理公司与投资人的信托关系，这是契约型REITs与公司型REITs最关键的区别。其中，基金管理公司负责委托专业房地产资产管理机构对信托资产进行管理和投资，委托保管机构保管信托资产。

表50　契约型与公司型REITs的特征对比

	契约型	公司型
资产属性	信托资产	公司资产
与投资人关系	投资人与基金管理公司签订信托契约	投资人是公司股东
受托人	基金管理公司及保管机构	保管机构
投资收益	信托收益	股利

资料来源：中债资信根据发行说明书整理。

　　REITs除上述分类外，一般还按其投资的物业类型细分为投资零售商场的REITs、投资住宅的REITs等。几乎凡是能够获得租金收益的商业房地产都是REITs的投资对象，如商业中心、公寓、办公楼、仓库、工业厂房、酒店、高尔夫球场、医院、健康中心等。其中，占比最高的类型为零售资产类REITs，在所有REITs中的占比为20.79%，其下子类包括购物中心、地区性商场、小商铺；其次为住宅资产类REITs，占比为12.76%，子类包括公寓、预制房屋、独立屋等。

资料来源：www.reit.com。

图40　2016年10月末REITs的投资类型分布

在REITs的运作过程中，通常包括投资者、REITs管理公司、专业房地产管理公司及保管机构四个主要参与方。投资人通过购买公司型REITs的股票或与发行REITs的基金管理公司签订信托契约获得收益凭证。REITs资金募集完成后，将基金资产用于购买房地产资产，同时REITs将其所持有的物业委托给专业的物业管理公司进行经营管理，物业公司将收取的物业租金转付给REITs，而REITs会与资金保管机构（一般由商业银行担任）签订资金保管协议，将回收的房地产投资收益资金放于保管机构，由保管机构负责资产的保管并利用账户闲置资金进行投资以达到资产的保值增值，最后资金保管机构会在规定的时间将投资收益支付给REITs的投资者。

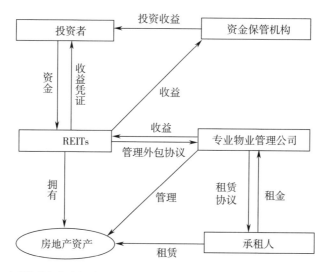

资料来源：中债资信根据发行说明书整理。

图41 REITs的基本运作模式

3. REITs发展概览

REITs最早发源于美国，1960年美国国会通过法案允许设立REITs，目的是为中小投资者提供投资于房地产市场的渠道。美国法律规定，REITs必须将超过75%的资产投资于房地产市场，并将超过90%的税前收入以红利分配给投资者。它一般通过发行收益凭证汇集众多投资者的资金，由专门机构经营管理，投资于能产生稳定现金流的房地产，在有效降低风险的同时将出租不动产所产生的收入以派息的方式分配给股东，为投资人提供长期稳定的投资收益。

作为舶来品，我国对于REITs地产融资政策较为谨慎，政策与税收等层面的制度约束导致REITs发展缓慢。央行于2009年初牵头设计了REITs试点的总体构架，并初步拟定了"REITs试点管理办法"。考虑到我国当时的制度环境，在当时央行的REITs试点总体框架中，REITs以信托的方式发行，不以公募基金形式挂牌交易，REITs设计中可以加入内部增信措施，即信托收益权可区分为优先级收益权和次级收益权，优先级收益权应当为固定收益产品，可在银行间债券市场进行转让，这也是市场上一般提到的"债权版REITs"。

2015年1月住建部发布《关于加快培育和发展住房租赁市场的指导意见》，明确表示将积极推进REITs试点，从政策层面对REITs发展进行松绑，并逐步推开各城市REITs试点。2016年10月10日国务院在《关于积极稳妥降低企业杠杆率的意见》的文件中专门提到有序开展企业资产证券化，支持房地产企业通过发展房地产信托投资基金（REITs）向轻资产经营模式转型。

表51　我国REITs政策演变

2002年7月	央行颁布《信托投资公司资金信托管理暂行办法》，逐步涉及房地产信托业务。
2005年	银监会颁布《关于加强信托投资公司部分业务提示的通知》，对房地产信托发行的门槛进行了严格规定。香港证券市场上，国内的越秀投资成功发行了越秀REITs，成为我国在离岸市场发行的第一只真正意义上的房地产信托投资基金。
2006年	《关于规范房地产市场外资准入和管理的意见》公布，外资不能再通过越秀模式直接用海外离岸公司持有内地物业再将离岸公司上市，万达、华银控股、华润等公司模仿越秀模式在香港上市的计划都相继"搁浅"，国内REITs的发展一度停滞。
2007年1月	央行开始着手研究制定REITs的相关政策，并计划于年底推出管理办法及试点，但由于2008年国际金融危机而暂缓推行。

续表

2007年6月	央行召开REITs专题座谈会，发改委、财政部、住建部等部门参会，并达成"试点与立法平行推进"的共识。
2008年3月	银监会召集五家信托公司共同起草《信托公司房地产投资信托业务管理办法草案》征求意见稿。
2008年4月	央行发布《2007年中国金融市场发展报告》，明确表示要充分利用金融市场存在的创新空间，在未来一段时间内可以择机推出房地产信托投资基金（REITs）产品。
2008年12月	国务院常务会议提出了九条促进经济增长的措施（简称"金融国九条"），房地产政策措施中，首次提出"通过并购贷款、房地产信托投资基金及股权投资基金等多种形式，拓宽企业融资渠道"。
2008年12月	2008年12月13日，国务院办公厅印发《关于当前金融促进经济发展的若干意见》（简称"金融国三十条"），其中再次明确提出"开展房地产信托投资基金试点，拓宽房地产企业融资渠道"。人民银行牵头十一部委对REITs开展研究，成熟的REITs市场主要为股权型REITs产品，而基于我国现有的制度框架，债权型REITs的推出障碍较小，在试点阶段率先推出的可能性更高。
2009年1月	《中国银监会关于当前调整部分信贷监管政策促进经济稳健发展的通知》，银监会表态"积极推动信托公司开展如REITs、资产支持信托等直接融资型创新业务"。
2009年3月	中国人民银行和银监会联合发布了《关于进一步加强信贷结构调整促进国民经济平稳较快发展的指导意见》，明确指出支持房地产企业发行企业债券和进行REITs试点。
2009年	中国人民银行印发《中国人民银行办公厅关于征求〈银行间债券市场房地产信托受益券发行管理办法〉意见的函》向各部委、地方政府征求意见。
2009年下半年	央行联合银监会、证监会等11个部委成立"REITs试点管理协调小组"，详细制定了试点实施方案。随后数月，北京、上海、天津开展试点工作，并均选择了债权型REITs作为突破口。
2010年6月	住建部等七部门联合发布《关于加快发展公共租赁住房的指导意见》，意见鼓励金融机构探索运用保险资金、信托资金和房地产信托投资基金拓展公共租赁住房融资渠道。
2011年	汇贤产业信托在香港上市、国投瑞银亚太地区REITs产品完成合同备案、鹏华美国房地产基金成为中国大陆首只投资美国房地产的基金。
2013年3月	证监会发布《证券公司资产证券化管理规定》，指出商业物业等不动产财产可作为基础资产进行资产证券化，商业物业要求有可预测的现金流，资产支持证券可转让。
2013年	广发美国房地产指数基金作为国内首只美国房地产指数基金开盘；开元酒店地产基金作为内地首只上市的酒店地产基金也成功在香港上市。

续表

2014年	国内首只类REITs产品——中信启航专项资产管理计划，获得监管层批准，并首次尝试在交易所流通，计划3年后将公募上市。
2014年9月	中国人民银行《关于进一步做好住房金融服务工作的通知》中，提出了将积极稳妥开展房地产投资信托基金（REITs）试点工作。
2015年1月	住建部发布《关于加快培育和发展住房租赁市场的指导意见》，明确提出多管齐下发展住房租赁市场，鼓励REITs试点。
2016年10月10日	国务院在《关于积极稳妥降低企业杠杆率的意见》的文件中专门提到有序开展企业资产证券化，支持房地产企业通过发展房地产信托投资基金（REITs）向轻资产经营模式转型。

资料来源：中债资信根据公开资料整理。

4. 国内REITs典型案例分析

（1）国内首只公募基金REITs——鹏华前海万科REITs

①基本信息

鹏华前海万科REITs封闭式混合型发起式证券投资基金是国内首只公募REITs基金，投资于目标公司股权，以获取商业物业租金收益为目标。基金封闭运作期为10年，该基金在此期间内封闭运作并在深圳证券交易所上市交易。封闭运作期届满，该基金将转换为债券型基金。鹏华前海万科REITs的推出是国内公募REITs基金的首创，使得国内金融市场产品结构进一步多元化，为投资者提供了分享优质商业地产租金收益的机会。

表52　鹏华前海万科REITs参与机构信息

参与机构类型	机构名称
基金管理人	鹏华基金管理有限公司
基金托管人	上海浦东发展银行股份有限公司
基金投资顾问	深圳市前海金融控股有限公司
销售机构	鹏华基金管理有限公司以及其他代理销售机构
投资项目	深圳市万科前海企业公馆建设项目

资料来源：中债资信根据公开资料整理。

②投资范围

鹏华前海万科REITs通过投资于目标公司股权参与前海金融创新,力争分享金融创新的红利。鹏华前海万科REITs投资于确定的、单一的目标公司股权,在募集成立6个月之内通过增资入股的方式获得目标公司50%的股权。增资入股后将依据相关协议和目标公司章程的约定,通过持有目标公司股权、获得目标公司利润分配以及深圳万科或其指定的关联方回购目标公司股权方式,获取自2015年1月1日起至2023年7月24日期间目标公司就前海企业公馆项目实际或应当取得的除物业管理费收入之外的营业收入,营业收入将通过业绩补偿机制和激励机制进行收益调整。该基金的其他基金资产可以投资于固定收益类资产、现金,以及法律法规或中国证监会允许基金投资的其他金融工具。该基金同时参与股票、权证等权益类资产的投资。投资比例方面,该基金投资于确定的、单一的目标公司股权的比例不超过基金资产的50%,投资于固定收益类资产、权益类资产等的比例不低于基金资产的50%。该基金的业绩比较基准:十年期国债收益率+1.5%。

③案例特色

第一,万科前海企业公馆是前海区域的优质甲级写字楼,投资者可以分享高品质前海物业的租金收益。

深圳市万科前海公馆建设管理有限公司为投资目标公司,于2013年9月成立,注册资本1 000万元。目标公司是万科企业为了履行前海投控与万科企业签订的BOT协议而成立的运作实体。万科企业于2013年10月授权目标公司代表万科企业履行BOT协议,并以目标公司自己的名义签订前海企业公馆项目的所有业务合同、协议书,执行相关经济事项,并将BOT协议中约定的前海企业公馆项目自2013年9月8日至2021年9月7日期间的收益权转让给目标公司。同时前海投控另已同意将前海企业公馆项目2021年9月8日至2023年7月24日期间的运营权及收益权确定性转让给目标公司。因此,目标公司合法地享有自2015年1月1日起至2023年7月24日止万科前海企业公馆项目100%的收益权。随着前海商业生态圈各项优惠政策措施的不断完善和落实，前海公馆项目租金收益有较好的成长空间，鹏华前海万科REITs未来发展机遇可期。

第二，投资标的多元化，优化了投资者的资金配置结构。

该基金根据与目标公司及其股东所签订的增资协议等相关协议约定的程序和时间，通过增资方式持有目标公司股权至2023年7月24日，获取自2015年1月1日起至2023年7月24日期间前海企业公馆项目100%的实际或应当取得的除物业管理费收入之外的营业收入，营业收入依据相关协议约定的业绩补偿机制和激励机制进行调整。前述目标公司的概况、增资入股情况、退出安排、交易结构、业绩补偿机制和激励措施等详见招募说明书。

在目标公司的投资方面，该基金通过论证宏观经济因素（就业、利率、人口结构等）、商业地产周期（供需结构、租金和资产价格波动等），以及其他可比投资资产项目的风险和预期收益率来判断目标公司持有商业物业当前的投资价值以及未来的发展空间。在此基础上，调研目标公司所持商业物业的基本面（包括位置、质量、资产价格、出租率、租金价格、租户、租约、现金流等）和运营基本面（包括定位、经营策略、租赁能力、物业管理能力等），通过合适的估值方法评估其收益状况和增值潜力、预测现金流收入的规模和建立合适的估值模型。

在固定收益资产投资方面，该基金采用了持有到期策略构建投资组合，以获取相对确定的目标收益。首先对存款利率、回购利率和债券收益率进行比较，并在对封闭运作期内资金面进行判断的基础上，判断是否存在利差套利空间，以确定是否进行杠杆操作；其次对各类固定收益资产在封闭运作期内的持有期收益进行比较，确定优先配置的资产类别，并结合各类固定收益资产的市场容量，确定配置比例。

第三，拥有目标公司收益权的实现和保障机制。

基金管理人根据与万科企业、目标公司签订的协议约定的程序和时间，通过增资入股的方式获得目标公司50%的股权。基金管理人、目标公司、深圳万科共同指定的第三方房地产评估机构对前海企业公馆项目自2015年1月1日至2023年7月24日每年预计营业收入（不含物业管理费收入）产生的预计现金流及其现值进行测算评估。基金管理人根据测算评估结果并结合利率水平等市场和政策情况确定了获得目标公司50%的股权的增资价格。

增资完成日起6个月内，基金管理人将积极促成目标公司改制为股份有限公司。根据协议安排，该基金对目标公司股权的投资通过向深圳万科及其指定的关联方溢价转让股权的方式实现逐步退出。该基金分四次向深圳万科或深圳万科指定的关联方分别转让14%、18%、17.5%和0.5%的目标公司股权，直至该基金全部股权退出。

对目标公司的增资入股完成之后，该基金将主要通过目标公司逐月以对项目的营业收入（不含物业管理费收入）代深圳万科支付部分股权回购价款以及目标公司利润分配的方式实现项目收益。同时对目标公司的投资设置了业绩补偿机制和激励机制：业绩补偿机制方面，深圳万科通过开立保证金账户，一次性存入不低于一定数额的保证金并确保每年维持不低于一定数额。如果目标公司当期营业收入扣减物业管理费收入后的余额低于深圳万科提供并经基金管理人确认的目标公司当期业绩比较基准的，深圳万科将以该保证金账户资金余额为限按目标公司当期实际业绩收入低于业绩比较基准的差额向该基金进行支付。激励机制方面，如果目标公司当期实际业绩收入高于目标公司业绩比较基准，该基金按照一定比例向保证金账户支付深圳万科收益分成，超出部分越高，向保证金账户支付比例越高。

（2）第一单酒店类REITs——恒泰浩睿—彩云之南酒店资产支持专项计划

①基本信息

类REITs是基于资产支持专项计划，以非公开方式向合格投资者募集资金投资不动产资产的融资工具，国内诞生的类REITs是资产证券化模式和REITs模式的有机结合。恒泰浩睿—彩云之南酒店资产支持专项计划是云南省城市建设投资集团有限公司将拥有的北京新云南皇冠假日酒店和云南西双版纳避寒皇冠假日酒店作为基础资产设立的资产支持专项计划。云南省城市建设投资集团有限公司同时作为担保人，补足专项计划差额资金。

表53　恒泰浩睿—彩云之南酒店资产支持专项计划要素

发行总额（亿元）	58.00		
证券分档	优先A类	优先B类	优先C类
金额（亿元）	7.70	49.30	1.00
金额占比	13.28%	85.00%	1.72%
信用等级	AAA	AA+	AA+
利率类型	固定	固定	固定
票面利率	4.49%	6.39%	7.99%
期限	18年	9年	9年
还本方式及付息频率	每年还本付息	每年付息到期还本	每年付息到期还本
交易场所	上海证券交易所		

资料来源：中债资信根据公开资料整理。

②参与机构信息

表54　恒泰浩睿—彩云之南酒店资产支持专项计划参与机构信息

参与机构类型	机构名称
原始权益人/流动性支持机构/优先收购权人/担保人	云南省城市建设投资集团有限公司
管理人/销售机构	恒泰证券股份有限公司
托管人/委贷银行	华夏银行股份有限公司北京分行
基金管理人	北京恒泰弘泽投资有限公司

资料来源：中债资信根据公开资料整理。

③交易结构

私募股权基金认购项目公司全部股份，并且委托委贷银行向项目公司发放贷款。

第一，认购人通过与管理人签订《认购协议》，将认购资金委托给管理人管理，管理人设立并管理专项计划，认购人取得资产支持证券，成为资产支持证券持有人。

第二，专项计划设立后，管理人根据专项计划文件的约定，在专项计划设立日15：00时之前向托管人发出付款指令，指示托管人将等额于《基金份额转让协议》项下转让对价的认购资金划拨至云南城投集团的账户，以向云南城投集团收购其持有的私募基金全部基金份额。托管人应根据《基金份额转让协议》及《专项计划托管协议》的约定对付款指令中资金的用途及金额进行核对，核对无误后应于专项计划设立日16：00时前予以付款。

第三，管理人购买基金份额后，即成为私募基金的基金份额持有人，应根据专项计划文件的约定，履行向私募基金实缴基金出资的义务。管理人应于专项计划设立日15：00时之前，向托管人发出付款指令，指示托管人将支付完成前述私募基金份额转让对价后的其余认购资金划付至私募基金的账户。托管人应根据《基金合同》及《专项计划托管协议》的约定对付款指令中资金的用途及金额进行核对，核对无误后应于专项计划设立日17：00时前予以划款。

第四，私募基金将根据《产权交易合同》的约定，向云南城投集团支付项目公司产权转让价款，进而取得项目公司股权并间接控制目标资产权益。

第五，私募基金将根据《优先债委托贷款合同》和《优先C类债委托贷款合同》的约定，向项目公司发放委托贷款，进而持有对项目公司的优先债权和优先C类债权。

第六，私募基金将根据《优先收购权协议》的约定，授予优先收购权人优先收购特定权益的权利，并由优先收购权人根据协议约定向私募基金支付相应的优先收购权权利金。

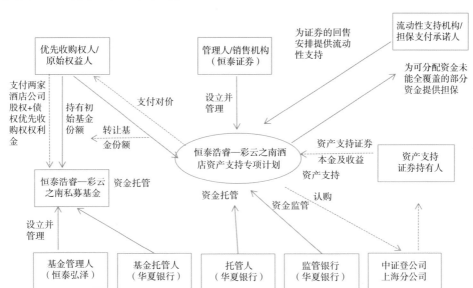

图42　恒泰浩睿—彩云之南酒店资产支持专项计划

④增信措施

第一，云城投提供资产支持证券回售的流动性支持，并提供差额支付承诺，将专项计划账户中的可分配金额未能全额覆盖的部分资金支付至专项计划账户的担保。

第二，两家酒店资产将抵押给委贷银行，项目公司资产可为优先A类资产支持证券提供有力支持。

第三，私募基金持有两家酒店的全部股权，使管理人可实现对两家酒店的完全控制。正常情况下，每年的酒店运营收入扣除运营税费后的金额（息税折旧摊销前利润）对当期优先A类资产支持证券本息的覆盖倍数较高。

第四，如果优先级评级下调，专项计划结束，由云城投支付优先级证券未偿本金和利息。

⑤案例特色

第一，目标物业为优质物业。北京酒店物业所在区域地理位置优越、商务配套设施完善、交通便利且周边环境良好。西双版纳酒店物业位置所在区域酒店聚集度较高，旅游资源丰富，基础设施齐全，并具有良好的生态环境和人文环境。目标资产的历史运营情况、优越的地理位置以及准确的市场定位为目标资产运营收入的稳定性和可增长性提供了保障。

第二，资产隔离。以基金方式持有和控制酒店资产、账户实质监管，有效实现酒店资产与信用承担方的隔离。

第三，多种类型的增信措施。酒店经营净现金流（EBITDA）超额覆盖、结构化分层、目标资产抵押、云南城投集团流动性支持及担保支付等增信方式，安全性较高。

第四，公开发行退出安排。选择合适的市场时机实现公开发行，降低优先B类、优先C类资产支持证券持有人的REITs份额价值下降的风险。

（3）首单国有不动产资产证券化类REITs产品——招商创融—天虹商场（一期）资产支持专项计划

①基本信息

招商创融—天虹商场（一期）资产支持专项计划是首单以国有资产作为目标资产的类REITs产品，实现了国有不动产资产证券化的突破。

表55　招商创融—天虹商场（一期）资产支持专项计划要素

发行总额（亿元）	14.50	
证券分档	优先级	次级
金额（亿元）	9.425	5.075
金额占比	65%	35%
信用等级	AAA	未评级
利率类型	固定	—
票面利率	5.24%	期间收益不超过3%
期限	5年	5年
还本方式及付息频率	每年付息，到期还本	到期一次还本付息
交易场所	深圳证券交易所	

资料来源：中债资信根据公开资料整理。

②参与机构信息

表56　招商创融—天虹商场（一期）资产支持专项计划参与机构信息

原始权益人	天虹商场股份有限公司
计划管理人/代理推广（销售）机构	招商证券资产管理有限公司
托管人/监管银行	民生银行股份有限公司
资产评估机构	中联资产评估集团有限公司

资料来源：中债资信根据公开资料整理。

③交易结构

招商创融—天虹商场（一期）资产支持专项计划的基础资产为天虹商场深南鼎诚百货。专项计划收购项目公司全部股权，无私募基金及委托贷款。

第一，计划管理人设立并管理专项计划，资产支持证券投资者通过与专项计划管理人签订《认购协议》，将认购资金以资产支持专项计划的方式委托管理人管理。计划管理人设立并管理专项计划，投资者取得资产支持证券，成为资产支持证券持有人。

第二，原始权益人根据国资转让的相关规定，将拟转让的深圳深诚100%股权进行挂牌，计划管理人以招商资管的名义代表专项计划进行摘牌，以实现持有基础物业的目的。专项计划成功摘牌后原始权益人获得相应对价。

第三，计划管理人根据《计划说明书》及《托管协议》的约定，向托管银行发出分配指令。

第四，深圳深诚根据《租赁合同》的约定，负责与深南鼎诚租金回收有关的事务。

第五，监管银行根据《监管协议》的约定，监督基础资产产生的现金流的转付工作以及根据指令划款到专项计划托管账户。

第六，专项计划托管银行根据《托管协议》对专项计划资产进行托管。托管银行根据计划管理人发出的分配指令，将相应资金划拨至登记托管机构的指定账户用于支付资产支持证券本金和预期收益。

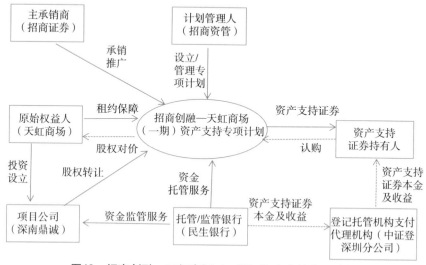

图43 招商创融—天虹商场（一期）资产支持专项计划

④增信措施

第一，结构化分层：本专项计划证券分为两档，优先级和次级。次级份额为优先级份额提供35%信用支持。

第二，租约保障：承租方支付的租金足以覆盖当年资产支持证券持有人预期收益及专项计划相关税费。若承租方发生违约，则项目公司有权更换新的承租方。在新的承租方开始支付租金之前，原承租方有义务定期向项目公司支付不低于原始租金水平的空置损失费。且原承租方在项目存续期内有义务定期向项目公司支付新承租人租金水平与原租金水平之间的差额。

第三，超额覆盖：物业承租方与项目公司在《租赁合同》中约定的租金水平在扣除项目公司层面相关税费支出后，足以覆盖专项计划的相关税费及优先级投资者预期收益。

第四，履约保证金：物业的承租方将支付不低于2 300万元的履约保证金作为对租金按时支付的保障。若在项目存续期内，因动用履约保证金支付租金导致履约保证金余额低于初始水平，承租方需及时将履约保证金补足至初始水平。

⑤案例特色

第一，将国企混改和资产证券化相结合，以REITs盘活国有资产。在混合所有制改革中，资产证券化是一种重要的工具，其交易安排充分的市场化，公开透明，避免了国有资产流失的问题。这意味着企业可以有更多的途径实现国有资产的盘活，通过以REITs作为资产证券化工具，可以让更多的投资人参与到国企混改的红利中。

第二，目标资产优质，降低了违约可能性。深南鼎诚天虹是深圳特区成立以来历史悠久的百货商场，地处深圳特区核心地带，周边商业配套健全，盈利较为可观。此外，目标资产原为天虹商场自持自用，天虹商场已投入资源进行装修改造及商业运作，其违约可能性低。在一定程度上，即使商业地产市场走弱，也可以依托目标物业优质地段良好的抗跌性以及承租人稳定的租约为投资者提供稳定的回报。

第三，实现了交易结构层面的进一步创新与突破。招商创融—天虹商场（一期）资产支持专项计划实现了资产支持专项计划直接投资有限公司股权的安排。上述交易安排的实现有助于未来权益类资产证券化的开展与实施，为今后企业资产证券化基础资产类型的多元化提供了思路。

第四，退出机制灵活，可通过公募REITs上市退出。根据专项计划的退出安排，专项计划的退出路径分为公募REITs上市，出售给原始权益人或第三方。专项计划存续期间，若公募REITs基金相关政策出台，将由计划管理人依据当时的市场情况，在保护投资者利息的情况下决定是否实施公募REITs基金收购退出。若通过公募REITs上市，REITs基金份额可在证券交易所进行公开转让，每年向基金份额持有人分派红利。不过由于基础资产的公允价值可能受到当时不动产市场景气程度的影响，计划管理人有可能无法在专项计划存续期内成功出售目标资产本身或持有的目标资产的项目公司股权，从而导致专项计划无法如期退出。

（4）中信启航专项资产管理计划

①项目概况

中信启航专项资产管理计划总规模逾人民币50亿元，投资标的为北京中心证券大厦及深圳中信证券大厦。该基金由中信金石基金管理有限公司管理，退出时，该基金计划将所持物业出售给由中信金石发起的交易所上市REITs或者第三方。中信启航针对不同的投资者采用了结构化设计，产品分为优先级和次级两类。发行规模为优先级36.5亿元，占比70.01%，次级15.6亿元，占比29.99%。优先级份额在存续期间获得基础收益，退出时获得资本增值的10%，具体详细信息如下表所示：

	优先级	次级
规模（亿元）	36.5	15.6
占比	70.01%	29.99%
评级	AAA	未评级
利率类型	固定	—
期限	预期3年，不超过5年	预期4年，不超过5年
还本付息频率	每年付息，到期还本	到期还本
产品发售对象	合格机构投资人	
交易场所	深圳证券交易所	

②参与机构

资产原持有人	中信证券股份有限公司
计划管理人/推广机构	中信证券股份有限公司
基金管理人	中信金石基金管理有限公司
托管人	中信银行股份有限公司天津分行
监管银行	中信银行股份有限公司天津分行
法律顾问	北京市海问律师事务所
信用评级机构	中诚信证券评估有限公司
会计师事务所	普华永道中天会计师事务所
税务咨询机构	普华永道中天会计师事务所
评估机构	深圳市戴德梁行土地房地产评估有限公司
市场调研机构	深圳市戴德梁行土地房地产评估有限公司
登记托管机构/支付代理机构	中国证券登记结算有限公司深圳分公司

③交易结构

本项目认购人通过与计划管理人中信证券股份有限公司签订《认购协议》，将认购资金以专项资产管理方式委托计划管理人管理，计划管理人设立并管理专项计划，认购人取得收益凭证，成为收益凭证持有人。然后，基金管理人中信金石基金管理有限公司非公开募集资金设立非公募基金，计划管理人根据专项计划文件的约定，以自己的名义，为专项计划收益凭证持有人的利益，向非公募基金出资，认购非公募基金的全部基金份额。最后，非公募基金在设立后，按照专项计划文件约定的方式，向中信证券收购其持有的项目公司全部股权，以实现持有目标资产的目的。

在退出安排方面，中信启航项目计划以REITs方式退出，退出时点，非公募基金将所持物业100%的权益出售给由中信金石基金管理有限公司发起的交易所上市REITs，对价的75%将以现金方式取得，剩余25%将以REITs份额的方式由基金持有并锁定1年。在此安排下，优先级投资者将在IPO时点以全现金方式全部退出，相应次级投资者获得部分现金分配及REITs份额。除REITs方式退出外，基金还可以市场价格出售给第三方实现退出。投资物业所在北京、深圳商圈的租金及售价在未来五年预计有较好的升值空间，出售给第三方是REITs退出方式的重要补充。

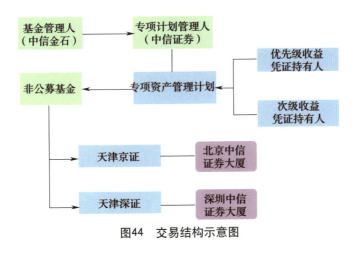

图44　交易结构示意图

④案例特色

中信启航项目通过投资非公募基金收购核心商圈的稀缺物业，为投资人实现稳定的期间收益和退出增值收益，是国内首单优质不动产资产的专项资产管理计划产品。产品具有如下特点：

第一，中信启航项目为境内不动产投资的稀缺创新产品。国内长期缺乏不动产投资金融产品，仅有直接投资、信托投资及少量投资于海外不动产的QDII产品。中信启航是投资优质物业、获得稳定收益、风险可控的产品，向机构投资人、高端投资人投资优质物业提供了市场机会。

第二，项目的结构设计匹配投资人风险—收益需求。产品通过内部分级设计满足次级投资人的高收益需求，同时为优先级投资人提供内部增信，优先级部分外部评级达到AAA。

第三，中信启航项目是首只次级档份额可交易的专项资产管理计划。该项目优先级、次级份额皆可在深交所综合协议交易平台交易，便于投资者灵活掌握进入和退出时机，提高产品流动性。

中信启航项目的发行及挂牌交易，标志着中国第一单权益型REITs产品的顺利破冰，在中国市场上具有里程碑式的意义。它不仅丰富了证券市场的投资品种，为证券市场投资者提供了具有新型风险收益结构的投资产品。同时，REITs以租金预期为核心的定价机制有助于推动房地产市场理性价格的形成，促使投资者更加关注房地产投资的租金回报。

（5）中信华夏苏宁云创资产支持专项计划

①项目特征

中信华夏苏宁云创资产支持专项计划以华夏资本管理有限公司设立的中信华夏苏宁资产支持专项计划资产支持证券为载体，以中信苏宁私募投资基金收购苏宁云商集团股份有限公司持有的11个项目公司（分别为持有北京刘家窑店物业的上海州南资产管理有限公司、持有北京新华西街店物业的上海春嘉资产管理有限公司、持有成都万年场店物业的上海万场资产管理有限公司等）100%股权的方式间接获得目标资产的控制权为基础资产设立的资产支持专项计划。该产品总规模43.95亿元，分为A类、B类两类证券份额可进行交易的标准产品，通过产品设计实现信用增级，A类收益凭证规模20.85亿元，占比47.44%，信用水平为AAA级。B类证券规模23.10亿元，占比52.56%，通过结构安排，使B类证券兼顾安全性和分享资本增值的可能性，具体详细信息如下表所示：

	A类	B类
规模（亿元）	20.85	23.10
占比	47.44%	52.56%
评级	AAA	AA
利率类型	固定	固定
票面利率	6.16%	9.54%
期限	18年，每3年开放参与/退出	3+1年
付息频率	按季付息	按季付息
还本方式	匹配基础资产日常租金现金流特征，等额本息	—
开放参与/开放退出安排	产品成立后，每满3个计划年度之日前第60个工作日（含）至第40个工作日（不含），计划投资者有权向计划管理人申请退出专项计划；每满3个计划年度之日前第40个工作日（含）至第7个工作日（不含）可申请参与专项计划	苏宁电器集团收购选择权产品存续前3年内，苏宁电器集团或其指定主体有权随时以"净票面价值"收购全部B类证券，权利金对价为B类证券规模的29%/年，其中【8.0~9.5%/年】部分需当年支付，剩余部分（三年合计【58.5%~62.73%】）于权利期届满时（第3年）一次性支付，若期间苏宁电器集团行使该优先收购权，则相应剩余应付部分可获得豁免
提前终止选择权	经计划管理人同意，可于每3年有一次提前清偿结束的机会；产品存续期间，如果产品评级低于AA+，苏宁云商须向产品回购所有权益，提前终止产品	
流动性支持机构	苏宁云商集团股份有限公司	
交易场所	深圳证券交易所	

②参与机构

资产原持有人	苏宁云商集团股份有限公司
计划管理人	华夏资本管理有限公司
基金管理人	中信金石基金管理有限公司

续表

财务顾问/推广机构	中信证券股份有限公司
托管人	中国工商银行股份有限公司南京分行
监管银行	中国工商银行股份有限公司上海分行
法律顾问	北京市金杜律师事务所
信用评级机构	中诚信证券评估有限公司
会计师事务所	普华永道中天会计师事务所
税务咨询机构	普华永道中天会计师事务所
评估机构	深圳市戴德梁行土地房地产评估有限公司
市场调研机构	深圳市戴德梁行土地房地产评估有限公司
登记托管机构/支付代理机构	中国证券登记结算有限公司深圳分公司

③交易结构

本项目认购人通过与计划管理人中信证券股份有限公司签订《认购协议》，将认购资金以专项资产管理方式委托计划管理人管理，计划管理人设立并管理专项计划，认购人取得资产支持证券，成为资产支持证券持有人。同时，中信金石基金管理有限公司非公开募集资金设立非公募基金，以私募基金的名义与苏宁云商签订《中信苏宁云创私募投资基金股权转让协议》，收购苏宁云商持有的项目公司100%的股权，同时给项目公司发放委托贷款，且将优先债收益权通过实物分配的方式转让至苏宁云商。华夏资本根据专项计划文件的约定，代表专项计划受让苏宁云商拥有的优先债收益权及拥有全部私募投资基金份额。

退出方面，该产品预计在3年内通过公开发行REITs的方式实现公募上市。A类资产期限为18年，每3年开放申购/回售，计划管理人每3年可提前终止，还本付息方式为按季等额本息，租金净收入优先用于支付A类本金和预期收益。如果在任一开放申购/回售期间申报参与A类资产支持证券份额少于对应的开放退出申报期内申报退出的A类资产支持证券份额，苏宁云商将承担流动性支持义务。对B类资产而言，其可通过公募上市的市场化方式退出。若未能实现公开发行REITs实现公募上市，则苏宁集团在第

3年末享有对B类资产支持证券的优先收购权，待其收购后，B类资产支持证券持有人的本金和预期收益将全部得到实现，专项计划向苏宁集团分配私募投资基金份额，从而终止B类资产支持证券。

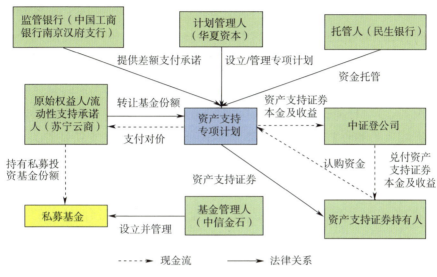

图45 交易结构示意图

④增信措施

中信华夏苏宁云创资产支持专项计划采用了以下几种增信措施：

第一，苏宁云商各下属公司、苏宁集团及苏宁云商已与各项目公司分别签署了为期20年的不可撤销租约（前12年由苏宁云商各下属公司向各项目公司租赁门店物业部分面积，并支付租金，后8年如苏宁云商各下属公司不承租则由苏宁集团承租）。

第二，私募投资基金委托委贷银行向项目公司发放贷款，各项目公司以其持有的门店物业为优先债的偿还提供抵押担保，并已就此与委贷银行签署《抵押合同》并将于计划管理人要求的其他时间办妥抵押登记。

第三，若在专项计划存续期内，若A类资产支持证券评级低于AA+，则苏宁云商向计划管理人支付A类资产支持证券持有人的未分配本金和预期收益的现金，专项计划终止。

⑤案例特色

第一，结构化设计为不同投资人提供不同风险和收益特征的资产支持证券。在苏宁云创项目中，中信金石设立了中信苏宁私募投资基金，中信金石以私募投资基金的名义来收购苏宁云商持有的这11个项目公司的100%股权的同时，还给项目公司发放委托贷款，且将持有的优先债18年的收益转让至苏宁云商。这意味着，苏宁云创在股权之外，还通过债权方式得到额外保障。苏宁云创以私募基金的全部份额和优先债收益权为主要基础资产，以目标资产的租金和增值、优先债的利息为主要收益来源，发行了不同风险和收益特征的A类资产支持证券和B类资产支持证券。

第二，苏宁集团对B类资产的优先收购权，实为约束或兜底。苏宁集团对B类资产的优先收购权权利对价为B类资产支持证券规模的29%/年，其中的7%~9.5%/年部分需当年支付，完全对应用于B类预期收益的支付，同时计提当年剩余部分19.5%~22%，若期间苏宁集团行使该优先收购权，则相应计提部分可获得豁免。若苏宁集团放弃行使优先收购权，其将累计支付B类资产支持证券持有人出资金额总额的87%的权利对价，放弃行使优先收购权的成本很高。故苏宁集团对B类资产的优先收购权，实为约束或兜底。

（6）首誉光控—光控安石大融城资产支持专项计划

①项目特征

"首誉光控—光控安石大融城资产支持专项计划"以光大安石（北京）房地产投资顾问有限公司旗下管理的重庆观音桥大融城购物中心作为底层物业资产，以未来租金及其他经营收入带来的现金流为还款来源。该产品总规模25亿元，分为优先A档、优先B档及次级档三档资产支持证券。其中优先A档资产支持证券规模13亿元，占比52%，信用水平为AAA级；优先B档资产支持证券规模3亿元，占比12%，信用水平为AA+级，次级档资产支持证券规模9亿元，占比36%，具体详细信息如下表所示：

	优先A档	优先B档	次级档
规模（亿元）	13	3	9
占比	52%	12%	36%
评级	AAA	AA+	—
预期收益率	3.8%	4.3%	—
期限	3+3+1年；前3年为固定期、到期符合条件可展期3年、1年处置期		不短于优先级存续期限
付息频率	按年付息	按年付息	期间分配剩余收益
还本方式	到期一次还本	到期一次还本	—
差额支付承诺人	光大控股股份有限公司		
交易场所	深圳证券交易所		

②参与机构

原始权益人	上海雷泰投资中心（有限合伙）
差额支付承诺人	光大控股股份有限公司
计划管理人	首誉光控资产管理公司
基金管理人	光控安石（北京）投资管理有限公司
财务顾问/推广机构	摩根士丹利华鑫证券有限责任公司
托管人	中国民生银行股份有限公司上海分行
委贷银行	兴业银行股份有限公司重庆分行
监管银行	兴业银行股份有限公司重庆分行
法律顾问	北京市金杜律师事务所
信用评级机构	中诚信证券评估有限公司
会计师事务所	安永华明会计师事务所（特殊普通合伙）
税务咨询机构	安永华明会计师事务所（特殊普通合伙）
评估机构	中联资产评估集团有限公司
登记托管机构/支付代理机构	中国证券登记结算有限公司深圳分公司

③交易结构

　　原始权益人上海雷泰投资中心出资认购由基金管理人光控安石设立的首誉光控—大融城私募投资基金的全部基金份额。私募基金委托兴业银行重庆分行向融科光控发放委托贷款，用于偿还物业持有人对重庆光控基金、中信信托、兴业银行重庆分行所负债务。光控安石与重庆光控基金以及中信信托签订了协议，约定重庆光控基金以及中信信托在首誉光控—光控安石大融城资产支持专项计划成立后将持有的融科光控股权转让给首誉光控管理"特定资产管理计划"，并完成对价支付。交易完成后，首誉光控代表其拟设立之特定计划持有融科光控100%的股权。根据《股权转让协议》安排，光控安石作为基金管理人代表私募基金收购"特定资产管理计划"持有的融科光控全部股权，并支付《股权转让协议》约定金额作为对价。至此，私募基金完成对物业持有人融科光控的收购安排，享有融科光控的100%股权和委托贷款的债权。

同时，在首誉光控—光控安石大融城资产支持专项计划中，认购人将认购资金以专项资产管理方式委托计划管理人首誉光控管理，计划管理人设立并管理专项计划，认购人取得资产支持证券，成为资产支持证券持有人。在专项计划设立日，由原始权益人上海雷泰将其所持有的基础资产，即依据《基金合同》享有的基金份额所有权和其他附属权益及衍生权益，转让给本次专项计划。专项计划取得基金份额后，同时承继原始权益人在《基金合同》及《基金份额认购书》项下实缴剩余全部基金出资的义务。

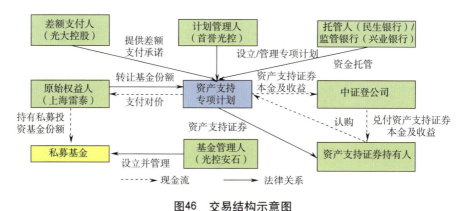

图46　交易结构示意图

④增信措施

第一，重庆融科光控将其所持有的物业资产重庆大融城抵押给委贷，其评估价值是优先级资产支持证券发行规模的1.56倍，可为优先级资产支持证券提供有效增信；

第二，根据《差额支付承诺函》，若发生差额支付启动事件，中国光大控股有限公司（AAA）对差额支付补足账户进行差额支付；

第三，安排了优先/次级的证券分层设计，优先A档资产支持证券规模为13亿元、优先B档资产支持证券规模为3亿元，次级资产支持证券的规模为9亿元，次级证券为优先级提供信用支持，次级和优先B档为优先A档提供信用支持；

第四，设有"展期回购条款"，若本产品在三年后选择展期，则光大控股及指定机构有义务回购不参与展期的优先级投资者持有的证券。

⑤案例特色

第一，地理位置优越。在首誉光控—光控安石大融城资产支持专项计划中，基础资产"大融城"商业物业位于重庆市观音桥商圈核心地段，截至2015年12月底入驻商家309家，出租率为97.76%，是一家大型综合性商业百货中心。凭借大融城优越的区位环境和当地日益增长的商业零售需求，近年来融科光控业务发展良好，经营性现金流入稳定，能够对优先级资产支持证券预期收益提供较强保障。

第二，资产运营能力强大。该专项计划的基金管理人为光控安石（北京）投资管理有限公司，系光大安石（北京）投资顾问有限公司的全资子公司。后者是光大控股的唯一排他性房地产投资平台，是国内顶级房地产基金，荣获"2015中国房地产基金综合能力TOP10"榜首。

第三，差额支付方信用水平很高。差额支付承诺人为中国光大控股有限公司为本专项计划提供差额支付，保障在资产运作期优先级证券的收益偿付。光大控股为中国光大集团子公司，具有强大的国资背景，同时具有深厚的国际化资产管理视野。截至2015年6月30日，光大控股总资产为

628.8亿港元，总负债为180.8亿港元，流动负债为124亿港元，净资产为448.0亿港元。

四、资产证券化模型专题

（一）概述

资产证券化模型是对资产支持证券进行分析的一系列量化工具的统称，主要包括对基础资产池质量进行评估的各类分析模型，以及对交易结构和现金流机制进行分析的现金流模型。一般来讲，每家机构的资产证券化模型大都基于相似的分析框架和分析要素，但会根据不同产品的资产特征，进行不同的假设，最终得到能充分反映产品特点的模型。

资产证券化的分析要素主要包括以下方面：拟证券化资产池的信用质量，交易结构和现金流机制，法律及监管风险，操作风险以及交易对手风险，其中前两方面即为需要进行建模的主要方面。在建模中需考虑资产支持证券的信用风险、提前偿付风险、利率风险和流动性风险：信用风险指债务人未能按约定按时或者足额还款所造成的风险，具体包括违约风险和回收风险（统称损失风险）；提前偿付风险指提前还款所造成的再投资风险，通常在利率下降的环境下发生；利率风险指资产端和负债端现金流利率特征不匹配所产生的风险，该风险在正常按计划还款情况下或压力情景下均可能存在；流动性风险指在正常情况下，资产端和负债端现金流不匹配所产生的风险，也称为现金流断档风险。

在资产证券化模型实践方面，以标普、穆迪、惠誉为代表的国际评级机构都拥有自己成熟的信用风险模型；国内方面，中债资信等评级机构也开发了适应国内市场特点的信用风险模型。而现金流模型则是对交易结构的客观描述，具有统一化、标准化的条件，加上相关数据处理的需求，催生了一批专业的信息服务提供商，经过多年发展，国外资产证券化市场形成了以现金流模型为核心的多层次信息服务体系：一是相关政府及监管机构提供的信息服务，通过设立制度和数据平台，使市场数据可以被公开查询和下载。二是相关自律组织、行业协会等机构提供的信息服务，包括通过各种历史数据、交易信息等形成的统计数据信息。三是专业化市场机构提供的信息服务，国外资产证券化市场拥有较多专业化的数据信息服务商，这些市场机构提供了丰富的基础数据、模型构建、现金流测算、信用评分等方面的专业化服务。相较于成熟市场，目前我国信贷资产支持证券的信息披露在充分性、透明度、及时性方面都存在改进的空间。

本节将主要介绍信用风险模型、现金流模型及其衍生的信息服务。

（二）资产证券化模型的国际经验

1.信用风险模型

信用风险模型是对拟证券化资产池（资产组合）进行信用风险评估，以预测资产组合的损失情况。对于正常类贷款，具有n笔贷款的资产组合在t时刻的累积随机损失L_t有如下表示：

$$L_t=L_{1,t}+L_{2,t}+\cdots+L_{n,t}$$

其中，$L_{i,t}$表示第i笔资产在t时刻累积随机损失金额。通常假定每笔资产仅发生一次损失，这样每笔资产的随机损失金额$L_{i,t}$可由违约金额$D_{i,t}$乘以违约损失率LGD_t得到。在对违约损失率进行简化处理的情况下，关注累积随机违约金额D_i。

对资产组合的信用风险建模有整体评估法、自下而上法、混合方法三类方法。整体评估法即对于L_t直接建模，通常适用于笔数较多的个人类贷款资产证券化。自下而上法对$L_{1,t}$，$L_{2,t}$，$\cdots L_{n,t}$进行建模，然后加和得到L_t，通常适用于笔数较少的公司类贷款资产证券化。对于笔数居中的，也可采用整体评估与自下而上的混合方法。

国际上主流的结构化金融产品包括RMBS、CDO和狭义ABS等，以标普、穆迪、惠誉为代表的国际评级机构对这些产品进行信用风险建模来评估每种产品资产组合的信用风险。

（1）RMBS

个人住房抵押贷款支持证券的资产池具有单笔资产同质性强、独立性强的特点。国外评级机构在评估RMBS组合信用风险时，通常都会逐笔评估贷款的信用风险，然后测算出基础资产组合信用风险。经过研究，国际评级机构对RMBS组合信用风险的评估方法主要有四种：第一种称为"迁移率—压力乘数法"，对每笔贷款在各期的还款状态迁移情况建模，用于测算基准情景的组合信用风险，然后再施加压力得到不同目标级别对应的损失率；第二种称为"模拟方法"，根据每笔贷款在不同时点的条件违约率、违约损失率和提前还款率等风险指标，利用蒙特卡洛随机模拟方法测算基础资产的违约分布和损失分布；第三种称为"MILAN方法"（Moody's Individual Loan Analysis），通过比较每笔基础资产与标准贷款的差异、拟证券化资产池与标准资产池之间的差异，得到资产池要达到市场最高级别所需的信用增加量；第四种称为"Logistic—压力乘数法"，选取与违约率相关的变量建立Logistic回归模型，通过对关键变量施加相应的压力得到目标级别的违约率和违约损失率。"迁移率—压力乘数法"、"模拟方法"和"Logistic—压力乘数法"采用的是典型的自下而上法，"MILAN方法"是混合方法。

（2）CDO

CDO产品的基础资产之间同质性一般且具有较强相关性。国外CDO产品的信用风险模型经历了一系列的发展。1996年，穆迪提出二项式扩展法（BET），该模型利用一个独立的、同质化组合来刻画真实资产组合的信用表现，根据二项分布表达式计算不同违约情景的发生概率，模型运算效率高，但适用范围有限。1997年，J.P. Morgan推出风险管理产品CreditMetrics，将资产的市场价值与借款人信用等级相关联，利用蒙特卡洛模拟方法测算资产组合市场价值的概率分布。惠誉借鉴CreditMetrics的多期扩展形式，开发组合信用风险量化工具Vector3.1，该模型适用范围广泛，但运算效率相对较低。2000年，李祥林将Gaussian Copula引入资产证券化领域，用于刻画违约事件的相关结构，在此基础上，标普、穆迪、惠誉相继开发新的量化工具，比如标普的CDO Evaluator、穆迪的CDOROM、惠誉的PCM。Gaussian Copula仍需要通过蒙特卡洛模拟加以实现，当基础资产笔数多时计算耗时较长，因此对于笔数多的中小企业信贷资产证券化产品（SME CLO），穆迪提出逆正态分布法，通过渐进分布来近似基础资产的违约分布，以提高运算效率。从建模角度分类来看，BET法是混合方法，惠誉Vector3.1、Gaussian Copula、穆迪逆正态分布法都是自下而上的建模方法。

（3）信用卡ABS

对于信用卡应收账款证券化这类产品，国外通常采用"动态池"分析法以压力测试的方式来评估资产支持证券的信用风险，其评估思路分为以下几个步骤：第一，确定核心要素。评级机构结合信用卡应收账款资产池的特点和资产支持证券的特点，确定影响基础资产表现和证券表现的核心要素。第二，估计核心要素基准取值并进行调整。对这些核心要素的历史数据展开分析，估计基准情景下各影响因素的取值。对于特定受评交易，还需要综合考虑拟证券化资产池的特点，发起机构提供的信用卡资产表现的历史数据，并结合对未来宏观经济形势、商业惯例、信贷政策、法律法规等变动的预测，对核心要素的基准取值进行调整。第三，确定压力条件及不同压力水平对应的核心要素取值。将目标信用等级为B定义为一般经济情况，将目标信用等级为AAA定义为历史最严苛的经济情况，对于中间目标信用等级，随着级别的升高而对应逐渐严苛的经济情况。通过历史数据分析这些核心要素的跨经济周期的历史变化幅度，便可以确定不同经济情况下各影响因素的取值，即不同目标信用等级对应的影响因素取值。用不同目标信用等级下影响因素的取值除以B级别对应的影响因素取值，便可以得到不同目标信用等级对应的压力条件（折损率或压力乘数等）。然后，用基准情景下各影响因素的取值乘以不同目标信用等级对应的压力乘数，便可以得到不同目标信用等级下各影响因素的取值。第四，实施现金流测试并获得模型建议级别。在现金流模型中，对特定目标信用等级对应的各影响因素取值进行相应的设置，然后便可以采用现金流模型测算在该目标信用等级对应的压力条件下，受评证券是否发生违约。如果受评证券在给定目标信用等级压力水平下未发生违约，则可以获得该目标级别，否则将原目标信用等级降低一个子级，重新进行压力测试，直到受评证券不发生违约。该方法是整体评估法。

（4）车贷ABS

对于个人汽车贷款证券化产品，基础资产通常有几万笔，集中度低且同质性强，因此国际评级机构通常基于"静态样本池"评估其组合信用风险。静态样本池方法是指分析发起机构提供的相似贷款组合的历史信用表现来推测拟证券化资产池在存续期内的信用表现。在静态样本池分析思路下，国际评级机构主要有两类方法，一种以穆迪为代表，假设基础资产累计损失率服从对数正态分布，然后利用静态样本池历史数据估计对数正态分布的参数（均值和波动率），再根据估计出的基础资产的损失分布，测算各档资产支持证券的信用水平，这种方法可简称为"对数正态法"；另一种以标普和惠誉为代表，根据静态样本池历史数据估计出拟证券化资产池在正常情景下的预期累计损失率，然后乘以与目标级别相对应的压力乘数，以确定该目标级别下受评证券所能承受的基础资产损失比率，再通过现金流模型测试受评证券在该损失比率下是否发生违约，从而确定证券能否获得该级别，这种方法可简称为"压力乘数法"。上述两类方法都是整体评估法。

2. 现金流模型与信息服务

由于现金流模型的客观性，一批具有强大市场影响力的专业化机构提供了相关的产品，这些专业化机构通过对数据的整合形成了较为完善的产品服务体系，成为较为综合的信息服务商。经过几十年的发展，国外资产证券化信息服务市场已相对成熟。总的来看，国外资产证券化信息服务的业务领域较为细化，各领域呈现出寡头垄断的格局，信息服务为发行方、投资方提供了极大的便利，对提升市场流动性发挥了积极的推动作用。

表57　资产证券化信息服务市场格局

业务类别	细分领域	代表性提供商
模型	Credit信用风险模型	Corelogic、ADCo、LPS
	Cash flow现金流模型	Intex、Trepp、Lewtan

续表

业务类别	细分领域	代表性提供商
数据	Loan/Pool level	Intex、Corelogic
	Economic&Market	Corelogic、Moody's
	Consumer	Equifax、TransUnion

美国资产证券化市场产品类型丰富多样，与此相对应的，资产证券化信息服务的业务领域也呈现出细分化、层次化的特点。概而言之，主要包括模型提供商、数据提供商两个大类，其中又分为不同的子类别（见表1）。参与这一市场的主要信息服务提供商包括专业资产证券化信息服务商（如Intex）、立足细分资产证券化产品信息服务商（如Trepp）、信用风险咨询机构（如穆迪分析）、综合资讯提供商（如Bloomberg）以及专业指数信息服务商（如Markit）。上述机构的共同点在于所使用的核心数据和现金流模型大同小异，每家几乎都涉及跟踪、分析和定价服务，也会提供分析工具和平台，但不同机构也有自身的优势领域或专业定位，例如Intex是住房抵押贷款支持证券（RMBS）信息产品份额最大的两家机构之一，而Trepp在商业抵押贷款支持证券（CMBS）上领先。从覆盖面来看，由于美国资产证券化市场以RMBS产品为绝对主体，因此主攻该领域的现金流模型提供商（如Intex）在信息服务市场中占据较大份额。超过四分之三的投资者会购买商业模型，但同时一半以上的投资者也使用自主编写的模型。65%的投资者会使用两家以上的商业模型，用于对比或补充某一特殊领域投资的使用。投资者常用的现金流模型供应商包括：ABSNet Lewtan，Bloomberg，Deloitte ABS Suite，Interactive Data BondEdge，Intex，Moody's Analytics，Thompson Reuters，Trepp，Yield Book。其中，Intex与Bloomberg使用最多，处于该领域的主导地位。投资者选择模型时，重视模型的精确性、灵活配置的适用性与透明性等。

表58　国外资产证券化主要信息服务机构概况

机构名称	机构概况
Intex Solution	成立于1985年，全球最大的专业资产证券化信息服务商，主要产品有Intex Calc，Intex DealMaker和Intex Link。目前，Intex几乎是结构融资市场中投资人必须使用的工具和平台。除了提供信息产品外，Intex承担着资产证券产品信息集散平台的职能，主要是为投资银行提供发布产品信息的平台，而作为回报Intex每年要向这些投行收取上千万美元的费用。在数据库领域，Intex覆盖了RMBS、ABS、CMBS、CDO等四类产品几乎所有公开发行的交易和众多私募交易，具有美国最大的数据图书馆。
Bloomberg彭博	作为全球领先的金融信息和财经资讯的综合提供商，彭博成立于1981年，拥有庞大的客户基础。近年来，彭博在资产证券化信息服务领域持续发力，在细分领域——RMBS已经超过Intex。
Moody's Analytics 穆迪分析	穆迪分析是穆迪集团专门提供量化信用分析工具的子公司，其提供的资产证券化产品的分析平台产品包括：一是结构融资门户（Structured Finance Portal），这一平台围绕CLO和CDO市场，提供相关数据、分析和报告；二是软件平台，在CDO net平台上，资产管理人可以进行合规性测试和模拟交易，而WSA平台整合了资产池、表现数据以及信用和现金流分析，用户可以在这个平台上观察组合的统计数据，单笔交易的汇总信息和历史表现信息，也可以通过分析工具对资产组合进行压力测试。
Trepp	Trepp成立于1979年，从1997年开始从事CMBS的信息服务业务，2004年被英国每日邮报集团（Daily Mail Group）旗下的DMG information收购，成为其全资子公司。

　　从国外资产证券化信息服务商的发展来看，呈现出了如下的趋势：一是使用专业化的脚本语言。专用脚本语言提升了模型的灵活性、兼容性，而这正是决定相关模型质量的关键因素。二是积累起了庞大的模型库，随着业务的开展，信息服务商积累了大量的交易模型，模型库越庞大越有利于发行人进行产品设计，有利于投资人进行分析、估值、管理投资组合。三是提供交易设计工具。帮助一级市场的参与机构设计交易结构，资产证券化产品在从一级市场到二级市场的传递过程中，用户会对现金流模型产生了明显的路径依赖。一旦金融工程师使用其现金流模型设计交易结构，那么二级市场的投资人也自然而然地使用其产品进行分析估值。四是技术壁垒、产品功能衍生出高度的用户黏性。针对一级市场的产品使得用户产生很强的黏性和聚集效果，而在描述负债结构时，金融分析师需要使用的

脚本语言，用户黏性促使服务商不断拓宽客户群体，技术壁垒更进一步增加了客户的忠诚度。

金融危机之后，各国监管层结合结构化金融的发展和其危机之中的表现，对资产证券化模型和信息服务有了更深入的了解，也提出了新的监管要求。2010年，SEC对ABS产品发行的监管提出了实质性的改革建议。鉴于金融危机中以RMBS和CDO为代表的ABS市场中产品所暴露出的问题，提案中包含了尚无前例的证券监管规则。提案要求每一个ABS发行商应开发具有公开可得性的刻画现金流模型（"瀑布"模型）的软件，在最初提议中，软件甚至必须由Python语言写成。这项现金流软件开发提案遇到了来自ABS发行者和其他市场参与者的巨大阻力。最终于2011年8月，SEC在其重新发布的ABS市场改革修正意见中去掉了上述监管要求。2015年，澳大利亚央行为ABS产品的信息提供商制定了现金流报告模板，模板要求ABS的提供商在统一的计算机语言格式下来透明，清晰和全面地描述ABS产品的现金流模型，以方便公众的获取。

（三）资产证券化模型的国内实践

在借鉴国外相对成熟模型经验的基础上，针对我国资产证券化产品及市场的特点，各机构使用的资产证券化模型也在不同程度上有所改进，下面分别从信用风险模型、现金流模型与信息服务两方面介绍国内资产证券化模型的实践情况。

1. 信用风险模型

信用风险评估模型的建构与对产品信用风险的理解息息相关，因此各机构的模型原理与方法有所差别，下面分别介绍国内主要评级机构信用风险模型的使用情况。以下内容均来自于公开的评级报告及评级模型文件，因各评级机构对模型披露程度不同，一些机构未公开具体评级方法及模型，在此不做介绍。

（1）中债资信

中债资信具有国内最成熟和最完整的资产证券化信用风险模型体系，

针对不同产品的不同特点，分门别类地采用了不同的模型方法：对CLO和RMBS采用自下而上的建模方法，对车贷ABS、消费贷ABS采用整体评估的建模方法，NPL类采用自下而上或者混合方法。其中CLO评级包括对逐笔资产进行评估的影子评级模型，以及对资产池整体进行评估的组合信用风险模型和大额借款人违约模型。其余产品的模型均称为组合信用风险模型。各类产品模型方法的概括请见表3，以下针对CLO、RMBS、车贷ABS的模型进行具体介绍。

对于CLO产品，组合信用风险模型采用逐期模拟法测算基础资产的违约分布。逐期模拟法是Merton模型多笔多期的离散形式推广：在多笔方面，逐期模拟法假设单期的多笔基础资产价值服从多元正态分布，在期末时，以企业资产价值小于负债认定为违约状态；在多期方面，逐期模拟法假设每期的多笔基础资产价值服从相关结构相同的多元正态分布，即是说每期的相关系数矩阵是相同的。

在进行蒙特卡洛模拟时，模型需要对基础资产违约率、资产相关系数、违约回收率等参数按照一定标准进行设置。其中基础资产违约率是通过影子评级模型和资产存续期限，结合中债资信理想违约率表得出；资产相关系数，根据企业规模、企业所属行业和所属地区等因素，通过与中债资信相关系数矩阵对应得出；违约资产回收率受借款人自身回收率、保证人提供的回收率、抵质押物提供的回收率影响。模拟结束后，汇总结果生成资产池违约分布和违约时间分布，根据资产池加权平均到期期限和理想违约率表得到不同信用等级对应的目标违约比率TDR。

对于RMBS产品，中债资信采用转移阵—压力乘数法测算基础资产的违约分布和损失分布。假设每笔资产的违约过程是独立的，假设贷款的状态转移服从相同的马尔可夫过程，其状态转移的概率矩阵由历史数据经统计推断得到。组合信用风险模型首先利用转移概率的思想，逐笔逐期模拟资产的违约情况，得到基准情景下的资产池违约比率和损失比率，然后对基准违约比率和基准损失比率施加压力乘数，从而得到各信用等级的目标违约比率和目标损失比率。

对车贷ABS产品，中债资信采用整体评估的建模方法，通过"对数正态分布法"和"压力乘数法"两条路径分别评估基础资产的目标违约比率TDR，并参考发起机构提供的静态池质量确定两种方法的权重，对两条路径确定的TDR进行加权平均得到最终TDR。其中，对数正态分布法假设基础资产累计违约率服从对数正态分布，利用静态样本池历史数据估计出违约分布的分布参数，并根据资产池信用风险特征、静态池和资产池的特征差异等因素对分布参数的估计值进行调整，从而最终确定基础资产的违约分布。压力乘数法首先利用打分卡模型评估基础资产的信用风险状况，将打分卡模型计算出的得分映射到资产池预期累计违约率，然后用预期累计违约率乘以目标信用等级的压力乘数，得到该目标信用等级对应的目标违约比率TDR。

表59　中债资信资产证券化信用风险模型

产品分类	信用风险模型	特点
CLO	自下而上法	采用逐期模拟，精准反映资产信用水平变化
RMBS	自下而上法	采用转移阵方法，有效利用历史数据
汽车贷款ABS	整体评估法	统计方法与专家经验的有效结合
消费贷款ABS	整体评估法	统计方法与专家经验的有效结合
对公类NPL	自下而上法	逐笔评估，精准评估资产回收风险
零售类NPL	自下而上法或者混合方法	逐笔评估与整体评估相结合

（2）联合资信

在CLO模型方面，联合资信采用蒙特卡洛模拟方法为资产组合的信用风险建模，通过模拟资产池中每笔资产的违约行为来模拟整个资产池的违约行为，从而模拟出资产池的违约及回收概率分布图，据此来确定资产支持证券所需的信用增级水平。模型首先需要确定资产池中单笔资产的信用等级。为了能相对准确地反映资产池违约的可能性，一般在计算资产池违约率时采用的是借款人的评级结果，而贷款评级结果，也就是保证、抵押、质押等债项保护措施只是用来提升违约后的回收率。在对每笔资产进行逐一信用分析的基础上，结合每笔资产的信用等级和其他信息，统计资产池的各项组合特征，以对资产池的总体信用质量进行分析，为初步的定性判断提供依据。组合特征主要包括加权平均信用等级、加权平均剩余期限、加权平均利率、行业分布、信用等级分布、贷款五级分类情况等。将每笔资产的信用等级、本金余额、剩余期限、所属行业、所属地区、资产类型等特征因素输入蒙特卡洛模型，并调整相关参数后，就可以通过模型模拟出资产池的违约率分布图。

在RMBS模型方面，联合资信的做法是根据历史数据，经过适当调整确立评级基准违约率参数；同时，结合国内实际情况并参照惠誉评级亚太区可比新兴市场的评级实践确定评级基准抵押房产跌价比率参数。再根据资产池特征对上述两个主要的基准参数作出调整，最后综合各目标评级的基准违约率、违约率调整参数、跌价比率以及宏观经济状况等，计算出资产支持证券各目标评级的信用增级水平。

在车贷ABS模型方面，联合评级采用精算统计方法确定汽车贷款证券化的评级必要信用增级水平：精算统计方法基于历史数据分析，要求拟证券化的标的资产池的特征同历史静态样本贷款组合的特征较为接近。这一方法关注贷款组合的违约和损失率指标，主要通过分析历史静态池的有关信用表现确立标的资产池的预期损失和损失的波动率。首先根据历史数据，确定在不同压力情景下适用的评级基准违约概率参数；同时，参照国内汽车市场的实际情况并参照亚太区可比新兴市场的评级实践确定基准汽车跌价比率参数。然后根据当期交易结构特点，基于贷款违约概率与损失率分析，测算出目标评级的必要增级水平。

（3）上海新世纪

对CLO产品，新世纪采用蒙特卡洛（Monte Carlo）模拟方法对资产池的信用风险进行量化分析。蒙特卡洛方法通过模拟单笔资产的违约行为进而模拟整个资产池的表现。对于年限较长的单笔资产，采用多阶段模拟方法，在资产存续期内的每个时段（通常为1年）模拟资产的价值，与临界值比较，如果某一时段模拟产生的资产价值低于违约临界值，则该笔资产发生违约，并计入相关的违约金额和损失金额。由于多笔资产之间具有明显的违约相关性，可以应用 Copula 函数建立多变量的分布函数。经多次蒙特卡洛模拟可得到资产池的违约比率分布、损失比率分布以及违约时间分布，进而确定不同信用等级下的情景违约比率（SDR，Scenario Default Rate）和情景损失比率（SLR，Scenario Loss Rate）。

对RMBS产品，新世纪采用的基础资产信用分析方法类似于MILAN法。首先，构建基准资产池，得出基准资产池违约率假设；然后对基准资产池及目标资产池信用特征进行分析比较，通过初始抵押率、贷款加权平均剩余期限与账龄、资产池地域分布情况、借款人历史还房贷信用表现、静态池信用表现等风险因素调整，计算得出资产池在各目标等级下的违约率。对于违约回收率的测算，新世纪评级主要考虑标的房产所在城市的房产市场环境，标的房屋原始价值扣除所在城市房产在目标信用等级下预估的市价跌价比例，作为该房产在拍卖时预估的市场价格，再考虑因被强制处置而发生的折价比例，得出标的房产拍卖所得，在此基础上再扣减拍卖必要的处置成本，为标的房产的变现净值，以该净值除以房贷余额，即为该笔房贷违约后能偿还的债务比率。在计算每笔房贷资产挽回率的基础上，以入池贷款未偿本金占比为权重，计算资产池加权平均挽回率。

对车贷ABS产品，新世纪采用了"压力乘数法"进行基础资产信用分析。新世纪评级参照发起机构的历史基础资产违约数据来构建出各个静态池及目标资产池的预期基准违约率，然后通过比较目标资产池与静态池的风险特征因素来调整目标资产池的预期基准违约率，最后再根据压力倍数来确定各目标信用等级的情景违约率。

（4）中诚信国际

对RMBS产品，中诚信同样采用了类似穆迪的MILAN法，其基准违约率主要参考了穆迪在新兴发展中国家的违约率假设，并根据国内抵押贷款表现数据进行了一定调整，同时也根据入池贷款的特点调整基准违约率，得到AAA级情况下每笔贷款调整后的违约率。中诚信假设个人住房抵押贷款累计损失率服从对数正态分布。损失分布均值由发起机构提供的历史数据推测得出，同时也考虑入池资产所在地区房地产市场的发展情况，对预期损失率进行一定的调整。由损失分布均值及AAA级情况下的资产池违约率，确定违约分布，并根据资产池地域集中度、借款人集中度对违约分布进行一定调整。

对车贷ABS产品，中诚信使用的方法属于上文提到的"对数正态法"。通过对静态池和动态池历史数据的分析，结合宏观经济变化、行业发展趋势及入池资产的特征，推算入池资产的损失率及损失的波动性，并假设汽车抵押贷款损失率服从对数正态分布，从而得出入池资产的损失概率密度函数。

2. 现金流模型与信息服务

现金流模型是对交易结构的客观描述，国内各机构使用的现金流模型在理论上应该非常类似。但由于资产证券化产品实际的交易结构非常复杂多变，要求现金流模型在实际建模中具备高度的精确性、稳定性和灵活性。由于现金流模型的商业价值非常高，国际上的现金流模型相关信息服务商对于该方面的理论和建设情况披露甚少。中债资信公司对现金流模型在建模层面进行了理论总结，在国内率先实现了使用自主开发的自动化、标准化线上模型工具进行资产证券化产品评级，避免了分析师使用EXCEL等工具编制可能造成的错误，保证了量化模型的稳定性和评级结果的可靠性；并在此基础上，对外推出了资产证券化信息服务平台。

（1）现金流模型理论

现金流模型对信托账户的现金流流入和流出情况进行建模。流入现金流来自于资产池的每笔资产，因此需要在摊还计划的基础上，结合违约、回收和提前偿付假设，对每笔基础资产的现金流回收情况进行有效计算，该工具称为现金流流入模型。受托机构按照交易结构安排，首先将现金流入计入信托账户，然后以一定的偿付顺序对各档证券、各类机构等受偿对象进行现金流支付，该计算所使用的工具称为现金流流出模型，一般也称为瀑布模型。

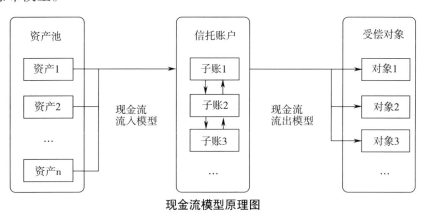

现金流模型原理图

现金流模型原理如图所示。其中信托账户可能设有一个或者多个子账，如收益账、本金账、税收专用账等，收益账用于核算收入回收款，本金账用于核算本金回收款。不同的子账户一般用于支付不同的费用，子账户之间可以发生资金转移，偿付顺序会随偿还状态发生变化。

①现金流流入模型

在给定压力情景下，公司采用对正常类贷款资产池整体加压的方式计算现金流流入：对资产池风险的评估最终将给出任意第t期的正常偿付金额C_t，违约金额D_t，提前偿付金额PR_t，回收金额$RR \times D_{t-\triangle}$，（由回收率$RR$乘以前$\triangle$期的违约金额得到，$\triangle$代表回收时间），并结合前一期的剩余金额$R_{t-1}$（剩余金额等于信托账户总体结余，即账户流入金额$CI^{pool}$减去账户流出金额$CO^{pool}$；初始时刻金额$R_0$为常数$c$），我们就可得到每期资产池现金流入估计$CI_t^{pool}$，公式表示如下：

$$CI_t^{pool}=R_{t-1}+（C_t-D_t）+PR_t+RR \times D_{t-\triangle}$$

$$R_{t-1}=CI_{t-1}^{pool}-CO_{t-1}^{pool}, \quad R_0=c$$

其中C_t，首先是在计算每笔资产的正常还款，然后加总得到的。其余变量直接在资产池水平上进行计算。

②现金流流出模型

对证券交易结构分析，可得到在给定压力情景下的现金流流出情况，确定每一期各偿付对象Ob_k的偿付金额$Claim_t^{Ob_k}$。 第t期的现金流流出情况CO_t^{pool}的公式表示如下：

$$CO_t^{pool} = \sum_{k=1}^{n} Claim_t^{Ob_k}$$

其中，k表示偿付顺序，受偿对象Ob包括税收和规费、支付代理/登记托管机构、相关参与机构、各档证券本金和利息等。而偿付顺序由当期的偿还状态决定，根据是否触发信用事件，偿还状态通常可分为正常、加速清偿、违约等状态，每种状态对应一种偿付顺序。

（2）信息服务商

除各机构自主编制的现金流模型外，还可以选择使用市场上的商业模型及其相关服务。资产证券化信息服务商提供基于数据基础上的产品应用，包括资产证券化相关的数据整理、统计分析、量化模型、产品设计、系统集成等工具，旨在为资产证券化市场上的相关机构提供专业化的服务。

相较国外市场拥有多家专业化细分化的综合信息服务商，国内资产证券化信息服务市场仍处于起步阶段。但随着国内资产证券化市场的快速发展，对相关的数据、模型需求越来越多，市场上已陆续推出一些信息服务系统或平台。下面简要介绍国内主要的资产证券化信息服务商：

①中债资信资产证券化信息服务平台

中债资信资产证券化信息服务平台是国内首个由评级机构推出的资产证券化信息服务平台，该平台集中债资信多年数据积累与先进技术于一体，先后推出了数据收集、整理与展示，现金流压力测试，以及投资价值评估等功能模块。

第一，数据模块：集资产证券化项目信息汇总、查询、分析、下载为一体。

平台收录了2012年资产证券化重启以来银行间市场发行资产证券化产品相关信息，包括产品发行说明书、受托机构报告、首次和跟踪评级报告中的主要数据。平台以图表等结构化的数据形式为主，动态、直观地展示了资产证券化产品在整个生命周期中项目交易结构、债项偿付信息、信托账户收支信息、资产池变化及风险状况等重点数据。此外，该平台还充分利用了中债资信特有的评级信息资源，将组合信用风险模型的模拟结果和图形化的交易结构纳入到平台中，在保证数据丰富性和准确性的同时，使信息内容更具可读性和参考性。

第二，"现金流压力测试"和"投资价值评估"模块。

在数据模块的基础上，平台嵌入了现金流模型计算引擎，用户可以对已有的资产证券化产品进行准确高效的现金流压力测试和估值测算。平台所涵盖模型具有证券化产品覆盖面广、基础数据全、数据更新及时、算法灵活等优势，旨在为承销商进行交易结构设计、投资人进行交易决策、以及资产管理人进行投资组合监控提供专业工具，以满足市场各方的多元化需求。

第三，即将推出完整的资产证券化信息服务生态链。

下一步，平台将陆续推出ABS产品设计工具、在线评级功能及数据交互等模块，同时升级完善投资收益测算功能。信息服务平台将形成一条完整的资产证券化信息服务生态链，满足不同层次的客户需求。这是中债资信将内部评级系统功能对外产品化的实践。中债资信内部评级系统经过多年实践与改进，已经拥有成熟的评级模型方法和计算引擎，此次将各种复杂的量化模型移植到信息服务平台，丰富了国内资产证券化市场信息服务体系，促进了资产证券化模型标准化、透明化、专业化发展，对整个资产证券化市场的健康发展具有积极的推动作用。

②兆尹资产证券化系统

兆尹科技是一家致力于为银行、券商、基金、保险、资产管理等金融机构提供金融数据分析和信息化服务的公司。兆尹科技的资产证券化系统涵盖了发起方（银行投行部、银行金融市场部、银行企业金融部，券商）、发行方（信托）、市场方和投资方的全业务范围；并且支持证券化产品从资产筛选，组合管理，产品设计、发行到存续期交易管理以及后期的会计核算，清算管理等整个产品周期的业务流程。同时该系统基于金融产品可扩展标记语言（FpML）进行软件设计开发，具有较好的扩展性、兼容性。系统提供证券化产品立项、收集资产资料、资产筛选、产品设计、产品发行、贷后管理的全生命周期系统化管理。基础资产方面，支持多种类型产品，包括：CLO、CSF、CBO、RMBS、CMBS、Auto ABS、Credit Card ABS等；产品设计方面，提供多种功能及模型，如：分档结构设计、支付顺序设计、现金流分析、资产特征分析、敏感性分析、蒙特卡洛模拟分析以及期限、收益率等关键指标测算。根据规范化的会计核算要求和后台业务管理需要，系统可实现自动化的联机账务核算、清算功能。同时，为满足产品销售需求，系统提供了产品投资价值分析功能。

③中国资产证券化分析网（CNABS）

中国资产证券化分析网是专注于中国资产证券化市场的信息、分析、发行、交易、管理的综合信息平台。该平台涵盖了发行与管理、投资管理、交易、市场、研究等五个功能模块。在产品设计及模型方面，平台具有自动删选资产、优化资产包、发行预评级、结构智能化建立，以及产品存续期管理等功能模块；同时也可以实现量化分析、现金流偿付模型、定价模型和组合管理模型等功能。在数据方面，平台对市场数据和行情进行采集、挖掘、处理、分析，目前涵盖市场动态、资讯和市场已发行产品状态。在交易方面，平台利用区块链作为底层技术，支持交易完成，同时利用网站资源，撮合交易双方达成交易意愿。在研究方面，CNABS与金融时报共同发起成立了中国资产证券化研究院，通过产学研结合模式，打通研究市场、教育市场、培植市场，促进中国资产证券化市场健康发展并鼓励技术创新。

④厦门国金"ABS云平台"

厦门国金和厦门国际金融资产交易中心等战略合作伙伴共同开发运营的资产证券化全流程共享工作平台（简称"ABS云平台"），是一个集ABS工厂、ABS数据库和ABS研究院为一体的互联网服务和信息平台。该产品还加入了近期比较热门的区块链技术及大数据技术作为业务运营的核心工具。厦门国金的ABS云有三方面功能：第一，为资产证券化产品设计、发行和存续期管理提供一个多方参与的在线工作平台，实现ABS产品的全生命周期管理；第二，提供中国资产证券化市场的数据和信息，追踪ABS市场走势，提供产品量化分析；第三，涉及有关资产证券化业务的分析观点、市场动态及相关法律法规和监管指引。ABS云平台试图把流程冗长、繁复的资产证券化过程变得更为标准、简单。从前期的资产池导入数据、风控，到产品设计、发行，再到后期对于对基础资产产生的现金流进行实时动态监控全面覆盖。

⑤京东金融ABS云平台

京东金融ABS云平台源于京东金融自身发行专项资产证券化项目的实践。平台主要包含三大板块的服务，"服务商—基础设施服务""资产云工厂—资本中介业务""夹层资金—投资业务"。服务商基础设施业务将向金融机构提供承做期、存续期两套本地部署的底层系统，协助资产证券化中介机构进行产品设计和投后管理，全面提升资产证券化中介机构的服务效率和管理效率。资产云工厂是资金端与资产端联结的桥梁，解决传统资金端难以评估消费金融资产的痛点，降低消费金融ABS发行门槛。夹层基金将投资于ABS产品的夹层级，激活交易市场多层次投资需求，增强ABS交易市场流动性。

（四）总结

可以说，对资产证券产品进行评估离不开一套精细、成熟的量化分析模型。随着国内资产证券化市场的快速发展，与之配套的量化分析技术和衍生的信息服务产品也日趋成熟。这一方面为准确评估资产证券化产品的风险提供了技术保障，另一方面通过评级和估值服务，促进了一级市场发行和二级市场交易。当然，由于中国资产证券化市场尚未经受过危机的考验，这要求我们时刻警醒，不断提高量化分析技术，持续完善模型工具，随着市场变化发展，牢牢把握住资产证券化产品的风险特征，起到正确评估和及时预警的作用。

第三篇

资产证券化展望

一、资产证券化政策展望

（一）支持资产证券化发展的政策将更为多元化

2016年，伴随着一系列政策的落地实施，监管部门明确表达了继续大力支持资产证券化发展的态度。2017年，为了更充分地发挥资产证券化在深化供给侧结构性改革、深入推进"三去一降一补"过程中优化投融资结构、缓解债务高企问题的能动作用，以提高金融服务实体经济效率、加快经济转型升级，预计在国家层面和市场层面，支持资产证券化发展的政策制度将更加多元化和有针对性。表现在：在国家政策层面，有望在2016年各项政策的基础上进一步拓展资产证券化在推进城乡基础设施建设、服务工业增效升级、培育发展新消费重点领域等方面的市场发展半径，支持资产证券化在上述领域进一步发挥盘活存量、调整信贷结构、促进信贷政策和产业政策协调配合的重要作用，推进重点行业改革发展，更好配合供给侧改革任务落实；在市场规则层面，分别在信贷资产证券化和企业资产证券化领域，将会出台更多规范性和指引性的业务规则，以更好地引导资产证券化产品的发展。例如在信贷资产证券化方面，有可能会对交易文件的标准化进行进一步规范；ABN的指引配套表格体系有望进一步修改完善；交易所对PPP项目资产证券化有可能会出台业务细则。总而言之，资产证券化的发展将作为我国深化债券市场产品创新机制、发力支持实体经济振兴的重要抓手，继续得到各个层面政策的支持。

（二）制度和规则建设将继续优化

随着产品规模的不断增长、参与机构的日益丰富、交易结构的逐步成熟，资产证券化的市场发展将进入"深化发展时代"，制度方面也有望进一步优化完善：一是升级信息披露要求。信贷资产证券化方面继发布并推行6个产品的信息披露指引后，交易商协会有望根据政策导向、产品特征和市场需要，强化底层数据的披露和使用，以此通过动态的数据信息，提升产品估值定价的及时性和一致性，促进市场流动性；二是规范合同文本条款，提升产品设计通用性，信贷资产证券化产品的存续管理有赖于一系列合同文本的规范制定和有效执行，在产品设计结构日益成熟的情况下，交易商协会有望推出交易文件的标准文本，助力于信贷资产证券化产品的市场推广；三是加强中介机构自律，促进市场良性发展，信贷资产证券化的参与机构较多，专业性要求较高，2017年相关监管机构、自律组织有望通过评估、会议、调研、检查等形式鼓励、督促中介机构加强尽职履责。

二、资产证券化产品展望

（一）不良资产证券化将扩大试点

2016年不良资产证券化在我国市场重启，成为信贷资产证券化在2016年发展的里程碑。2016年银行间市场共成功发行14单不良资产支持证券，发行金额156.1亿元，累计处理不良资产510.22亿元。不良资产囊括了对公不良资产和信用卡、小微企业、房贷、消费贷等个贷类不良资产。鉴于不良资产证券化对加快我国不良资产处置、去杠杆、盘活存量、优化信贷结构、缓释银行业资产信用风险等方面将产生的重要作用和深远影响，预计在2017年不良资产证券化的试点将继续开展，发起人主体将进一步扩大，股份制银行、城商行等商业银行有望参与试点。随着相关实践经验的累积，发行的效率有望提高，发行的成本有望降低，交易结构的设计和基础资产的挑选将出现更多的创新点，法律、税收、会计等配套机制和措施也有望进一步完善，市场投资者对不良资产证券化产品的认可度和接受度将进一步提高。值得一提的是，由于个贷类不良贷款禁止批量转让，因此不良资产证券化将成为处置个贷类不良资产的有力手段，预计将会在2017年受到更多发起机构的青睐。

（二）个人类贷款信贷资产证券化将进一步发展

2015年之前，以对公贷款为基础资产的CLO产品占到了信贷资产证券化产品发行量的90%，2015年开始CLO占比开始下降，2015年年底降至77%，2016年信贷资产证券化市场的一个显著特征是信贷资产证券化的基础资产彻底发生了结构性变化：CLO发行金额、单数以及占比都发生了大幅下降，与之相对比的是，个人类贷款的证券化产品增速令人瞩目。

2016年全年，CLO共发行36单，金额1 127.36亿元，同比下降了52%和63.79%，占全年信贷资产支持证券发行金额的38.44%。车贷证券化（Auto Loan ABS）、住房抵押贷款证券化（RMBS）、公积金贷款证券化、消费贷款证券化等个人贷款类的发行单数为41单，金额为1 594.91亿元，同比增长了57.69%和84.03%，占全年信贷资产支持证券发行金额的54.38%。可见个人类贷款证券化产品已经取代CLO成为我国市场最主流的信贷资产证券化产品，这样的发展趋势符合目前国外主流资产证券化市场的特点。在美国，RMBS一直是资产证券化的最主要产品，至少占证券化市场发行量的50%以上，而Auto-ABS是美国ABS产品中排位第一的主流产品，近年来市场份额均在40%以上。我国证券化市场出现这样的发展趋势，一是在于监管机构的引导。二是因为近年来，由于宏观经济的下滑，以及企业直接融资比例的提高，银行比之前更难获得优质的企业贷款资产，再加上在2013—2014年很多银行已经将表内较好的企业贷款进行了证券化，所以可进行证券化的企业贷款存量有限，增量疲软，降低了银行以企业贷款进行证券化的动力。三是个人类贷款具有小额、分散、同质化强的特质，适合进行证券化，市场投资者的接受度较高，利用个人类贷款作为基础资产可以有效降低银行的证券化融资成本。可以预见的是，2017年个人类贷款资产证券化将继续发展壮大，保持较大的市场份额，成为我国信贷资产证券化常态化发展过程中最大的发展引擎。

（三）基础资产范围将进一步扩大，产品创新将继续

2016年，中国资产证券化市场获得了长足的发展，基础资产范围不断扩大，产品创新亮点频出。在基础资产方面，对公不良、房贷不良、小微不良、信用卡不良等各类不良资产首次成为证券化基础资产；融资租赁资产证券化的入池资产范围也有所拓展，例如飞机融资租赁债权出现在基础资产中；票据资产、保单质押贷款、演出票款收益权等新型基础资产也首次出现在企业资产证券化业务中。在产品创新方面，包括不良资产证券化的重新试点、不良资产支持证券发行中加入信用风险缓释工具（CRM）

的尝试、公积金贷款证券化中的贴息设计、车贷证券化循环结构中的超额担保目标水平概念的引入、首单信托型ABN的成功发行、交易所市场票据类资产证券化产品的推出、消费金融类ABS储架发行模式的创新、商业地产抵押按揭贷款证券化（CMBS）在交易所市场的推出等。预计在2017年市场将继续出现创新型交易结构和新型基础资产涌现的趋势，可以关注的几个方面包括：一是信贷资产证券化方面，融资租赁ABS应会有进一步发展，入池资产更加多样化，有望出现以非人民币计价的证券化基础资产，以及航空器租赁债权的基础资产，交易结构更加灵活；带有循环购买结构的资产证券化产品有望扩容，并在基础资产上进一步创新，例如小额循环类经营性贷款成为基础资产；除此之外，REITs、CMBS和绿色资产证券化有望在信贷资产证券化领域和银行间市场发力。REITs是房地产投资信托基金，其特点是汇集特定多数投资者资金，投资于房地产相关收益的产品。以REITs作为基础资产的证券化产品已经在交易所市场有若干项目实践，预计2017年将在银行间市场进行创新实践。CMBS是抵押贷款证券化中除了住房抵押贷款证券化（RMBS）之外的另一大类证券化产品，已经在交易所市场有了相关项目实践。2016年《国务院关于积极稳妥降低企业杠杆率的意见》中提及，积极开展商业物业等不动产财产或财产权益为基础资产的资产证券化业务，CMBS迎来发展机遇。目前我国银行的商业地产抵押贷款有很大存量，盘活存量、改善该类资产流动性的需求也较大。CMBS的交易结构和RMBS类似，但是相关贷款标准化程度低、贷款风险相对较高、税收制度等也是制约因素。在市场环境进一步成熟的前提下CMBS将有望在信贷资产证券化市场开始发展。近年来，作为促进绿色产业发展的重要举措，绿色债券发展在我国受到广泛关注，央行和国家发改委都分别出台了支持性政策。绿色资产证券化作为绿色债券的一种，具有很大的发展潜力。自2014年我国首单绿色信贷资产证券化产品发行之后，可以预期在2017年将出现更多绿色信贷资产证券化产品，在推动绿色金融、绿色经济方面取得新的突破。二是ABN的加速发展。新出台的资产支持票据指引优化了ABN的设计。主要是引入了有利于破产隔离的信托结构，以及明确了基础资产可以是企业应收账款、租赁债权、信托受益权等财产权利，也可以是基础设施、商业物业等不动产财产或相关财产权利等，因此在2017年有望改变ABN基础资产以建设应收款和公用事业收费收入为主、使债务融资工具的现状，其基础资产将更加多元化，并且真正成为资产端融资工具。ABN将加速发展，成为非金融企业融资的重要渠道以及企业资产证券化的重要类型。三是交易所市场上，除了REITs和CMBS将继续为市场热点获得较快发展之外，PPP资产证券化将大力推进。2016年12月，发改委和证监会联合出台关于推进PPP项目资产证券化相关工作的通知，为PPP证券化发展营造了良好的政策环境，大力推动传统基础设施领域PPP项目资产证券化。可预期的是，在该政策推动下，2017年PPP资产证券化将成为交易所市场重点发展的企业资产证券化新品种，为基础设施领域融资提供活水，支持传统基础设施项目建设。

三、资产证券化市场展望

（一）资产证券化的发行规模将进一步扩大

银行间市场方面，2016年信贷资产证券化产品的发行规模与去年同期相比虽有所下降，但产品种类更加丰富，产品结构不断优化，非CLO类产品的占比也有较大幅度提升。预计2017年信贷资产证券化产品的发行量与2016年相比将会有所提升；产品结构方面，预计明年CLO的发行量仍居信贷资产证券化产品首位，但规模占比将进一步下降；同质化产品的发行量和规模将进一步增加，车贷和消费贷的发行量和规模预计保持平稳，RMBS和微小企业贷款的发行量和规模有望增加；不良资产证券化产品的发行量和规模将会进一步提升。ABN在2016年虽然发行只数不多，但是发行规模同比增长了近50%。在资产支持票据指引对交易结构优化和基础资产松绑的利好下，更多的非金融企业将有更大动力选择该渠道进行直接融资，2017年预计ABN将实现发行数量和发行规模的较大提升。

交易所市场方面，2016年企业资产证券化产品发行规模井喷，同比大幅增加，发行数量达到385只，发行规模达到4 600余亿元，首次超过信贷资产证券化产品发行量，占资产证券化产品发行量的60%以上。预计在2017年，交易所的企业资产证券化产品仍然会保持较大的发行规模以及一定的增速，但是经济下行对部分企业、基础资产类型信用质量产生一定负面影响，监管机构可能会一定程度上收紧审批力度；同时交易所市场ABS发行利率对资金面松紧更为敏感，在明年资金面可能会面临一定压力的情况下，发行利率可能上升。综合来看交易所市场ABS增速会有所放缓。

（二）信贷资产证券化将逐渐成为我国债券市场的重要组成部分

从全球主要市场的经验来看，资产证券化是成熟债券市场的重要品种，发行体量较大，在转移和分散信用风险、拓宽金融机构融资渠道和资本管理方法、降低企业融资成本等方面发挥着积极的作用。2016年全年美国的资产证券化产品（包括ABS和MBS）发行量超过2.07万亿美元，为债券市场发行量（6.9万亿美元）的30%。发展资产证券化是推动债券市场深入发展的重要组成部分。近年来，资产证券化产品在我国的银行间市场和交易所市场都有了跨越式的发展。2016年全年，我国共发行资产证券化产品近9 000亿元，同比增长50%；资产证券化市场存量为10 753.20亿元，同比增长66.79%。资产证券化产品余额对债券市场余额的占比不断上升，截至2016年底，该占比已经为1.71%，同比增长26.67%。我国资产证券化市场的培育已经取得了初步成果。信贷资产证券化产品是资产证券化的主流产品。2012年我国信贷资产证券化重启试点之后，在试点规模扩容、人民银行推出发行注册制等系列政策红利的带动下，我国信贷资产证券化市场实现了跨越式发展，市场发行日趋常态化，基础资产类型不断丰富，参与主体更加多样，市场规模持续快速增长。基础资产涵盖了公司信贷、个人住房抵押贷款、汽车抵押贷款、租赁资产、消费类贷款、不良贷款等类型。发起机构类型也由传统的国有商业银行和股份制商业银行扩大到城市商业银行、农商行、金融租赁公司、外资银行、消费金融公司等机构。截至2016年底，信贷资产证券化产品余额为4 893.68亿元，同比增长18.51%，占资产证券化市场总量的45.5%，占银行间市场债券存量的1.07%。由此可见，信贷资产证券化产品，作为资产证券化主要产品，已经具有银行间债券市场一定份额。除了份额占比可观，信贷资产证券化以资产信用为本、以债权资产为依托、标准化、分散化与同质化的本质特征决定了其具有巨大的发展潜力，将越来越成为我国债券市场的重要组成部分。

（三）企业资产证券化将在银行间市场进一步发展，小额债权类资产渐为证券化主流

作为我国主要的资产证券化市场，银行间市场和交易所市场2016年的发展都有若干新亮点和新趋势，就银行间市场而言，一是个人贷款类证券化产品实现了弯道超车，改变了我国信贷资产证券化市场以CLO为主的状况。二是资产支持票据（ABN）交易结构中SPV的引入和基础资产的扩大，为ABN在银行间市场的加速发展做好了制度和规则上的准备。就交易所市场而言，2016年交易所企业资产证券化产品发行规模大幅度增长，基础资产种类进一步丰富，债权类资产占比保持绝对优势，达到80%以上。其中，以消费类贷款为代表的个人类贷款作基础资产的证券化产品发行量大幅增长。展望2017年，以ABN为载体，企业资产证券化将在银行间市场加速发展，与交易所市场资产支持专项计划交相辉映；债权类资产仍然会是资产证券化基础资产的主流，且个人债权类资产由于具有同质性、小额分散的特点，以此为基础的证券化产品信用风险相对更低，更受投资人欢迎，使得发起人承担更低的融资成本，具有很大发展潜力，将继续成为信贷资产证券化的主流资产，并且在企业资产证券化领域获得长足发展。

（四）资产证券化投资市场将更加成熟

投资品种将更加丰富。2016年的资产证券化市场为市场贡献了多种多样的固定收益产品。除了基础资产的品种增多之外，在证券端，涵盖了不同支付结构的证券：例如过手型证券和固定摊还型证券；不同利率结

构的证券：固定利率证券和浮动利率证券；不同投资风险的证券：优先A级证券、优先B级证券和次级档证券；不同期限的证券：存续期限从不到1年（主要是消费贷ABS产品）到接近20年（主要是RMBS产品）。这些证券品种为市场上不同风险偏好的投资者提供了丰富的证券化产品选择，促进了市场的繁荣。预期在2017年，证券化产品供给将朝着更加多样化、差异性更强的方向发展。例如，将有可能在更多证券中看到多样化的分层设计，风险收益水平更高的夹层证券——优先B档证券可能会被更多地采用，以满足追求较高投资收益但是对安全性要求又较高的投资机构的需求。

投资热情将更加高涨。近几年债券市场信用风险不断攀升，信用债违约事件频发。可以预计的是，在保持债券投资收益的同时降低债券投资的信用风险将是债券市场投资者今后很长时间将要面临的课题。资产证券化产品，尤其是优先档证券化产品，作为一种具有分散和弱化资产信用风险效果的固定收益产品，并且与同信用等级同期限的其他债券品种相比收益具有优势，因此将越来越得到市场投资者的青睐。此外，资产证券化市场经过几年的培育已经渐趋成熟，投资者对资产证券化产品也从陌生到熟悉，接受度渐高。预期在2017年资产证券化产品的市场需求将进一步增长，并且投资需求的分化将更加显著，投资优先A档、优先B档以及次级档证券将对应不同的投资者群体；基础资产同质性强、分散度较高的证券化产品将更受青睐；由于风险占用节约的原因，银行对于AA-级及其以上的信贷资产支持证券将有较大的投资需求。

一级市场发行利率利差将保持缩小趋势。2016年，银行间市场上的信贷资产支持证券与其他可比债券产品的发行利差持续收窄。特别是期限较短的信贷资产支持证券较短期融资券的流动性溢价基本消失。AAA级证券发行利率在2.45%~4.18%之间；而交易所市场的证券化产品发行利率离散程度较高，AAA级发行利率在2.31%~7.5%之间，发行利率全年也呈现下降趋势。预计随着对资产证券化投资需求上升，2017年资产证券化一级市场发行利率利差将保持缩小趋势，但是也会存在分化：一是不同基础资产的相同评级证券，RMBS和Auto-ABS等小额分散个人债权类资产证券化的利差比CLO等对公企业资产证券化产品更窄；二是银行间市场的证券化产品发行利率的利差变化比交易所市场更稳定，且发行利率更低。一方面是因为银行间市场投资者群体比交易所市场要广大很多，另一方面是由于交易所证券化的基础资产和交易结构更错综复杂，除了流动性溢价，证券定价还取决于投资者对交易结构、增信主体、发行主体、底层资产的风险判断，波动较大。

二级市场流动性将进一步改善。资产证券化在一级市场发行规模不断扩大的同时，二级市场也开始逐步活跃，尽管银行间市场和交易所市场的现券交易和质押式回购的绝对成交金额相较于传统债券占比依然很小，但市场自身的发展趋势已经有所体现，流动性有所改善。资产证券化的快速发展正在吸引更多的投资者进入，新的交易模式、产品设计和获利机会正在出现；二级市场的逐步成熟也是资产证券化市场长期可持续发展的必经之路。目前资产证券化产品信息披露并不完善，特别是产品底层资产和现金流并未在市场公开发布，造成二级市场投资者信息不对称，相信随着信息披露的进一步完善、市场历史数据的积累以及定价分析工具的出现，资产证券化二级市场的产品定价和估值机制将渐渐发展起来；做市商制度的逐渐建立和安排也将引导市场收益率曲线的形成，促进价格发现，二级市场将会越来越活跃。

投资者群体将进一步扩大。就银行间市场而言，2016年以前参与银行间信贷资产支持证券投资的机构主要有银行理财、银行自营、公募基金、券商资管、保险机构、QFII、RQFII等。2016年，随着不良资产证券化产品的发行，国有四大资产管理公司、地方资产管理公司和私募基金都积极地参与到了各不良资产证券化产品次级档的投资中，预计未来随着不良资产证券化产品常态化的发行，参与次级档投资的机构会进一步增多。此外，银行间市场的投资者结构在2016年更加多元化，其中境内非法人类机构投资者增幅很大，预计这也将丰富资产证券化产品的合格投资者队伍。就整个市场而言，保监会于2016年3月8日发布的《关于修改〈保险资金运用管理暂行办法〉的决定（征求意见稿）》中明确允许保险资金投资资产证券化产品。预计未来随着证券化市场的不断成熟，保险资金对信贷资产证券化和企业资产证券化的投资也会逐步增加。特别地，保险资金的投资一般具有低风险偏好、长久期的特点，证券化产品中的RMBS，以及带有循环结构的车贷证券化产品和消费贷证券化产品能够很好地匹配保险资金的需求，预计将成为保险资金投资的热点。除此之外，随着证券化产品的投资价值被认可，以及证券化市场投资机会增多，由商业银行、私募基金等机构主导，专门投资证券化的"ABS基金"将逐渐涌现，介入一二级市场，挖掘不同市场、不同类型资产证券化产品的投资价值。

（五）风险与创新并存的市场局面将持续，信用风险管理将受关注

2016年，资产证券化市场开始出现信用风险事件，包括大成西黄河大桥ABS违约、永利热电ABS信用级别下调、南方水泥租赁ABS资产服务机构解任、渤钢租赁ABS信用级别下调等事件。在银行间市场，信贷资产证券化产品尚未出现过证券违约，只是基础资产出现了少量的逾期或违约情况。与此相对，资产证券化市场的创新如火如荼、新的基础资产、交易结构层出不穷，其中较为引人注目的是与市场信用风险相关的创新，主要是化解信贷市场不良贷款信用风险的不良资产证券化创新和化解资产证券化产品本身信用风险的信用风险缓释工具（CRM）创新。基于对宏观经济环境预期谨慎乐观的判断，市场信用风险将继续发酵、持续上升，这将有可能通过基础资产传导到资产证券化市场，从而增加资产证券化市场的信用风险。在此趋势下，预计2017年资产证券化市场将继续出现对信用风险进行管理和化解的创新和举措。市场将延续风险与创新并存的局面。具体而言，一是市场对某些基础资产和交易结构的高风险特征将有重新审视，例如来源于产能过剩产业的基础资产、集中度过高的资产池、现金流预测难度较大的收益权资产等。二是对CLO潜在信用风险的关注。CLO产品属

于典型的基础资产笔数较少、集中度较高的证券化产品。随着经济环境的波动，基础资产信用质量将很可能会下降，一定量基础资产的违约将有可能影响资产池现金流，触发相关的加速清偿等事件、影响次级证券的收益和本金回收，甚至会影响到优先级证券的兑付。在已发行的CLO产品中，已经出现了基础资产违约的情况，并没有影响证券优先级本息的兑付，没有造成证券的违约，但是这表明CLO基础资产的风险是不可忽视的，CLO产品的潜在信用风险应该引起关注。三是对个人类贷款证券化的风险也应该有所认识。个贷类证券化产品由于入池资产笔数较多，资产相对分散，几乎不会引起优先级证券本息兑付的风险。但是，不能忽视的是，由于RMBS期限很长，未来宏观经济发展状况、房价的波动以及利率的波动都无法预期，在极端情况下可能会对现金流产生不良影响，因此证券本身的风险还是存在的。四是针对资产证券化产品的信用风险缓释工具创新有望继续。继2016年针对不良资产证券化优先级资产支持证券创设的信用风险缓释凭证后，市场上可能会再次出现利用信用风险缓释工具缓释证券化产品风险的探索。对于一些评级较低的夹层证券、期限较长的资产支持证券或者基础资产风险较大的资产支持证券，有望进行风险缓释尝试。五是针对信用风险爆发造成的商业银行不良资产，特别是个贷类不良资产，资产证券化将会继续作为处置的重要途径之一，盘活存量，实现信用风险的优化配置。

（六）资产证券化的市场机制建设将进一步成熟

自资产证券化业务在我国兴起以来，在人民银行、银监会、证监会、保监会等监管机构以及交易商协会、基金业协会等自律组织的指导和推动下，发起人、信用评级机构、承销商、信托机构、律师事务所以及会计师事务所、投资人等机构共同参与，构建了资产证券化产品从构建基础资产池到发行销售证券的全套流程，资产证券化的市场机制得以建立。其中，鉴于资产证券化产品的复杂性，信用评级机构担负向投资者揭示风险的使命，因此信用评级机构是成熟市场机制建立的最关键一环，在引导市场方面起着不可替代的作用。近年来，我国信用评级机构的资产证券化评级业务能力和水平不断提升，特别作为我国唯一投资人付费模式的中债资信，一直致力于为投资者提供资产证券化产品客观、专业的分析与评估，尤其是在2016年完成了不良资产证券化评级的全品种覆盖，推出了房贷资产证券化和车贷资产证券化两个最具代表性的个贷类资产证券化评级方法，推动了信贷资产证券化市场基础机制建设。展望2017年，在市场信用风险暴露上升的态势下，随着资产证券化业务的深入发展，健康的市场运行更离不开客观、公正、准确的信用评级对信用风险的评估和揭示，需要评级机构担当资产证券化市场守门人的角色。投资人付费评级模式将更受到重视。信用评级机构将会继续紧跟市场创新步伐，进一步拓展评级思路、优化评级方法，提升评级技术，在资产证券化市场机制建设中继续发挥重要作用。

除了评级机构的作用将继续凸显之外，资产证券化市场机制建设将向着进一步提高投融资效率的方向发展。资管投行化和Pre-ABS模式将越来越多地出现在资产证券化产品的设计和发行交易中。原始权益人（发起机构）将更有意识地挖掘资产证券化在投融资方面的潜力，而投资人和中介机构也将在产品设计方面发挥更多主观能动性，更灵活地利用资产证券化、实现供需的更好契合。具体来说，发起机构将继续利用资产证券化实现融资、节约风险资产、优化信贷资源配置、提高资产周转率、提高流动性等目的；投资人将有望与中介机构、发起机构深入合作，定制符合其风险、期限和评级要求的产品，并购买夹层或次级证券获取超额收益。在市场买方的驱动下，发起机构也将会在未来探索交易型、主动管理型的资产证券化之路。

附件一：资产证券化核心名词解释

分类	序号	名词	中文释义	英文单词	英文释义
涉及机构主体	1	发行人	根据中国法律成立的信托公司，其作为信托的受托机构	Issuer	A trust company incorporated under PRC Laws as Trustee of the Trust
	2	发起机构	通过设立特定目的信托发行资产支持证券的机构	Originator	A company with limited liability incorporated under PRC Laws
	3	贷款服务机构	根据《服务合同》承担管理贷款以及提供贷后服务职责的机构	Servicer	In capacity as the Servicer under the Servicing Agreement or any successor institution who assumes the duties to manage the Loans and provides post-lending service according to the Servicing Agreement
	4	资金保管机构	根据《资金保管合同》承担保管信托资金职责的机构	Fund Custodian	A commercial bank incorporated under PRC Laws or any successor institution who takes custody of the Trust Fund according to the Fund Custody Agreement
	5	登记托管机构	由政府机构指定提供资产支持证券登记托管服务的机构	Notes Custodian	Any institution designated by Government Authorities to provide the registration and custody services for the Notes
	6	支付代理机构	由政府机构指定的提供资产支持证券本息兑付服务的机构	Paying Agent	Any institution designated by Government Authorities to provide the service of paying principal and interest on the Notes
	7	委托人	作为《信托合同》项下的委托人	Grantor	In capacity as the Grantor under the Trust Agreement
	8	受托机构	根据《信托合同》承担管理、运用和处置信托财产职责的机构	Trustee	A trust company incorporated under PRC Laws or a successor institution that assumes the obligation to manage use and dispose of the Trust Property according to the Trust Agreement
	9	审计师	受托机构委任或认可的提供审计、财务服务的机构	Auditor	A limited liability partnership incorporated under PRC Laws or any other auditor appointed or recognized by the Trustee

续表

分类	序号	名词	中文释义	英文单词	英文释义
涉及机构主体	10	评级机构	由委托人或受托机构为对资产支持证券进行评级而聘请的，并届时对资产支持证券进行评级的合格评级机构	Rating Agency	On any date each approved rating agency engaged by the Grantor or the Trustee to rate the Notes and is then rating the Notes
	11	法律顾问	受托机构委任或认可的提供法律服务的机构	Legal Counsel	A limited liability partnership incorporated under PRC Laws or any other Legal Counsel appointed or recognized by the Trustee
	12	受益人	资产支持证券的持有人	Beneficiary	Any holder of the Notes
	13	借款人	就一笔贷款而言，是指根据每一《抵押贷款合同》负有偿还义务（作为抵押人）及其他根据该《抵押贷款合同》负有偿还义务的借款人	Borrower	For a Loan the borrower who has the repayment obligation and (as the mortgagor) granted the Mortgage under each Loan Agreement and the co-borrower which has the repayment obligation thereunder
	14	主承销商	证券发行中独家承销或牵头组织承销团经销的机构	Lead Underwriter	Agency for the distribution as an exclusive or as a lead of underwriting syndication in a securities issue
	15	承销团	主承销商根据承销团协议组建的进行优先级资产支持证券承销的承销商组织	Underwriting Syndication	The association of underwriters which is set up by the Underwriters according to the Syndication Agreement and undertake the underwriting of Senior Notes
重要协议合同	16	主定义表	由定义、释义或解释条款所构成的本主定义表	Master Definition Schedule	This Master Definition Schedule which comprise of definitions paraphrase or interpretations
	17	服务合同	受托机构与贷款服务机构签署的服务合同	Servicing Agreement	The Servicing Agreement between the Servicer and the Trustee
	18	资金保管合同	受托机构与资金保管机构签署的服务合同	Fund Custody Agreement	The Fund Custody Agreement between the Fund Custodian and the Trustee
	19	信托合同	受托机构与发起机构签署的服务合同	Trust Agreement	The Trust Agreement between the Originator and the Trustee
	20	主承销商协议	受托机构、发起机构、主承销商签署的协议	Underwriting Agreement	The Servicing Agreement between the Underwriter Originator and the Trustee
	21	承销团协议	承销团成员签署的协议	Syndication Agreement	The Servicing Agreement between the Syndication member

分类	序号	名词	中文释义	英文单词	英文释义
相关时间节点	22	初始起算日	资产池的封包日期，贷款利息从此时开始计算入池	Cutoff Date	—
	23	预期到期日	各档证券本息偿付结束的对应偿付日	Expected Maturity Date	—
	24	法定到期日	证券法定到期的日期	Final Maturity Date	—
	25	信托设立日	证券发行成功，信托成立的日期	Trust Effective Date	—
	26	信托终止日	信托终止的日期	Trust Termination Date	—
	27	簿记建档日	簿记建档是一种系统化、市场化的发行定价方式，包括前期的预路演、路演等推介活动和后期的簿记定价、配售等环节。簿记建档日即指发行人以簿记建档方式发行资产支持证券的日期	Book Building Date	Book building is a systematic and market-oriented price issuing method including pre-process of promotional activities such as pre-road shows road shows and post-process such as bookkeeping pricing placing. The Book Building Date is the date on which the issuer issues the asset-backed securities by way of Book Building issuance
	28	支付日	对各档证券付息或付本之日	Payment Date:	
	29	回收款转付日	贷款服务机构将收到的回收款划付至信托账户之日	Collections Transfer Date	
	30	信托期限	指自信托设立日（含该日）起至信托终止日（不含该日）止的期间	Trust Period	Means the period from Trust Formation Date (including that day) to Trust Termination Date (excluding that day)
	31	计息期间	自一个计息日至下一个计息日之间的期间	Interest Period	
	32	收款期间	就某一支付日而言，是指在该支付日所在月度之前的一个公历月度(包含首日及末日)，就第一个支付日而言，是指自初始起算日至该支付日所在月度之前一个月最后一日的期间(包含首日及末日)	Collection Period	For a Payment Date the month (including the first day and the last day) before the month that includes the Payment Date and for the first Payment Date the period from the Cutoff Date to the last day of the month prior to the first Payment Date (including the first day and the last day)

续表

分类	序号	名词	中文释义	英文单词	英文释义
相关时间节点	33	违约贷款	发生违约的贷款	Defaulted Loan	The loan has been defaulted
	34	合格标准	为保证资产池质量，对入池资产所应符合的规则而制定的标准	Eligibility Criteria	An criteria made to guarantee the performance of portfolio
	35	不合格资产	不符合合格标准的资产	Ineligible Asset	Asset that does not conform to the Eligibility Criteria
	36	资产池	在任何一日贷款清单中所列的全部贷款，但不包括委托人或贷款服务机构根据《信托合同》或《服务合同》于该日之前收购的任何贷款	Asset Pool	On any date the Loans listed on the Schedule of Loans but excluding any Loans purchased by the Grantor or the Servicer prior to such date under the Trust Agreement or the Servicing Agreement
	37	资产池余额	就某一收款期间而言，是指于该收款期间最后一日资产池内所有贷款的未偿本金余额之和	Pool Balance	For a Collection Period the aggregate Outstanding Principal Balance of all Loans in the Loan Pool on the last day of the Collection Period
	38	信托财产	委托人通过信托行为，转给受托人并由受托人按照一定的信托目的管理或处理的财产	Trust Property	The principal acts through the trust and is transferred to the trustee and the property that is managed or processed by the trustee in accordance with certain trust purposes
	39	信托收益权	是指收益人按照《信托合同》的约定获得信托分配的收益权以及其他权利，包括优先级信托收益权和次级信托收益权	Trust Beneficial Right	The beneficial right of a Beneficiary to receive the distribution of the Trust and other rights under the Trust Agreement consisting of the Senior Trust Beneficial Right and the Subordinated Trust Beneficial Right
	40	服务报酬	就某一支付日而言，是指因各方根据《收费函》或交易文件的约定在相关收款期间内作为服务提供者而应当获得的服务报酬	Service Fees	For a Payment Date the service fees due to persons acting as service providers under a Fee Letter or the Transaction Documents for the related Collection Period

335

续表

分类	序号	名词	中文释义	英文单词	英文释义
相关时间节点	41	资产支持证券	是指发行人依据《信托合同》向资产支持证券持有人发行的、包括优先级资产支持证券和次级资产支持证券的资产支持证券，是证明资产支持证券持有人享有相应的信托收益权的记录(以实物形式或电子形式存在)	Asset-backed Security	The asset-backed securities consisting of the Senior Notes and the Subordinated Notes issued by the Issuer to the Noteholders under the Trust Agreement which is evidenced by a record (either in physical or electronic form) indicating that the holder is entitled to the corresponding Trust Beneficial Right
	42	合格投资	是指存于资金保管机构，或信用评级不低于受托机构合理最低要求的其他金融机构的、以人民币计价和结算的定期存款或活期存款	Permitted Investment	Time deposits or current deposits denominated and settled in RMB with the Fund Custodian or other financial institutions of which the rating meet the reasonable requirements of the Trustee
	43	清仓回购	在存续期间，发起机构根据《信托合同》的约定回购全部未偿还的基础资产的条款设置	Clean-Up	During the duration the originator shall in accordance with the provisions of the trust contract buy back all assets of pool balance
	44	优先级信托收益权	指对信托财产的优先收益权以及与优先档证券相关的其他权益	Senior Trust Beneficial Right	The beneficial right of the related Beneficiary to receive the distribution of the Trust and other rights that is represented by the Senior Notes and has a priority over the Subordinated Trust Beneficial Right
	45	次级信托收益权	指对信托财产的次级收益权以及与次级档证券相关的其他权益	Subordinated Trust Beneficial Right	The beneficial right of the related Beneficiary to receive the distribution of the Trust and other rights that is represented by the Subordinated Notes and is subordinate to the Senior Trust Beneficial Right
	46	优先级资产支持证券	代表优先级信托收益权的资产支持证券	Senior Notes	The Notes representing the Senior Trust Beneficial Right
	47	次级资产支持证券	代表次级信托收益权的资产支持证券	Subordinated Notes	The Notes representing the Subordinated Trust Beneficial Right

续表

分类	序号	名词	中文释义	英文单词	英文释义
相关时间节点	48	票面利率	成功发行后的票面利率	Coupon Rate	The coupon rate of Senior Notes
	49	基准利率	指票面利率浮动时所依据的基准	benchmark rate	The basis of coupon rate floating
	50	信托账户	指根据《信托合同》开立并维持的独立的资金专用账户	Trust Account	A segregated trust account
	51	收益账	指受托人在信托账下设立的，用于核算收入回收款的子账	Interest Account	The sub-account established by the Trust Company under Trust account to reconcile Interest Collections
	52	本金账	指受托人在信托账下设立的，用于核算本金回收款的子账	Principal Account	The sub-account established by the Trust Company under Trust account to reconcile Principal Collections
	53	流动性储备账户	为维持现金流稳定而在信托账户下设立的一个子账户	Liquidity Reserve Account	The liquidity reserve account
	54	抵销风险	指针对信托资产池中的资产发生抵销的风险	Setoff risk	The risk that the asset in the trust asset pool is offset
	55	混同风险	信托财产与发起机构或受托机构的固有财产或其持有的其他财产或资产相混同的风险	Commingling risk	The risk that the trust property and the property or other property possessed by originator or trustee is commingled
	56	发行费用	指在注册和发行阶段的费用，包括信托账户设立费等	Issuance Expenses	The fees for the issuance and initial registration and custody of the Notes including any bank account opening fees for the Trust Account
	57	加速清偿事件	出现某些特殊情况时，比如发起人破产，基础资产违约率达到一定比例或者超额利差下降到一定水平，现金流支付顺序发生变化，本金将进入加速清偿阶段，以确保优先级证券的本金偿还	Amortization Event	—

续表

分类	序号	名词	中文释义	英文单词	英文释义
相关时间节点	58	违约事件	指某事项的发生，比如受托机构未能在约定时间内支付优先级证券的利益，或法定到期日之后的约定时间内，未能支付资产支持证券未偿本金余额，或未遵守或履行其为一方的任何其他交易文件项下作出的任何重要承诺或约定等的事项，被视为已发生或被宣布已发生时，构成资产支持证券项下的一项违约事件	Event of Default	—
	59	贷款服务机构解任事件/替换事件	引起贷款服务机构终止贷款服务或更换贷款服务机构的事件，例如"贷款服务机构"未能于"回收款转付日"根据《服务合同》按时付款（非技术原因），且在"回收款转付日"后约定的数个"工作日"内仍未付款	Servicer Dismission/ Replacement Event	Means the occurrence of any event which may give rise to termination or replacement of The Servicer. For example The Servicer fails to make a payment (non-technical reasons) on any Collections Transfer Date according to "Servicing Agreement" and fails to make the payment within pledged several business day after

附件二：跟踪评级信贷资产支持证券编号表

编号	证券名称	发起机构	发行规模（亿元）	未偿证券余额（亿元）
公司信贷资产支持证券（CLO）				
1	发元2015年第一期信贷资产证券化信托资产支持证券	中国农业发展银行	33.57	12.82
2	进元2015年第一期信贷资产证券化信托资产支持证券	中国进出口银行	46.96	40.07
3	开元2014年第八期铁路专项信贷资产支持证券	国家开发银行	102.36	77.49
4	开元2014年第六期信贷资产支持证券	国家开发银行	62.48	42.21
5	开元2015年第八期信贷资产支持证券	国家开发银行	50	50
6	开元2015年第二期信贷资产支持证券	国家开发银行	108.24	27.77
7	开元2015年第九期信贷资产支持证券	国家开发银行	134.61	90.92
8	开元2015年第六期信贷资产支持证券	国家开发银行	139.65	97.45
9	开元2015年第七期信贷资产支持证券	国家开发银行	69.07	59.4
10	开元2015年第三期信贷资产支持证券	国家开发银行	30.41	22.04
11	开元2015年第十期信贷资产支持证券	国家开发银行	96	66.11
12	开元2015年第十一期信贷资产支持证券	国家开发银行	111.41	90.61
13	开元2015年第四期信贷资产支持证券	国家开发银行	69.35	41.17
14	开元2015年第五期信贷资产支持证券	国家开发银行	133.19	77.67
15	开元2015年第一期信贷资产支持证券	国家开发银行	71.05	37.88
16	开元2014年第七期信贷资产支持证券	国家开发银行	43.13	12.58
17	开元2014年第三期信贷资产证券化信托资产支持证券	国家开发银行	36.26	22.58
18	开元2014年第四期信贷资产证券化信托资产支持证券	国家开发银行	26.74	16.12
19	开元2014年第五期信贷资产支持证券	国家开发银行	17.31	9.43
20	工元2015年第二期信贷资产证券化	中国工商银行股份有限公司	69.66	38.06
21	工元2015年第一期信贷资产证券化信托资产支持证券	中国工商银行股份有限公司	113.53	100.81

续表

编号	证券名称	发起机构	发行规模（亿元）	未偿证券余额（亿元）
22	交银2014年第一期信贷资产支持证券	交通银行	14.87	4.13
23	农盈2015年第一期信贷资产证券化信托资产支持证券	农业银行	50.92	46.67
24	2014年第二期农银信贷资产证券化信托资产支持证券	农业银行	41.62	22.63
25	中银2014年第二期信贷资产证券化信托资产支持证券	中国银行	20.69	4.92
26	中银2014年第一期信贷资产证券化信托资产支持证券	中国银行	57.84	14.22
27	中银2015年第一期信贷资产证券化信托资产支持证券	中国银行	39.29	23.95
28	中盈2015年第一期信贷资产证券化信托资产支持证券	中国银行	44.64	22.23
29	恒丰2015年第三期信贷资产证券化信托资产支持证券	恒丰银行	27.22	5.74
30	华银2015年第一期信贷资产证券化信托资产支持证券	华夏银行	45.93	12.35
31	龙元2015-1信贷资产支持证券	华夏银行	29.43	11.38
32	龙元2015-2信贷资产支持证券	华夏银行	30.91	10.78
33	龙元2015-3信贷资产支持证券	华夏银行	25.57	13.74
34	浦发2014年第二期信贷资产证券化信托资产支持证券	浦发银行	21.16	7.34
35	浦发2014年第三期信贷资产证券化信托资产支持证券	浦发银行	23.14	7.58
36	浦发2015年工程机械贷款资产证券化信托资产支持证券	浦发银行	14.66	2.58
37	企富2015年第二期信贷资产证券化信托资产支持证券	民生银行	53.34	33.98
38	企富2015年第三期信贷资产支持证券	民生银行	60.95	29.6
39	企富2015年第四期信贷资产证券化信托资产支持证券	民生银行	62.04	44.15

续表

编号	证券名称	发起机构	发行规模（亿元）	未偿证券余额（亿元）
40	启元2015年第一期信贷资产证券化信托资产支持证券	广发银行	29.7	6.01
41	信银2014年第一期信贷资产证券化信托资产支持证券	中信银行	26.05	9.71
42	兴银2015年第二期信贷资产证券化信托资产支持证券	兴业银行	34.41	9.71
43	兴元2014年第二期绿色金融信贷资产证券化信托资产支持证券	兴业银行	20.68	9.24
44	兴元2014年第三期信贷资产证券化信托资产支持证券	兴业银行	39.78	16.45
45	招商2014年第三期信贷资产证券化信托资产支持证券	招商银行	71.66	15.62
46	浙元2015年第一期信贷资产证券化信托资产支持证券	浙商银行	18.21	10.94
47	惠益2015年第一期信贷资产证券化信托资产支持证券	中信银行	58.78	26.79
48	2015年天元第一期信贷资产证券化信托资产支持证券	天津银行	16.82	6.56
49	富瑞2015年第一期信贷资产证券化信托资产支持证券	富滇银行股份有限公司	22.14	6.55
50	桂林银行2015-2信贷资产证券化信托资产支持证券	桂林银行	22.14	14.19
51	桂元2015年第一期信贷资产证券化信托优先B级资产支持证券	汉口银行	10.8	5.3
52	华融湘江银行2015-2信贷资产证券化信托资产支持证券	华融湘江银行	29.19	12.72
53	华融湘江银行2015年第四期信贷资产证券化信托资产支持证券	华融湘江银行	26.85	14.63
54	江苏银行2015-1信贷资产支持证券	江苏银行股份有限公司	30.93	20.97

续表

编号	证券名称	发起机构	发行规模（亿元）	未偿证券余额（亿元）
55	锦银2015年第一期信贷资产证券化信托资产支持证券	锦州银行	31.23	16.12
56	京诚2015年第一期信贷资产证券化信托资产支持证券	北京银行	105.87	58.16
57	京元2014年第二期信贷资产证券化信托资产支持证券	北京银行	71.86	28.44
58	京元2015年第一期信贷资产证券化信托资产支持证券	北京银行	62.05	12.88
59	九通2015年第一期信贷资产证券化信托资产支持证券	汉口银行	26.73	8.61
60	永琪2015年第一期信贷资产证券化信托资产支持证券	宁波银行	19.68	17.42
61	海元2015年第一期信贷资产证券化信托资产支持证券	青岛银行	25.43	8.22
62	上银2014年第一期信贷资产证券化信托资产支持证券	上海银行	14.15	4.03
63	盛世2015年第一期信贷资产证券化信托资产支持证券	盛京银行	22	3.44
64	湘元2014年第一期信贷资产证券化信托资产支持证券	华融湘江银行	16.66	7.3
65	湘元2015年第一期信贷资产证券化信托资产支持证券	华融湘江银行	17.41	6.78
66	鑫宁2015年第一期信贷资产证券化信托资产支持证券	南京银行	29.98	12.32
67	烟银2015年第一期信贷资产证券化信托资产支持证券	烟台银行	9.78	5.15
68	甬银2015年第一期信贷资产证券化信托资产支持证券	宁波银行	38.14	31.43
69	好运2015年第一期信贷资产证券化信托资产支持证券	张家口银行	11.83	4.8
70	长银2015年第一期信贷资产证券化信托资产支持证券	长安银行	37.39	8.52

续表

编号	证券名称	发起机构	发行规模（亿元）	未偿证券余额（亿元）
71	蓝海2015年第一期信贷资产证券化信托资产支持证券	青岛农商银行	11.55	5.39
72	鑫诚2015年第一期信贷资产证券化信托资产支持证券	上海农村商业银行	15.85	6.89
73	珠江2015年第一期信贷资产证券化信托资产支持证券	广州农村商业银行	10.37	4.87
74	华融资产管理2015年第一期信贷资产证券化信托资产支持证券	华融资管	38.59	24.2
75	金桥通诚2015年第一期信贷资产支持证券	长城资管	13.4	4.68
总计			3 317.27	1 816.22

租赁资产支持证券（Lease ABS）

编号	证券名称	发起机构	发行规模（亿元）	未偿证券余额（亿元）
1	工银海天2015年第一期租赁资产证券化信托资产支持证券	工银金融租赁有限公司	10.32	1.79
2	交融2014年第一期租赁资产证券化信托资产支持证券	交银金融租赁有限责任公司	5.31	1.59
3	融汇2015年第一期租赁资产证券化信托资产支持证券	华融金融租赁	28.55	22.28
4	苏租2015年第一期租赁资产证券化信托资产支持证券	江苏金融租赁	10.41	4.08
5	招金2015年第一期信贷资产证券化信托资产支持证券	招银租赁	12.61	2.6
总计			67.22	32.33

个人汽车抵押贷款支持证券（Auto ABS）

编号	证券名称	发起机构	发行规模（亿元）	未偿证券余额（亿元）
1	德宝天元2015年第一期汽车抵押贷款证券化信托资产支持证券	宝马汽车金融	25.69	10.26
2	德宝天元2015年第二期汽车抵押贷款证券化信托资产支持证券	宝马汽车金融	35	15.6
3	福元2015年第一期个人汽车抵押贷款证券化信托资产支持证券	福特汽车金融	30	10.26
4	福元2015年第二期个人汽车抵押贷款证券化信托资产支持证券	福特汽车金融	30	21.77

编号	证券名称	发起机构	发行规模（亿元）	未偿证券余额（亿元）
5	和信2015年第二期汽车分期资产证券化信托资产支持证券	招商银行	52.74	48.76
6	华驭二期汽车抵押贷款证券化信托资产支持证券	大众汽车金融	19	8.54
7	平银2015年第一期汽车抵押贷款证券化信托资产支持证券	平安银行	31.47	13.48
8	企富2015年第五期信用卡分期汽车贷款资产支持证券	民生银行	10.3	4.56
9	融腾2015年第一期个人汽车抵押贷款证券化信托资产支持证券	上汽通用汽车金融	40	16.72
10	融腾2015年第二期个人汽车抵押贷款证券化信托资产支持证券	上汽通用汽车金融	30	19.25
11	通元2014年第一期个人汽车抵押贷款证券化信托资产支持证券	上汽通用汽车金融	19.39	6.256.70
12	唯盈2015年第一期汽车抵押贷款证券化信托资产支持证券	东风日产汽车金融	15	6.7
13	招元2015年第二期汽车抵押贷款证券化信托资产支持证券	招商银行	105.47	32.56
	总计		444.06	217.98

个人消费贷款资产支持证券

编号	证券名称	发起机构	发行规模（亿元）	未偿证券余额（亿元）
1	永盈2015年第一期消费信贷资产支持证券	宁波银行	36.99	36.99
2	交元2015年第一期信用卡分期资产支持证券	交通银行	50.22	7.3
3	永动2015年第一期个人消费贷款资产支持证券	宁波银行	20	20
	总计		107.21	64.23

个人住房抵押贷款支持证券（RMBS）

编号	证券名称	发起机构	发行规模（亿元）	未偿证券余额（亿元）
1	招元2015年第一期个人住房抵押贷款资产支持证券	招商银行	31.5	18.39
2	沪公积金2015年第一期个人住房贷款资产支持证券1号	上海市公积金管理中心	19.4	16.68

续表

编号	证券名称	发起机构	发行规模（亿元）	未偿证券余额（亿元）
3	沪公积金2015年第一期个人住房贷款资产支持证券2号	上海市公积金管理中心	40.5	30.94
4	建元2015年第一期个人住房抵押贷款资产支持证券	中国建设银行	16.22	12.41
5	建元2015年第二期个人住房抵押贷款资产支持证券	中国建设银行	80.42	69.62
6	京诚2015年第二期个人住房抵押贷款资产支持证券	北京银行	29.97	22.47
7	居融2015年第一期个人住房抵押贷款资产支持证券	江苏江南农村商业银行	8.48	6.25
8	企富2015年第一期个人住房抵押贷款资产支持证券	中国民生银行	7.8	5.15
9	邮元2014年第一期个人住房抵押贷款资产支持证券	中国邮政储蓄银行	55.05	45.18
10	中盈2015年第二期个人住房抵押贷款资产支持证券	中国银行	44.98	32.88
	总计		384.55	294.82

后 记

　　2016年，伴随着一系列政策的落地实施，我国资产证券化市场快速发展，证券化产品创新活跃、发行规模不断增长、参与机构日益丰富、投资人保护机制更加完善，特别是不良资产证券化重启、ABN产品改革落地等标志性事件，表明我国资产证券化市场已进入黄金发展期。基于此，我们在2016年中国资产证券化市场发展报告（中国资产证券化市场白皮书）的基础上，通过多方调研市场需求，广泛征求意见，持续优化内容和结构，在丰富市场数据，完善信息披露的同时，对不良资产证券化、资产证券化市场风险、资产证券化创新产品、资产证券化模型等市场较为关注的热点分别以专题的形式进行深入剖析，以期更全面地展现我国资产证券化市场发展状况与特点，为市场机制建设、业务实践开展提供有益参考。

　　在撰稿过程中，我们得到了主管部门的大力指导和市场机构的大力支持。其中，中国银行间市场交易商协会丁加华、徐光主任对本书整体结构及重点内容给予了宝贵建议；中国保监会资金运用监管部投资管理处为本书写作提供丰富素材；环球律师事务所合伙人李文先生和中信建投固定收益部执行总经理柯春欣女士等业内专家利用业余时间参与讨论并撰写部分章节和内容。上述机构及人员为本书的出版付出了大量心血，增强了本书的专业性和可读性，在此表示衷心的感谢。

　　随着监管政策的引导支持及制度建设的日趋完善，我国资产证券化市场将进入"深化发展时代",我们也希望能与市场参与各方加强交流与合作,为我国资产证券化市场有序健康发展共同努力。囿于水平与经验,书中难免有错漏和不足之处,恳请各方专家不吝指正。

本书编写组
2017年4月